원장 리더십과 평가인증 실무

김혜경과 나비교직원

〈연구진〉

김혜경 김예은 안경희 이혜림
김경희 신은영 이소연 김선화
방주은 유정례 유혜린 김은경

창지사

차례

prologue

평가인증 지표에 등장한 원장 리더십

1 우리의 현장과 원장 리더십

우리나라 국가수준 유아교육기관의 평가인증은 유치원과 어린이집의 통합평가체계 적용 등을 위해 2017년 11월부터 '통합지표'로 이루어진다. 평가 항목은 보육과정 및 상호작용, 보육환경 및 운영관리, 건강 · 안전, 교직원으로 재구성되었으며, 이 영역 중 제4영역인 교직원 지표는 원장의 리더십, 교직원의 근무환경, 교직원의 처우와 복지, 교직원의 전문성 제고로 나뉘어져 있다. 교직원과 관련된 '원장 리더십'이 이번 지표에 새롭게 등장한 것이다. 이 영역 역시 기록과 관찰을 통해 평정하지만 다른 영역에 비해 면담이 압도적으로 많다. 이 책의 제4장에서 준비해야 할 사항을 구체적으로 풀어놓았다. 관찰에 해당하는 사항과 기록물을 잘 관리함과 동시에 교직원들이 원장의 리더십에 대해 좋은 답변을 할 수 있도록 문화를 만들어야 하는 과제가 주어져 있다. 원장인 우리가 어떤 리더십을 발휘하며 살아야 할지 고민하고 실행해야 하는 시대가 된 것이다.

2006년부터 시작된 평가인증은 익숙해질 만도 한데 여전히 부담스러운 과업이다. 현장은 많은 어려움이 있고 인력이 보강되지 않은 상태에서 원장의 어깨는 점점 더 무거워지고 있다. 한국보육진흥원과 각 지역의 육아종합지원센터 교육이나 민간 연구소 등 여러 기관의 설명회도 다녀 보지만 내 기관으로 돌아오면 무엇부터, 어떻게, 누구랑 해야 할지 난감하다. 설명회자료가 너무 엉터리인 경우도 많다. 평소에도 꼼꼼한 관리를 하면서 운영하고 있지만 평가인증을 준비하는 과정에서는 매일매일 첨가하고 보완해야 할 업무가 등장한다.

여러 방식으로 정리해 가면서 평가인증을 준비하는 막바지 기간에는 모든 교직원이 너무 바쁘다. 보육활동을 정상적으로 하면서 문서 준비와 청결관리를 철저하게 해내는 과정은 무리가 따른다. 인력만 보강해 준다면 매일 평가인증 관찰자가 방문하는 당일처럼 정돈된 모습으로 살 수 있다. 평가인증 제도를 통해 기관이 정비되고 교직원의 역량이 커지는 순기능도 있지만 지금의 인력으로는 정말 무리이다. 평소에도 담임교사가 휴가를 사용하는 학급에 보조교사나 누리교사가 전일 배정되므로 다른 학급 담임교사들의 휴게시간을 보장해 주기 힘들고 이상적인 상호작용으로 모든 흥미영역 활동을 완벽하게 끌어가기 어려운 실정이다. 유아반은 교사 1인이 학급을 끌어가므로 어쩔 수 없이 화장실을 가거나 급간식 배식시간에 손을 씻을 때, 교실을 비우게 되는 '방임' 상태가 있을 수 있다. 통합지표가 적용되는 첫 월인 2017년 11월에 평가인증 과정을 통과하며, 한 교실에 최소한 2인의 교사가 배치되어야 함이 또 한 번 절실해진다. 국가의 지원을 받는 국공립 기관에서 어느 정도 훈련된 교직원들과 함께 평가 과정을 거치면서, 소규모의 가정어린이집이나 민간어린이집, 재정이 어려운 사립유치원은 교사관리가 훨씬 힘들 거라는 짐작도 되었다. 그들에게도 지금보다 더 많은 지원이 이루어져야 한다. 민간어린이집, 직장어린이집, 국공립어린이집을 모두 운영해 본 객관적 시각에서 하는 제언이다.

이 책의 대표 집필자인 김혜경은 1980년 이화여자대학교 유아교육과(당시 명칭은 교육학과 학령전 교육 전공)에 입학하여 교사, 원장, 교수, 육아종합지원센터장(당시 명칭은 보육정보센터장), 영유아문화원장, 보육교사교육원장, 영유아교육경영연구소장 등 여러 직책을 들고 유아교육의 한길을 걸어왔다. 이제는 현장으로 돌아와 "거울 앞에 선 누님"[1]의 심정으로 우리의 영유아교육을 돌아본다. 다양한 측면에서 현장을 들여다볼 수 있었던 저자는 2000년 무렵부터 유아교육현장이 좀 더 체계적이고 전문적으로 운영되어야 한다는 생각을 기반으로 이 분야의 책을 쓰기 시작했다. 관리와 경영의 개념을 현장에 적용하여 집필한 첫 책이 『영유아교육기관 경영』이었다. 더 정확한 첫 책은 『영유아교육기관의 개원과 운영』이었는데 지금은 절판

1) 서정주 시인의 「국화 옆에서」의 이미지를 떠올려 좀 더 원숙한 시각을 갖고 싶은 의도이다. 시는 다음과 같다.

한 송이 국화꽃을 피우기 위하여 / 봄부터 소쩍새는 / 그렇게 울었나보다. // 한 송이 국화꽃을 피우기 위하여 / 천둥은 먹구름 속에서 / 또 그렇게 울었나 보다. // 그립고 아쉬움에 가슴 조이던 / 머언 머언 젊음의 뒤안길에서 / 인제는 돌아와 거울 앞에 선 / 내 누님같이 생긴 꽃이여 // 노란 네 꽃잎이 피려고 / 간밤에 무서리가 저리 내리고 / 내게는 잠이 오지 않았나 보다.

김혜경(2005) / 창지사

김혜경(2016) / 창지사

되었다. 이후 이 책들은 여러 차례 현장의 변화를 반영하면서 대학의 국가직무능력 표준의 교과목 명칭에 따라 『영유아교육기관 운영관리』, 『영유아기관 운영과 관리』로 개정되어 전국의 수업에서 활용되고 있다. 운영이 아닌 '경영'의 개념을 대놓고 사용하지 못해 아쉽다.

이 책들이 주로 대학의 수업 교재로 사용되고 현장 보급이 쉽지 않았던 점이 안타까워 이후 현장의 원장만을 위한 책으로 『원장 리더십: 영유아교육기관장의 자기경영』, 『보육의 회복: 원장의 시선』 등의 책을 출판하였다. 현장에서 겪었던 일들을 진솔하게 풀어놓아 공감과 위로를 느낀다는 후기에 보람을 느꼈다. 지금 이 시간, 원장으로서 갈등과 고민이 있다면 이 두 책을 꼭 읽어 보기 바란다. 평가인증을 위한 선행학습서라고 생각한다.

『원장 리더십: 영유아교육기관장의 자기경영』은 저출산 고령화 정책과 맞물려 있는 수요자 중심의 정책이 넘쳐 나는 시대에 우리의 현장에 필요한 리더십, 원장으로서의 자기경영과 스타일 점검, 교직원 관리에 필요한 방침과 절차, 리더십 이론과 인물 탐구로 구성되어 있다. 기관 안에서만 운영과정을 고민하지 않고 객관적으로 자신을 볼 수 있는 과정에 도움이 된다.

『보육의 회복: 원장의 시선』에서는 수요자 중심의 정책 때문에 부모에게 힘없이 당하는 교사와 원장의 상황에 대한 억울함을 호소하고 기관에서 집단으로 양육되어지는 차세대에 대한 염려를 담아 건의사항들을 풀어 정리해 놓았다. 어린 시기일수록 엄마가 양육할 수 있도록 하는 정책 제안, 현장에 두 배 이상 인력이 필요한 이유 제시, 책임의 무게만큼 보호되어야 할 원장의 위치와 권한 보장 요구 등을 통해 현장에 대한 사회적 관심을 요구한 책이다. 저자의 자비를 들여 50여 명의 정책입안 관련자에게 책을 보냈다. 정치적 언행이 싫고 나서기 싫어하는 내 성향에는 매우 용

김혜경(2012) / 공동체

김혜경(2016) / 공동체

기가 필요했지만 나름대로 보육계에 공헌하며 애국하는 방법이라 생각했다. 문재인정부가 들어선 직후 청와대에 보낸 책은 보건복지부 민원으로 처리되어 '앞으로 정책을 결정하는 데 참고하겠다'는 지극히 공무원스러운 답변이 돌아왔다. 약속은 지켜 줬으면 좋겠다.

현재 대한민국의 현장에서 원장은 너무나 많은 책임을 지고 있다. 학교기관처럼 행정업무나 청결관리, 외부 업무를 별도로 해 주는 부서가 없어서 정말 많은 업무를 교직원들과 나눠 협조를 요청해 가며 수행하고 있다. 보육활동, 문서작업과 청결관리, 행사 준비 등을 모두 해야 하는 교사들의 과부하를 바라보며 미안하고 심란하지만 많은 책임을 부여받은 원장은 업무 지시를 할 수 밖에 없다. 평가인증 지표에 '원장 리더십'이라는 항목까지 등장하게 되어 더 많은 무게감에 고민하는 사례들을 끊임없이 본다. 어떤 원장은 현재 대한민국 영유아 교육현장에서 갑甲은 부모, 을乙은 영유아, 병丙은 교직원, 정丁은 원장이라는 자조 섞인 농담을 건네기도 한다.

혼자서 수심이 가득 찬 얼굴로 괴로워하는 원장을 만나면 한국영화 「마더」의 여배우 김혜자가 밀밭에서 넋을 잃은 표정으로 외롭게 혼자 춤을 추는 장면이 떠오른다. 원장 혼자서 모든 것을 다 준비할 수 없다. 보육과정 한 가지만으로도 몹시 머리가 아플 것이다. 김혜자처럼 정신이 나가 버릴지도 모른다. 불러 모아 머리를 맞대고 지혜를 모아야 한다. 불러 모을 때 내 앞에 신속하게 나타나 줄 교직원 관리가 원장 리더십의 핵심이다. 현장의 원장에 대해 많은 책을 집필한 저자 역시 가장 어려운 부분이기도 하다. 교직원이 훌륭하고 성실하며 원장과의 관계가 좋으면 다른 전문적인 부분은 저절로 원활하게 수행된다.

2 표준보육과정과 누리과정

예전에 육아종합지원센터장으로 일하며 우수시설 평가단으로 활동할 때 우수시설 후보인 여러 기관을 돌아보고 충격을 받은 적이 있었다. 우리나라 영유아교육의 변천과정이 다채로워 수시로 그 변화를 학습하지 못한 많은 원장과 교사들은 보육과정의 목표영역과 흥미영역 등을 구체적으로 알지 못했다. 문서에 작성해야 하는 항목이 발달영역, 생활영역, 목표영역 등으로 변화되어 왔음에도 그 용어에 익숙해지지 않는다고 했다.

2017년 개정된 「영유아보육법」은 제29조 보육과정에서, "보육과정은 영유아의 신체, 언어, 사회성 및 인지적 발달을 도모할 수 있는 내용을 포함하여야 한다."라고 하며, 29조 2의 어린이집 생활기록에서는 '어린이집 원장은 영유아의 생활지도 및 초등학교 교육과의 연계 지도에 활용할 수 있도록 영유아의 발달상황 등을 종합적으로 관찰 · 평가하여 보건복지부 장관이 정하는 기준에 따라 생활기록부를 작성 · 관리하여야 한다."라고 명시되어 있다. 보건복지부의 〈2017 보육사업 안내 부록〉 300쪽에는 영유아 관찰 · 평가 및 개별면담 기록 양식이 있고 표 아래 '★ 기본생활, 신체운동, 의사소통, 사회관계, 예술경험, 자연탐구영역의 내용이 포함되어 지속적으로 관리될 수 있도록 관리하여 주십시오."라는 문장이 있다. 평가인증 지표에서는 제1영역 보육과정 및 상호작용(1-6-4)에서 "보육과정의 목표와 내용을 준거로 영유아의 발달특성과 변화를 평가한다."의 항목이 있다. 발달, 생활, 목표, 내용을 모두 담고 있어서 영역의 명칭에 혼란스러울 수밖에 없는 구조이긴 하다. 여전히.

현재 표준보육과정(누리과정)의 목표는 기본생활영역, 신체운동영역, 사회관계영역, 의사소통영역, 자연탐구영역, 예술경험영역으로 분류되어 있다. 몇 해 전 연세가 많으신 원장님들을 대상으로 하는 강의에서 '기신사의자예'로 외우라고, '기씨 성을 가진 신사가 의자에 앉아 표준보육과정을 만들었음'을 암기하자고 끌어가던 기억이 있는데 지표가 자꾸 바뀌면서 그 순서까지 또 바뀌었다. 그냥 기신사의자예로 순서를 가져가도 무난하다. 어차피 내용은 유사하다. 보육과정이 자신 없으면 주임교사와 '똘똘한 경력교사'에게 이 영역의 준비를 일임해 주는 방법도 있을 것이다.

보육과정에 대한 내용은 제1장에서 준비과정 중심으로 다루지만 표준보육과정(누리과정)의 개요는 이참에 꼭 학습하기를 바라며 내용을 정리하였다. 보육과정 부분을 주임교사에게 일임하더라도 알고 있어야 한다. 평가인증에는 많은 기록물이 준비되어야 하는데 요구되는 기준이 표준보육과정의 영역이다. 표준보육과정의 목표영역에 따라 관찰일지가 기록되고 그 내용을 근거로 개별면담이 이루어져야 하며, 상호작용 역시 표준보육과정의 영역에 따라 고르게 관찰되어야 한다.

영아반의 표준보육과정은 기본생활, 신체운동, 사회관계, 의사소통, 자연탐구, 예술경험의 총 6개 영역이며, 유아반의 표준보육과정은 신체운동 · 건강, 사회관계, 의사소통, 자연탐구, 예술경험의 5개 영역으로 구분되어 국가수준에서 제공하는 보편적이고 공통적인 보육의 목표와 내용을 제시하고 있다.

- 기본생활영역: 건강한 일상생활을 하며 안전한 생활습관의 기초를 마련한다.
- 신체운동영역: 자신의 신체를 긍정적으로 인식하고 기본 운동능력을 기른다. 신체활동에 참여함으로써 기본적 운동수행능력의 발달을 꾀하여 기초 체력을 기른다.
- 의사소통영역: 듣고 말하는 것을 즐거워하고 상황에 따라 적절한 언어로 표현하며 주변의 문해환경에 흥미를 가진다.
- 사회관계영역: 자신을 타인과 구별되는 독립된 존재로서 인식하고 분화된 자신의 기본 정서를 인식하며 이를 표현한다. 또한, 타인의 정서를 이해하며 타인 및 양육자와 지속적인 상호작용을 통해 애착을 형성한다.
- 예술경험영역: 자신의 신체와 감각 자극에 호기심을 보이고 소리나 간단한 노래를 즐겨 듣고 점차 소리나 몸 움직임 등의 복잡한 반응을 즐기며 주변 사물이나 자연물에 관심을 보인다.

- 자연탐구영역: 주변 사물과 사람, 사건, 자연현상에 호기심을 가지고 다양한 감각과 조작으로 반복하여 탐색하며, 일상생활에서 수학적 · 과학적 경험을 한다.

보육환경을 위한 흥미영역도 알아야 지도할 수 있다. 목표와 내용을 구분하여 제시하고 있는 앞의 영역과 별개로 교실의 공간은 영유아의 연령 및 발달특성을 고려한 흥미영역으로 구성된다. 연령별 흥미영역은 다음과 같다. 이러한 명칭은 숙지하여 부모와의 상담이나 교사지도에서 자연스럽게 활용해야 할 것이다.

- 0세: 신체영역, 언어영역, 감각 · 탐색영역
- 1세: 신체영역, 언어영역, 감각 · 탐색영역, 역할 및 쌓기놀이 영역
- 2세: 신체영역, 언어영역, 감각 · 탐색영역, 역할 및 쌓기놀이 영역, 미술영역
- 3~5세: 언어영역, 미술영역, 음률영역, 수 · 조작영역, 과학영역, 역할놀이 영역, 쌓기놀이 영역

누리과정이나 표준보육과정의 연령별 프로그램은 발달에 적합하지 않거나 사용되는 소재에 오류들이 있다. 카세트같이 시대에 뒤떨어진 교구는 사용하고 싶지 않다. 관련 소프트웨어를 구입하기도 어렵다. 반면에 부모 세대의 문화를 전수하고 공유할 수 있도록, 급조해 작곡한 음악보다는 100년 이상 유아교육기관에서 불렀던 노래를 소환해 주면 좋겠다. 언어의 기초를 배우는 시기의 교육과정에 선택된 단어와 문장이 잘못된 부분도 눈에 띈다. 국가수준에서 더 많은 연구를 해 줬으면 한다.

3 교직원의 전문성이 강조된 지표

현재의 지표에는 교직원의 전문성을 표방하고 상호작용이 강조되어 있다. 이러한 상호작용은 일상에서 항상 일어나야 하며 필수이다. 평가인증 과정에서도 강조되어야 할 사항임에는 동의하지만 전국의 보육교직원 훈련과정이나 실습, 현직에서의 학습 등을 고려할 때 지나치게 많은 것을 담고 있다. 교사의 전문성은 많은 개념을 내포하고 있지만 현실에서는 교직원 문제로 힘들어하는 원장이 많다.

상호작용 관련 평정 기준에는 기본적으로 '기신사의자에' 목표영역별 상호작용이 있어야 하며, 보육과정, 건강, 안전 등을 망라해 많은 상호작용이 나와야 한다. 발현되어야 할 상호작용을 모두 정리하여 이 책의 제1장 3절에 기술해 놓았다. 이 모든 대화가 이루어질 수 있을지는 알 수 없다.

상호작용의 기본은 자신감과 자연스러움이므로 많은 훈련과 연습과 실력이 있어야 가능해진다. 일단, 원장부터 자신감과 자연스러움으로 자신을 관리하면서 노력해 보자. 전국에서 4만여 명의 원장이 평가인증을 준비하고 이러한 과정을 겪으며 교사훈련을 시키고 있으므로 그 많은 동료를 떠올리며, '나도 그들처럼 충분히 잘할 수 있다'는 태도로 각오를 가다듬어 보자. 운영상 마주하는 요인을 풀어 가며 원장의 직책을 수행해 가고 있는 우리야말로 전문가 중의 전문가로 자신을 존중해 보자. 결혼 자체를 하지 않겠다거나 아이 키우기나 너무 힘든 우리나라에서 출산은 미친 짓이라고 생각하는 청춘도 많다. 거의 매일같이 대한민국의 저출산 문제를 염려하는 기사를 접하고 어떤 정책에도 합계출산율이 내려가고 있다는 관련 뉴스를 듣지만 지금 정도라도 유지되는 건 전국에서 불철주야不撤晝夜 영유아를 위해 애쓰는 우리의 덕이라고 생각한다. 우리 직업을 사랑하고 충분히 '자뻑'[2]해도 된다고 확신한다.

---

2) 자기가 잘났다고 믿거나 스스로에게 반하여 푹 빠져 있는 일

4 교직원과 영유아에게 느끼는 미안함

인증을 준비하는 과정에서는 배경과 경력이 모두 다른 교사에 대해 지표라는 동일한 잣대로 평가받기 때문에 각기 다른 방식으로 그들을 지도할 수 있는 원장의 성숙한 리더십이 반드시 필요하다. 각자의 능력과 자존감을 파악하여 마음 상하지 않는 화법을 동원해 지도해야 하며, 교직원 모두와 친밀한 정서로 교감해야 한다.

빠른 걸음으로 복도를 지나다니는 교사들의 눈동자에 초점이 없다. 얼마나 많은 생각을 하느라 저런 표정일까 안쓰러울 때가 있다. 자신의 교실 일만으로도 바쁘지만 공동업무를 할 때 하하 호호 웃음소리가 들려오면 열심히 해 주는 교직원들에게 고맙다는 생각이 든다. 인력만 충분히 배치된다면 훨씬 즐겁게 이 과정들을 치러낼 것이다.

평가인증을 준비하는 과정에서 교직원들은 원장의 존재를 어느 때보다 더 힘들게 느끼는 경우가 많다. 원장이 교육 다녀온 다음 날이 가장 힘들다고 말하는 교사도 있다. 새롭게 배워 온 대로 모든 것을 바꾸고 정리하기 때문이다. 요즘은 교육 다음 날까지 참는 것이 힘들다. 교육 중간에 시정해야겠다고 생각되는 사항이 발견되면 곧바로 카톡을 날리면서 업무 지시를 하기 때문이다. 거의 매일 처리해야 할 업무가 있는 원장 직업에 익숙해진, 즉 경력이 많은 원장일수록 업무 지시 시간을 늦추는 일이 참 어렵다. 순하고 느긋했던 사람도 원장을 오래 하다 보면 사납고 급해지는 경우가 많다. 관찰일지 양식을 목표영역 항목으로 수정하세요, 교사실 내 커피와 차 종류 유통기한 확인하세요, 남은 우유는 다시 냉장고에 넣지 마세요, 공유파일에 있는 '아픈 아이를 위한 처리 절차' 찾아서 약품장 근처에 게시하세요…. 저자도 그런 원장이다. 경력이 아주 많지도 않으면서.

각자가 맡은 업무와 공간을 점검하다 보면 개인별 성격이 그대로 드러난다. 평소에 완벽하고 꼼꼼한 사람은 교실 정리도 서류 관리도 그렇게 하고 있다. 늘 해야 할 일을 놓쳐서 일을 맡길 때마다 불안한 교사는 역시 교실에서도 놓치는 부분이 있다.

그럼에도 노력하는 모습에 감동받을 때도 있다. 관찰자 방문 기간이 가까워지면 원장의 참견이 많아진다. 관심 갖는 만큼, 아는 만큼 지적사항이 눈에 띄기 때문이다. 과연 내가 교사라면 이 많은 일을 순식간에 해낼 수 있을까? 이 시점에 원장은 자신이 관리자라는 점이 다행이라고 생각했다. 아이들과의 일과를 그대로 진행하면서 문서 정리, 청결관리, 공동업무 협력 등을 척척 해내는 초임교사가 너무나 대견한 이유이다. 대학에서 잘 가르쳐 내보내 준 교수님에게 감사한 마음까지 들었다.

인증을 준비하는 과정에서 영유아들에게는 또 어찌나 미안한지 교직원 모두가 공감하는 대화를 여러 차례 나누었다. 야근을 하고 주말에 나와 일을 해도 시간이 모자란다. 이런저런 업무에 몰두하다 보면 영유아에게 소홀할 수밖에 없다. 유아 사물함에 붙어 있는 이름표가 있지만 좀 더 깨끗하고 예쁜 표식을 붙이고 싶은 욕심에 예쁜 그림을 골라 이름을 넣고 오려서 코팅하는 일만으로도 한나절이 다 소모된다. 양방향 소통을 평정하는 지표 때문에 인증이 다가오는 시기에는 알림장도 더 성의 있게 채워 쓰게 된다. 낮잠시간에 잠들지 않고 딴짓하는 아이를 관리하면서 열심히 써 보지만 몇 권으로 끝난다. 희한하게도 선생님이 바쁜 날에는 안 자는 아이가 많다. 야근을 하는 교사에게는 연장근무수당을 줘야 하지만 대부분의 기관은 재정적으로 어려워 현실적으로 불가능하다.

오래전 동료들과 웃으며 읽었던, 유치원생의 일기가 생각난다. "오늘은 우리 유치원에 장학이가 왔다. 선생님은 하루 종일 한 번도 화를 내지 않았다. 간식도 엄청 맛있었다. 장난감도 정말 많아졌다. 내일도 장학이가 오면 좋겠다…"는. 평가제도는 평가를 근간으로 더 발전할 수 있고, 안일하게 운영하는 과정에 긴장을 주는 효과로 더 노력하게 하는 좋은 기능이 있다. 하지만 지금의 제도와 인력으로는 유아교육기관에서 가장 소중하게 중심이 되어야 할 영유아들을 팽개쳐야 온전한 준비를 할 수 있다는 점이 너무 아쉽다. 이곳에서 최우선은 영유아의 행복이다.

평가인증 과정과 별도로 교사 이미지에 대해서도 쓰고 싶다. 특히, 앞치마에 대한 의견. '영유아기관의 교사에게 왜 앞치마를 입혀야 할까?' 늘 불만인 원장이기 때문이다. 어린이집에서는 보육교사가 엄마와 교사의 역할을 모두 하고 있는데, 집에서 함께 생활하는 엄마 혹은 학교의 교사가 하루 종일 앞치마를 입고 있는 건 아니다. 보육교사를 위한 여러 자료에는 늘 앞치마를 입고 생글생글 웃는 교사의 이미지가 등장하는 것이 늘 못마땅하다. 부모들이 하대하는 문화를 만드는 데 일조한 부분이라 생각하기 때문이다. 배식할 때 위생마스크와 함께, 필요한 작업을 할 때 토시와 함께 앞치마를 입는 것으로 충분하다. 일상에서도 입지 않고 부모상담 같은 공식적인 일정에는 좀 더 정장 느낌의 옷으로 갈아입고 임하면 된다.

또 하나, 각 기관에서 지나친 서비스 경쟁은 하지 않았으면 한다. 무엇이 영유아에게 최선인가 늘 고민하면서 가장 교육적인 일에 에너지를 썼으면 좋겠다. 법규나 지침, 혹은 관청에서 요구하는 수준 이상으로 부모에게 저자세일 필요는 없다. 지금도 우리의 기관은 지나치게 수요자 중심으로 운영되고 있다. 대한민국 모든 원장의 의견을 들어 보고 싶다.

5 역시 인사가 만사

아무리 훌륭한 리더십으로 노력해도 교직원이 따라 주지 않으면 소용없다. 오래전 저자가 조사한 바에 따르면 평가인증 과정 전후에 교직원의 이직이 많았다. 준비기간에는 지레 겁을 먹고 도망가는 교직원도 있고, 관찰자가 다녀간 당일 자신의 잘못으로 점수에 영향을 받게 되면 곧바로 사직 의사를 밝히기 때문이다. 해당 교사가 떠난다고 점수가 바뀌는 것도 아니기 때문에 잘 다독여서 그만두지 않게 하는 것이 좋겠다. 평소에 너무 후진[3] 교직원이어서 퇴출시킬 기회로 활용할 수도 있겠지만.

인사가 만사라는 말은 어느 기관에서나 진리이다. 잘 뽑아야 한다. 우리의 직장은 착하고 성실하며 발전하려는 욕구가 있는 사람이 아니면 호흡을 맞추기 힘든 곳이다. 심사숙고해 선발해 놓아도 함께 살아가다 어느 순간부터 코드가 안 맞는다는 것

3) 능력이나 성품이 다른 교직원에 비해 현저하게 뒤떨어지는

을 발견하면 선택은 딱 두 갈래뿐이다. 코드를 뽑아내는 것, 즉 내보내는 것과 내 코드를 그에게 꽂아 전류를 맞춰 주며 품는 것. 어쩌겠나. 내가 원장이 된 것도, 이 사람을 만나 헤어지거나 계속 함께 살아가야 하는 것도 운명인 것을.

원장이 먼저 인사하기 전에 인사하지 않는 교사, 늘 화장실 전등을 켜 놓고 나오는 교사, 결석하거나 현장학습 출발시간에 늦는 영유아 집에 꼭 전화확인을 하라는 말을 듣지 않는 교사, 교직원 회의에서 밑줄까지 쳐 주며 강조했던 일에 금시초문이라는 반응의 교사, 블록 바구니에 어른 주먹만한 먼지 덩어리가 있는 교실의 교사, 패션쇼에 가는 복장과 꾸밈으로 출근하는 교사, 교실 책상에 앉아 칫솔질을 하며 영유아에게 지시어를 던지는 교사, 툭하면 영유아에게 눈을 부라리는 교사, 출퇴근 길 현관에 버려진 쓰레기를 그냥 밟고 드나드는 교사, 원장의 지시나 협조 요청에 늘 반기를 들고 혁명을 부르짖는 교사, 배송된 식재료에 입고일 스티커를 붙여 달라 열 번을 말해도 듣지 않는 조리사…. 이 정도는 참을 수 있어야 한다. 원장이 너무 무서워서, 너무 바쁘고 교실을 비울 수 없어서, 멋진 옷을 샀는데 출퇴근 시간밖에 입을 일이 없어서, 관리자가 아니어서 먼지나 쓰레기가 보이지 않기 때문에, 발전하고 싶어 늘 연구하기 때문에 등등의 이유로 이해할 수 있다. 일부 행동은 과거 내 모습일 수도 있다. 그리고 인간의 본성은 대부분 변하지 않는다. 한 기관의 수장이라면 이 정도는 봐주는 아량을 가져야 할 것 같다. 더 잘할 수 있는 사람에게 업무분장을 다시 해 주는 것도 해결방법이 될 수 있다.

원장과 교사 모두 내 직업의 정면을 바라봐야 한다. 위만 바라보면 가끔 비참해지고 아래만 바라보면 교만해지며, 옆만 바라보면 늘 비교되어 위축된다. 내가 선택한 직업이라면 바로 앞에 놓인 내 업무와 현상을 바라보고 적응해야 한다. 너무 싫은 부모가 있어도 자신은 한 기관의 대표로 대하는 접점이 되기 때문에 최소한의 친절과 예의를 갖춰야 한다. 내 직업의 사회적 위치를 인정하고 정면을 바라봐야 가능하다. 지금 여기의 나, 현실에 최선을 다해야 한다.

예고 없이 잠적해 사직서를 주지 않아 후임 채용에 어려움을 주는 교사, 전화기를 꺼 놓고 엄마를 통해 일이 너무 힘들다고 항의하는 교사, 부모와 서로 고소 고발하는 교사, 조직 내 파벌을 만들고 순진한 교사를 내세워 다른 사람을 괴롭히는 교사도 있다. 아침에 일어나자마자 너무 싫은 교직원, 즉 내가 선발해 함께 사는 부하직원이 떠올라 출근하기 싫어하는 원장도 많다. 이 정도가 아니라면 오늘도 웃으며 그들과 인사를 나누고 리더십을 발휘하여 행복하게 지내야 할 것이다.

6 나비의 철학

내 직책을 벗어 버리고 싶다 느껴질 때는 습관적으로 '내가 이곳의 원장이어서 좋은 이유'를 적어 본다. 감사 일기를 쓰며 살아가는 사람들을 보면서 차용한 삶의 방식이다. 기록으로 남기고 들여다보면 정말 감사하는 마음이 생기곤 한다. 긍정적인 사람들과 교류하며 살아야 할 이유이다. 원장이라는 직업에는 리더의 사회적 기술이 필요하다. 많은 부분에서 나와 맞지 않는 사람과 잘 살아가기에 해당한다. 마주치면 피하고 싶은 부모, 원장에 대한 존경이라고는 눈 씻고 찾아봐도 없는 교직원, 뭔가가 불편한 관리감독기관 사람 혹은 지역사회 연합회의 동료와도 잘 살아가야 하는 것이 대형 과제이다.

전국의 많은 원장이 정말 열심히 헌신하고 있음에도 불구하고 열악한 환경, 교직원의 부족한 역량, 협조하지 않는 부모, 관리기관 멤버의 무례 등의 변수에 따라 분노하거나 좌절하지 않았으면 좋겠다. 평가점수가 잘 나오지 않으면 그만두겠다, 연봉만큼만 일하고 적당히 살겠다는 생각도 하지 않았으면 좋겠다.

자신의 직업에 대해 어떤 자문을 하는지 궁금하다. 1. 나는 왜 이 숭고한 일을 하고 있나?, 2. 나는 왜 이 직업을 가졌나?, 3. 나는 왜 이런 짓을 하고 있나?…. 이왕이면 1번으로 묻자. 내가 나를 존중해야 존중받고 산다. 행복은 '나'로부터 '비'롯된다. 나비! 저자가 늘 강조하고 있는 나비의 철학이다.

나 자신을 소중하게 여기는 사람은 타인도 소중하게 여긴다. 세상의 많은 일과 대상은 내가 맞춰 주면서 풀려 간다. 직장이나 가정에서도 마찬가지이다. 현관의 투약 의뢰서를 늘 덮어놓고 가는 엄마가 있으면 내가 열어 놓으면 된다. 교구장을 늘 열어 놓는 교사가 있으면 내가 닫아 주면 된다. 원장이 건네주는 문서를 늘 한 손으로 받는 교사가 있으면 건네줄 때 두 손으로 주면 된다.

'인간의 본성이나 오래된 습관은 변하지 않는다'는 사실이 지금까지 살아오며 체득한 진리 중 하나이다. 직장에서 만나는 동료나 가족 모두 해당된다. 집에 있는 남편은 지나치게 청결해 결벽증으로 아내를 힘들게 하거나 너무 더럽게 어질러서 아내를 화나게 하는 둘 중 하나이다. 너무 잘생겨서 밖에 내놓을 때 불안하거나 너무 못생겨서 밖에 함께 다니기 싫은 둘 중 하나이다. 너무 강박적으로 '그' 때문에 힘들어하지 말자. 긴 세월이 지나도 참기 어려워 첫사랑을 떠올려 보지만 그가 너무 잘 살고 있으면 배가 아프고 힘들게 산다면 가슴이 아프고 다시 만나자고 찾아오면 골치가 아프다. 그냥 지금, 여기에서 행복을 찾는 것이 현명하다. 내가 착해지면 된다. 즉, 아름다운 나비가 되자. 윤도현의 「나는 나비」 노랫말이 더 좋아진다. 그 일부를 음미해 보기 바란다.

> 추운 겨울이 다가와 힘겨울지도 몰라 봄바람이 불어오면 이제 나의 꿈을 찾아 날아
> 날개를 활짝 펴고 세상을 자유롭게 날 거야 노래하며 춤추는 나는 아름다운 나비

최선을 다하는 자신을 사랑하며 매일을 즐기면 좋겠다. 긍정을 위한 노력의 방법은 에필로그에서 풀어 볼 예정이다.

7 현장에 도움이 되기를

이번 지표는 이전의 지표에 포함된 놀이터 사용 승인 문서, 주치의 제도, 실습과 자원봉사, 상담공간 등의 내용이 삭제된 대신에 훨씬 더 '무서운' 방향으로 개정되어 있다. 운영정지 행정처분을 받거나, 원장이나 교사의 자격정지 또는 자격취소, 「식품위생법」 위반, 「아동복지법」을 위반하거나 성범죄 발생 등이 있으면 참여할 수 없다. 이러한 사항들은 나와 상관없는 일 같지만 사소한 실수에도 잘못 엮여 이상한 처분을 받는 사례에 해당될 수 있다. 특히, 「아동복지법」 위반과 관련된 아동학대가 발생하거나 수사받는 일이 없도록 교직원 관리를 더 철저하게 해야 하는 부담이 주어졌다. 아동학대를 빌미로 합의금을 노리고 교사를 협박하는 인간 이하의 부모가 늘어날 것 같은 노파심도 생긴 시점이다.

책의 내용을 모두 완성한 후, 집필 내내 머릿속을 맴돌던 프롤로그 내용을 보완작성하면서 감회가 새롭다. 평소 가까이 지내는 원장님들에게 평가인증 관련 문서들을 보내 주다가 아예 책으로 엮어 보고 있었다. 사실, '원장 리더십' 2탄과 '평가인증 실무' 를 각기 다른 책으로 써 오다가 두 가지 주제를 한 책으로 모아 출판하게 되었다. 평가인증의 내용 자체가 기관 운영의 모든 것을 담고 있고 '리더십' 항목이 이번 지표에 처음 담겨 있으며, 결국 모든 것이 원장 책임이기 때문이다. 새로운 지표의 적용 첫 달에 그 과정을 치르면서 정리한 내용이 대부분이므로 2018년부터 통합지표로 전국의 어린이집과 유치원이 평가를 받을 때 도움 되는 자료로 완성되었다.

12년 전 우리나라에 어린이집 평가인증이 처음 시범 사업으로 시작되었을 때 방향을 잡지 못하고 어려워하는 현장을 위해 『평가인증 이렇게 준비하세요』라는 책을 낸 적이 있다. 최근까지도 그 오래된 책을 구입해 읽고 있는 독자가 있다는 것을 알고 놀랐고, 이제는 더 이상 도움이 안 된다는 리뷰를 읽고 한 번 더 놀라, 현재 시점으로 다시 써야 겠다 마음을 먹었다. 두 가지 주제를 융합하여 이 책으로 묶은 건 잘한 것 같다. 이렇게 긍정적이니 뭐든 못할 게 없다. 독자 원장님들도 긍정적으로 이 책을 읽고 주변의 도움을 받아 잘 해 나갈 것으로 믿는다.

일반 책과 색이 다른 저자의 글을 존중하고 세상에 내 주시는 창지사에 항상 감사 드린다.

&

이 책을 읽고 평가인증 준비에 용기를 내는 원장님께, 동료로서 사랑과 격려를 보낸다.

CHAPTER 01

보육과정 및 상호작용

1 강조점과 준비사항

보육과정 및 상호작용 지표의 내용에는 보육과정 수립 및 실행, 일과 운영, 교수-학습방법 및 놀이지원, 편견 없는 존중, 또래 간 상호작용, 평가, 일상생활 등이 포함된다. 이 영역에서는 각 주기별 교육계획안, 교사의 교수-학습방법과 지도에서 표준보육과정 모든 영역의 목표와 활동이 포함되어야 하는 것이 핵심이다. 교사의 교수-학습에 대한 관찰과 지도 기록이 평가대상이 되며, 이 부분은 '교직원' 지표와 중복된다.

1) 보육과정 수립 및 실행

이 항목에서는 연간, 월간, 일일 계획안과 일지가 평가대상이 되며, 누리과정 및 표준보육과정의 모든 영역이 포함되었는지와 목표와 활동에 수준별 반영이 되어 있는지 평가한다. 또한, 영유아의 흥미와 관심, 시기, 사회적 이슈, 지역 특성, 계절이 반영되어 있는지도 평가한다. 교사들은 여러 가지 해설서와 자료를 토대로 수업을 계획하고 실행하고 있지만 점검이 필요하다. 영아반과 유아반 각 한 연령의 계획안을 보고 교사들과 함께 토의해 보기 바란다.

■ 연간 보육계획안(만 2세)

기간		주제	소주제	행사 및 지역사회 협력	
				영아	부모
3월	3월 1주 ~ 3월 5주	어린이집이 좋아요	나는 나나반이에요 엄마, 아빠와 헤어질 수 있어요 우리 반 선생님과 친구들이에요 재미있는 놀잇감이 있어요 내가 좋아하는 놀잇감이에요	• 신입적응P/G • 소방기초훈련 및 교통안전방문교육 • 영아체격검사	• 1차 운영위원회 • 맞벌이 서류 추가 제출
4월	4월 1주 ~ 4월 4주	봄나들이 가요	편안하게 지내요 안전하게 놀아요 바깥놀이가 재미있어요 안전하게 바깥놀이해요	• 비상대피훈련 및 안전교육	• 1학기 부모상담
5월	5월 1주 ~ 5월 5주	봄나들이 가요 나는요	따뜻해졌어요 꽃구경은 즐거워요 벌레가 꿈틀꿈틀해요 봄나들이 갈까요 나는 ㅇㅇㅇ이에요	• 어린이날행사 • 부모참여수업-체육 • 비상대피훈련 및 안전교육	
6월	6월 1주 ~ 6월 4주	나는요	내 몸을 살펴보아요 나는 느껴요 내가 좋아하는 것이 있어요 혼자서도 잘해요	• 비상대피훈련 및 안전교육 • 영아체격검사	• 2차 운영위원회
7월	7월 1주 ~ 7월 4주	재미있는 여름이에요	날씨가 더워졌어요 비가 많이 와요 깨끗하게 씻어요 물놀이가 재미있어요 1	• 비상대피훈련 및 안전교육 • 재난 안전 방문교육	
8월	8월 1주 ~ 8월 5주	재미있는 여름이에요 동물놀이해요	물놀이가 재미있어요 2 여행을 가요 여러 가지 동물이 있어요 엄마 동물, 아기 동물 동물처럼 소리 내며 움직여요	• 비상대피훈련 및 안전교육	
9월	9월 1주 ~ 9월 4주	동물놀이해요 나는 가족이 있어요	나나반이 좋아하는 동물 엄마 아빠가 좋아요 우리 가족을 흉내 내요 1 우리 가족을 흉내 내요 2	• 가을소풍 • 비상대피훈련 및 안전교육 • 영아체격검사	• 각 반 공개수업 • 3차 운영위원회 • 맞벌이 서류 추가 제출
10월	10월 1주 ~ 10월 4주	나는 가족이 있어요 알록달록 가을이에요 1	우리 가족을 소개해요 1 우리 가족을 소개해요 2 가을이에요 가을나들이	• 비상대피훈련 및 안전교육	

<table>
<tr><th colspan="2" rowspan="2">기간</th><th rowspan="2">주제</th><th rowspan="2">소주제</th><th colspan="2">행사 및 지역사회 협력</th></tr>
<tr><th>영아</th><th>부모</th></tr>
<tr><td>11월</td><td>11월 1주
~
11월 5주</td><td>알록달록 가을이에요 1

모양과 겨울을 즐겨요</td><td>나뭇잎이 물들어요
자연물로 놀이해요
알록달록 색깔놀이
재미있는 그리기 나라
여러 가지 모양이 있어요</td><td>• 제2차 평가인증
• 비상대피훈련 및 안전교육</td><td>• 2학기 부모상담</td></tr>
<tr><td>12월</td><td>12월 1주
~
12월 4주</td><td>모양과 겨울을 즐겨요</td><td>모양놀이해요
추워요
따뜻하게 지내요/즐거운 성탄절
신나는 겨울 놀이 1</td><td>• 산타행사
• 뮤지컬 관람
• 비상대피훈련 및 안전교육
• 영아체격검사</td><td>• 4차 운영위원회</td></tr>
<tr><td>1월</td><td>1월 1주
~
1월 5주</td><td>모양과 겨울을 즐겨요

나는 친구가 있어요</td><td>신나는 겨울 놀이 2
내 친구가 좋아요
친구와 함께하는 놀이가 있어요 1
친구와 함께하는 놀이가 있어요 2
형, 언니가 되었어요 1</td><td>• 비상대피훈련 및 안전교육</td><td></td></tr>
<tr><td>2월</td><td>2월 1주
~
2월 4주</td><td>나는 친구가 있어요</td><td>형, 언니가 되었어요 2
우리는 5살(설날)
즐거웠던 우리 반 1
즐거웠던 우리 반 2</td><td>• 비상대피훈련 및 안전교육</td><td>• 졸업식
• 신입생 OT</td></tr>
</table>

결재	담당	주임	원장

5월 월간 보육계획안(나나반)

생활주제	봄나들이 가요 / 나는요
실시기간	5월 1주 ~ 5월 5주(5주간)
목표	1. 따뜻한 봄이 왔음을 알고 봄의 날씨와 풍경에 관심을 갖는다. 2. 봄에 대한 자신의 경험을 다양한 방법으로 표현해 본다. 3. 봄에 볼 수 있는 다양한 곤충에 관심을 갖는다. 4. 봄 풍경에 관심을 갖고 봄나들이를 즐긴다. 5. 내 얼굴을 탐색하며 나에 대해 긍정적인 관심을 갖는다.

기간 / 영역		활동내용				
		1주	2주	3주	4주	5주
소주제		따뜻해졌어요	꽃구경은 즐거워요	벌레가 꿈틀꿈틀해요	봄나들이 갈까요	나는 ○○○이에요
등원 및 맞이하기		등원하며 본 것을 이야기해요		손 흔들며 인사해요		이름 불러 주며 인사해요
실내자유놀이	신체	징검다리를 건너요(대) 모양을 맞춰요(소)	꼬불꼬불 터널(대) 가위로 잘라요(소)	칙칙폭폭 기차 나들이(대) 밀가루로 조물조물(소)	풍선이 동동(대) 내 얼굴에 집게를 꽂아요(소)	줄 아래로 잉금잉금(대) 국자로 옮겨요(소)
	언어	동화 '봄이 왔어요'(듣기, 말하기, 읽기, 쓰기) 인형으로 이야기해요(듣기, 말하기)	다양한 꽃 사진 보고 친구와 말해 봐요(읽기, 듣기, 말하기) 꽃 그림 위에 끼적여요(쓰기)	나는 누구일까요?(읽기, 듣기, 말하기) 곤충 모양 종이에 끼적여요(쓰기, 말하기)	동화 '아기토끼풀'(읽기, 듣기, 말하기) 봄나들이 사진 위에 끼적이기(쓰기)	동화 '나를 부르는 소리'(읽기, 듣기, 말하기) 내 이름 위에 끼적여요(쓰기)
	감각탐색	나비 퍼즐	꽃향기를 맡아요	촉감 애벌레	봄 풍경을 관찰해요	거울에 비친 내 모습
	역할 쌓기	나비가 되었어요(역할) 블록으로 나비 만들기(쌓기)	꽃가게 놀이해요(역할) 꽃밭 만들어요(쌓기)	봄소풍 가요(역할) 애벌레 만들기(쌓기)	봄나들이 가요(역할) 봄동산을 만들어요(쌓기)	내 얼굴 꾸미기(역할) 내 키만큼 쌓아 보아요(쌓기)
	미술	나비를 꾸며요	꽃 그림에 면봉으로 찍어 보기	꿈틀꿈틀 애벌레	봄 동산을 꾸며요	손바닥을 그려요
	음률	'씨앗' 노래 들으며 마이크로 따라 부르기	마이크를 들고 '개구리와 올챙이' 노래 부르기	친구와 '나비야' 노래에 맞춰 북을 쳐 봐요	'봄' 노래 들으며 춤춰요	'당신은 누구 십니까' 부르며 표현해요

소주제		따뜻해졌어요	꽃구경은 즐거워요	벌레가 꿈틀꿈틀해요	봄나들이 갈까요	나는 ○○○이에요
실외놀이		봄 날씨를 느껴 보며 산책하기 대체활동: 터널 지나가기	어린이집 주변 꽃 찾아보기 대체활동: 매트에서 스트레칭하기	놀이터에서 벌레를 찾아요 대체활동: 매트에서 스트레칭하기	율현공원에 산책 가요 대체활동: 유니바 뛰어넘기	
일상생활	점심 및 간식	골고루 먹어요			다 먹고 난 후 내 그릇을 정리해요	
	배변활동	변기에서 쉬를 할 수 있어요			내가 스스로 바지를 내리고 입어요	
	낮잠	조용한 음악을 들으며 낮잠을 자요				베개를 베고 자요
	기본생활습관	가방을 사물함에 넣어요			양말을 스스로 신어요	
	인성교육	새싹 관찰하기 자아개념/ 정서적 자아	봄이 준 선물 자아개념/ 인지적 자아	훨훨 나비처럼 날아요 자아개념/ 신체적 자아	꽃잎을 세어 보아요 기본생활습관/ 공동생활습관	모두가 내 친구예요 대인관계/ 조망수용
	안전교육	교통안전 – 교통표지판을 알아요	소방안전 – 무서운 가스	생활안전 – 놀이터에서 안전하게 놀아요	성폭력예방 – 남자와 여자	실종유괴 – 집에 혼자 있을 때
귀가 및 연계	귀가	신발장에서 신발을 내가 꺼내 신어요				내 가방을 찾아요
	지역사회연계	선생님, 친구 손잡고 율현공원 가기				
비고		ㅁ구분: 새로운 계획 및 추가계획, 대체활동, ◎ 확장활동, 지역사회연계(2개월 1회)				

■ 연간 교육계획안(만 5세)

기간	주제	소주제	행사 및 지역사회 협력	
			유아	부모
3월 1주 ~ 3월 5주	어린이집과 친구 특별활동 대체활동: 블록으로 어린이집 구성하기	새로운 환경 우리 반 약속 즐거운 하루 나와 친구 함께하는 우리	• 신입적응P/G • 소방기초훈련 및 교통안전방문교육 • 영유아체격검사	• 1차 운영위원회 • 맞벌이 서류 추가 제출
4월 1주 ~ 4월 4주	봄과 동식물 특별활동 대체활동: 색종이 접기	봄의 우리 생활 봄의 풍경 즐기기 봄과 동식물 자연과 더불어 사는 우리	• 봄소풍(유아반) • 소방훈련 및 안전교육 • 발달검사 • 어린이날행사	• 1학기 부모상담
5월 1주 ~ 5월 5주	나와 가족 특별활동 대체활동: 자유롭게 그림책 보기	나의 몸과 마음 소중한 나 사랑하는 우리 가족 가족의 생활과 문화 함께하는 가족놀이	• 부모참여수업-미술 • 현장학습(유아반) • 소방훈련 및 안전교육	• 어버이날 • 개원기념일
6월 1주 ~ 6월 4주	우리 동네 특별활동 대체활동: 블록으로 우리 동네 구성하기	우리 동네 기관과 모습 우리 동네 생활 우리 동네 사람들 우리 동네 전통과 문화	• 공개수업-체육 • 현장학습(유아반) • 소방훈련 및 안전교육 • 영유아체격검사 • 발달검사	• 2차 운영위원회
7월 1주 ~ 7월 4주	여름과 건강 특별활동 대체활동: 종이에 물놀이 경험 그리기	여름의 날씨 알기 여름 풍경 즐기기 더운 여름 나기 안전한 물놀이와 생활	• 소방훈련 및 안전교육(재난 안전 방문교육) • 동물생태체험(라라, 마마)	• 부모교육 강연회
8월 1주 ~ 8월 5주	교통기관과 안전 특별활동 대체활동: 색종이로 교통기관 접기	궁금한 교통기관 편리한 교통기관 달라져 가는 교통기관 고마운 교통기관 안전한 생활	• 졸업생 홈커밍데이 • 소방훈련 및 안전교육	

기간	주제	소주제	행사 및 지역사회 협력	
			유아	부모
9월 1주 ~ 9월 5주	세계 속의 우리나라 특별활동 대체활동: 여러 나라 국기 색칠하기	우리나라 사람들의 생활 우리나라 문화와 자랑거리 세계 여러 나라 사람들의 생활 세계 여러 나라의 문화유산 / 추석	• 가을소풍(영아반, 유아반) • 소방훈련 및 안전교육 • 영유아체격검사 • 가족참여수업-영어	• 각 반 공개수업 • 3차 운영위원회 • 맞벌이 서류 추가 제출
10월 1주 ~ 10월 4주	가을 특별활동 대체활동: 블록으로 가을나무 구성하기	추석 가을의 변화 풍성한 가을 가을 나무와 숲 풍경 즐기기	• 현장학습(유아반) • 소방훈련 및 안전교육	
11월 1주 ~ 11월 5주	환경과 생활 특별활동 대체활동: 환경 관련 그림책 보기	물과 우리 생활 돌·흙과 우리 생활 바람·공기와 우리 생활 빛과 우리 생활 소리와 우리 생활	• 제2차 평가인증 • 졸업여행 • 소방훈련 및 안전교육 • 발달검사 • 김장 담그기 체험	• 2학기 부모상담
12월 1주 ~ 12월 4주	겨울 특별활동 대체활동: 겨울 날씨 작은 책 만들기	겨울의 변화 겨울 준비 이웃과 함께하는 겨울 겨울 축제	• 산타행사 • 뮤지컬 관람 • 소방훈련 및 안전교육 • 영유아체격검사 • 졸업사진 촬영	• 4차 운영위원회 • 특별활동 만족도 조사
1월 1주 ~ 1월 5주	새해 / 생활도구 특별활동 대체활동: 우리가 일상생활에서 사용하는 물건 그림 그리기	새해가 되었어요 다양한 생활도구 생활도구로서의 미디어 나는 발명가 미래의 생활도구	• 소방훈련 및 안전교육 • 발달검사	
2월 1주 ~ 2월 4주	초등학교에 가요 특별활동 대체활동: 자유롭게 그림책 보기	궁금한 초등학교 / 평창 동계올림픽 1학년이 되면 / 설날 졸업 즐거웠던 어린이집	• 소방훈련 및 안전교육	• 졸업식 • 신입생 OT • 5차 운영위원회

결재	담당	주임	원장

5월 월간 보육계획안(만 5세)

생활주제	나와 가족
실시기간	5월 1주 ~ 5월 5주(5주간)
목표	1. 나의 몸과 마음, 탄생과 성장에 대해 알아보며 자신의 소중함을 느낀다. 2. 나와 다른 사람의 감정을 이해하고, 내가 좋아하는 일에 자신감을 갖는다. 3. 가족이 화목하게 지내기 위해 할 수 있는 일을 알고 실천한다. 4. 다양한 유형의 가족이 있음을 알고, 고유한 가족문화를 존중하는 마음을 가진다. 5. 가족들과 함께 지내는 즐거움을 느끼고, 함께할 수 있는 놀이를 해 본다.

기간 / 영역		활동내용				
		1주	2주	3주	4주	5주
소주제		나의 몸과 마음	소중한 나	사랑하는 우리 가족	가족의 생활과 문화	함께하는 가족놀이
등원 및 맞이하기		하이파이브하며 즐겁게 등원하기	나를 소개한 후 등원하기	가족과 안으며 인사하기	오늘의 약속 지킬 수 있도록 다짐하기	부모님께 존댓말로 인사하기
실내자유선택활동	쌓기 영역	아기방 꾸미기	블록으로 내 몸속 뼈 구성하기	가족이 사용하는 생활도구 구성하기	우리 집 구성하기	가족과 가고 싶은 곳 꾸미기
	역할 영역	아기가 태어났어요	나의 생일 파티하기	우리 가족 흉내 내기	결혼식 놀이하기	가족 소풍 놀이하기
	언어 영역	동화) 내 동생은 어떻게 태어났나요?	동화) 새 딸과 단추 내 사인 만들기	동화) 내 동생 재현이를 소개합니다	반말과 존댓말	우리 집 가계도
	수·조작 영역	내 몸의 길이 재보기〈수〉 신체 구조 퍼즐〈소〉	내 몸의 길이 재보기〈수〉 신체 구조 퍼즐〈소〉	'고마워, 미안해' 말하기 게임〈수〉 가족 퍼즐〈소〉	다양한 가족, 얼굴패턴 게임〈수〉 다양한 가족패턴 퍼즐〈소〉	구석구석, 우리 집 정리정돈 게임〈수〉 끈으로 우리 집 물건 만들기〈소〉
	과학 영역	카네이션 관찰하기	우리 몸의 구조 알기 카네이션 관찰하기	색깔 느낌 카드 카네이션 관찰하기	집의 모습이 달라요	요술마술 자석글자
	미술 영역	카네이션 만들기	거울 보며 자화상 그리기	가족화 그리기 우리 가족 인형 만들기	종이로 만든 우리 집	비눗방울 그림 그리기
	음률 영역	음악 들으며 '엄마 배 속의 아기' 표현하기	내 마음대로 즉흥연주하기	'결혼 행진곡'에 맞춰 연주하기	'지구마을 친구들' 부르며 악기 연주하기	자장가 감상하기

소주제	나의 몸과 마음	소중한 나	사랑하는 우리 가족	가족의 생활과 문화	함께하는 가족놀이
대 · 소집단 활동	이야기 나누기) 주말 지낸 이야기–내가 아주 작았을 때에는 안전교육) 교통안전–교통표지판을 알아요	이야기 나누기) 주말 지낸 이야기–쑥쑥 잘 자라려면 안전교육) 소방안전–무서운 가스 동화) 나는 좋아하는 것이 참 많습니다 동시) 나는 좋아요	이야기 나누기) 주말 지낸 이야기–할머니 · 할아버지를 공경해요 안전교육) 생활안전–놀이터에서 안전하게 놀아요 '미녀와 야수' 뮤지컬 관람 동화) 엄마가 병원에 가셨어요 음악감상) 맨델스존 '결혼 행진곡'	이야기 나누기) 주말 지낸 이야기–다양한 가족이 있어요 안전교육) 성폭력 예방–남자와 여자 동화) 나는 닮은 사람이 너무 많아요 새 노래) 지구마을 친구들 명화 감상) 고야 '카를로스 4세의 가족'	이야기 나누기) 주말 지낸 이야기–우리나라 명절 단오 안전교육) 실종유괴–집에 혼자 있을 때 아동 성폭력 예방 교육 –수서 경찰서 방문– 동화) 시골 외가댁에 갔어요 게임) 블록으로 집 짓기
실외활동 (바깥놀이 활동)	멀리/가까이 달리기 대체활동: 훌라후프 징검다리	경로당 텃밭 관찰하기 대체활동: 나처럼 해 봐라	한 발로 뛰기 대체활동: 무지개 줄 통과하기	율현공원(생태공원) 가기 대체활동: 풍선 옮기기	공 던져서 주고받기 대체활동: 친구와 등 대고 걷기
점심 및 낮잠	손을 깨끗이 씻어요	바르게 앉아서 식사해요	식사예절을 지켜요	음식을 골고루 먹어요	깨끗하게 양치질해요
기본생활 습관	기분이 좋아졌어요 (마음씨앗 가꾸기 : 인성 – 자아개념 / 정서적 자아)	어떻게 해결할까? (마음씨앗 가꾸기 : 인성 – 대인관계 / 협력)	가족을 도와요 (마음씨앗 가꾸기 : 인성 – 도덕성 / 도덕적 행동)	사랑의 쿠폰 (마음씨앗 가꾸기 : 인성 – 도덕성 / 도덕적 행동)	이름으로 삼행시를 지어요 (마음씨앗 가꾸기 : 인성 – 주도성 / 설득력)
안전생활 습관	교통안전–교통표지판을 알아요	소방안전–무서운 가스	생활안전–놀이터에서 안전하게 놀아요	성폭력 예방–남자와 여자	실종유괴–집에 혼자 있을 때
귀가 및 연계활동	가족의 손바닥, 발바닥 크기를 비교하기	나의 앨범 보기	부모님께 안마하기	가족 심부름해 보기 미술 가족 참여 수업	재미있는 가족 놀이하기

저자의 어린이집은 평가인증 지표를 근거로 수업계획 실행에 필요한 사항을 점검해 본 결과 교실과 공유공간 모두 대근육활동 자료, 수업 주제를 드러내는 자료, 언어활동 자료가 부족했다. 공유공간인 나비플라자에 공, 볼링놀이 등 대근육을 사용하며 활동할 수 있는 교구들을 보충하고 바닥에는 걷기 도로를 제작하여 부착했다. 각 교실의 책꽂이에 주제 관련 도서가 구비되어 있는지 살피고 다양한 재질의 종이와 필기도구를 준비하여 언어활동을 격려하였다. 이 부분은 제2장 '보육환경과 운영관리'에서 구체적으로 기술되어 있다.

2) 일과 운영

놀이, 활동, 일상생활 경험의 균형 있는 통합적 운영, 바깥놀이 시간, 자유선택활동 시간, 계획안과 다른 실행 변경 기록 등이 평가의 대상이 된다. 계획안과 일지에 자유놀이 시간 2시간 반 이상, 바깥놀이 시간이 1시간 이상의 시간으로 편성되어 있는지 살핀다. 의외로 이 부분에서 시간 충족이 안 된 어린이집 사례가 있다. 신입교사의 교실 컨설팅에 에너지를 쏟다가 정작 자신의 교실에서는 자유놀이 시간이 너무 부족한 주임교사의 사례를 보았다. 계획안의 활동이 주제와 연관성이 있는지, 정적인 활동과 동적인 활동이 교대로 편성되어 균형을 이루고 있는지, 자유선택활동 시간에 영유아가 각 흥미영역에 고루 분포되어 놀고 있는지 점검한다. 다음의 일지는 영아반과 유아반의 사례이다(ㅁ구분: 새로운 계획 및 추가계획, 대체활동, ◎확장활동, 지역사회연계 월 1회).

결재	담당	주임	원장

나나반(만 2세) 일일보육일지

생활주제	알록달록 가을이에요 1	일 시	11월 3일 (금)
소 주 제	자연물로 놀이해요	날 씨	흐림
목 표	자연물로 놀이를 하며 가을 날씨에 관심을 가진다.		

일과운영	계획	실행 및 평가
(통합보육) 등원 및 맞이하기 (7:30~9:20)	* 등원하며 본 나뭇잎 말해요 * 사회관계 〉 더불어 생활하기 - 교사와 영아가 인사를 나눈다. - 먼저 등원한 친구들에게 손을 흔들며 인사한 후 안아주며 인사한다.	- 밖에 날씨가 흐리다고 비가 올 것 같다고 이야기해 주는 영아가 있었음. - 등원하면서 나뭇잎을 주워서 손에 쥐고 교사에게 보여 주는 영아가 있었음.
오전간식 (9:20~9:40) 실내환기	* 손 씻기 및 화장실 다녀오기 * 식사 전후에는 인사를 해요 * 화장실에서 볼일을 보고 물을 내려요 - 영아들과 함께 안전하게 화장실로 이동하여 손 씻기를 지도한다. - 물을 다 먹은 후 컵을 정리할 수 있도록 격려한다.	- 바나나를 보고 "나 간식 먹을래요."라고 말하는 영아가 있었음. 간식을 먹기 전에 손을 씻고 와서 먹을 수 있도록 함.
오전실내 자유놀이 (9:40~10:40) 1시간	[신체영역] * 활동명: 나뭇잎을 떨어트려요 (대) * 활동방법 * 신체운동 〉 신체 조절과 기본 운동하기 〉 대근육 조절하기 - 봉지에 들어 있는 낙엽에 관심을 보이면 함께 탐색하며 상호작용을 나눈다. - 나뭇잎 봉지를 머리 위에서 떨어트려 본다. - 영아가 자유롭게 나뭇잎 봉지를 떨어트리며 놀이한다. * 활동명: 집게로 나뭇잎을 옮겨요 (소) * 활동방법 * 신체운동 〉 신체 조절과 기본 운동하기 〉 소근육 조절하기 - 영아가 집게와 나뭇잎을 탐색한다. - 집게로 나뭇잎을 집어서 그릇에 담아본다. [언어영역] * 활동명: 자연물 책을 봐요 (읽기, 듣기, 말하기) * 활동방법 * 의사소통 〉 말하기 〉 상대방을 바라보며 말하기 * 의사소통 〉 듣기 〉 말하는 사람을 주의 깊게 보기	[신체] – 대근육 - 나뭇잎 봉지를 흔들어 보는 영아에게 "밖에 나뭇잎도 춤추면서 떨어지고 있네? ㅇㅇ이가 흔드는 나뭇잎 봉지랑 비슷하다~"라고 이야기해 주자 더 빠르게 흔듦. [신체] – 소근육 - 집게로 쌓기영역에 있는 레고블록을 바구니에서 꺼내 보는 영아가 있었음. [언어] – 읽기, 듣기, 말하기, 쓰기 - 가을 나무 그림 위에 색연필로 나뭇잎이라고 말을 하면서 그림을 끼적이고 있는 영아에게 교사가 "이건 솔방울이야."라고 말을 하면서 그림을 그려 주자 "솔방울이요?"라고 물어보면서 솔방울 그림을 봄.

일과운영	계획	실행 및 평가
오전실내 자유놀이 (9:40~10:40) 1시간	- 자연물 책에 관심을 보이면 함께 보며 상호작용을 나눈다. - 책에 나온 다양한 자연물의 모양, 색깔 등의 특징에 대해 살펴보며 이야기를 나눈다. - 책 속에서 보았던 자연물의 실물을 직접 보고, 만져 보며 느낌을 이야기해 본다. * 활동명: 가을 나무 그림 위에 끼적여요 (말하기, 쓰기) * 활동방법 * 의사소통 〉 쓰기 〉 끼적이며 즐기기 * 활동방법 * 의사소통 〉 말하기 〉 자신이 원하는 것을 말하기 - 영아와 가을 나무 사진을 살펴보며 이야기를 나눈다. - 나뭇잎의 색과 끼적이기 도구의 색을 비교해 보며 끼적이기를 해 본다. - 전지에 단풍나무를 그리고 친구와 함께 끼적이기를 해볼 수 있도록 격려한다. [감각·탐색영역] * 활동명: 돋보기로 무엇이 보일까요? * 활동방법 * 자연탐구 〉 탐구하는 태도 기르기 〉 탐색 시도하기 - 영아가 돋보기를 탐색해 본다. - 돋보기를 통해 본다. - 돋보기를 통해서 보이는 것을 말해 본다. - 돋보기로 놀잇감을 관찰한다. [역할·쌓기영역] * 활동명: 가을 나뭇잎으로 상 차리기 (역할) * 활동방법 * 예술경험 〉 예술적 표현하기 〉 모방과 상상놀이하기 - 영아가 가을 나뭇잎에 관심을 보이면 이야기 나눈다. - 교사와 함께 가을 나뭇잎을 그릇에 담으며 소꿉놀이를 해 본다. - 영아가 자유롭게 가을 나뭇잎으로 상을 차려 본다. * 활동명: 블록으로 공원 만들어요 (쌓기) * 활동방법 * 자연탐구 〉 탐구하는 태도 기르기 〉 호기심 가지기 - 영아가 공원 사진에 관심을 보이면 이야기를 나눈다. - 교사가 여러 가지 블록으로 공원을 만들어 본다. - 영아가 자유롭게 블록을 활용하여 공원을 만들어 본다.	[감각·탐색] - 돋보기로 솔방울을 관찰하면서 "하나~ 둘~ 셋~ 넷~" 숫자를 세어 보는 영아가 있었음. 교사와 함께 숫자를 다시 세어 보기도 함. [역할] - 그릇에 나뭇잎을 깔고 그 위에 음식 모형을 쌓아서 상을 차려 보는 영아가 있었음. 상 차리기를 한 뒤에 "생일 축하합니다~"노래를 부르기 시작함. [쌓기] - 시소를 만들고 양쪽에 사람 모형을 앉혀 주고 공원에 있는 놀이기구를 만들어 보는 영아가 있었음. [미술] - 나뭇잎 왕관을 만들어서 머리에 쓰고 엄마에게 보여 줄 거라는 영아가 있었음. 머리띠에 나뭇잎을 가위로 오려서 붙여서 떨어지지 않도록 그 위에 테이프까지 붙이는 영아의 모습도 보임. [음률] - '가을길' 노래를 들으면서 밖에 날씨가 흐리다고 이야기해 주면서 실로폰을 두드리는 영아가 있었음.

일과운영	계획	실행 및 평가
오전실내 자유놀이 (9:40~10:40) 1시간	[미술영역] * 활동명: 나뭇잎 왕관 만들기 * 활동방법 * 예술경험 〉 예술적 표현하기 〉 자발적으로 미술활동하기 - 나뭇잎을 살펴보며 모양이나 색깔 등에 대해 말로 표현해 본다. - 교사가 왕관 모양 종이에 나뭇잎을 붙이는 모습을 보여 주고, 영아와 함께 나뭇잎을 붙여 본다. - 영아가 자유롭게 왕관을 꾸며 본다. [음률영역] * 활동명: '가을길' 들으며 북을 쳐요 * 활동방법 * 예술경험 〉 예술적 표현하기 〉 움직임으로 표현하기 - '가을길' 노래를 반복해서 들어 본다. - 영아가 '가을길'을 들으며 북을 쳐 본다. - 다양한 악기로 연주해 본다.	
정리정돈 및 배변활동 (10:40~10:50)	* 정리정돈 및 화장실 다녀오기 / * 화장실에서 볼일을 보고 물을 내려요 - 영아에게 친숙한 정리 노래를 들려주어 자연스럽게 정리 시간을 알려 준다. - 놀이 중에 스스로 화장실을 가는 영아도 있지만, 소변을 참는 경우가 있으므로 화장실을 다녀올 수 있도록 이야기해 준다.	- 한 영아가 놀잇감을 어디에 정리해야 할지 몰라 하자 다른 영아가 와서 "여기야~"라고 말을 하면서 가르쳐 줌.
바깥놀이 (10:50~11:50) 1시간 실내환기	[바깥놀이활동] * 활동명: 가을을 느껴 보며 놀이터에 가요 * 활동방법 * 자연탐구 〉 과학적 탐구하기 〉 자연을 탐색하기 - 영아와 가을 날씨를 느껴 보며 산책한다. - 산책하고 가까운 놀이터에 가서 가을 날씨를 느껴 보며 놀이한다. - 쉬고 싶은 영아를 위해 돗자리, 돋보기, 끼적이기 도구를 준비해 나간다. * 대체활동: 나뭇잎 풍선으로 놀아요	- 날씨가 흐려서 영아들과 원에서 대체활동을 진행함. - 풍선에 나뭇잎을 붙이고 흔들면서 풍선 잡아 보기를 하면서 놀이를 함. - 친구들과 풍선이 바뀌었다고 이야기해 주는 영아가 있었음. 친구들과 함께 번갈아 가면서 해 볼 수 있도록 함.
점심 및 조용한 놀이, 낮잠준비 및 낮잠, 낮잠깨기 (11:50~15:20)	* 점심식사 준비 및 식사 / * 바르게 앉아서 먹어요 / * 이를 깨끗이 닦아요 * 기본생활 〉 건강하게 생활하기 〉 바르게 먹기 * 신체운동 〉 신체 조절과 기본 운동하기 〉 소근육 조절하기 - 식사 자리에 앉아 오늘의 식단에 대해 이야기 나눈다.	- 점심을 먹으면서 음식을 흘렸다고 이야기하는 영아가 있었음. 흘린 음식을 먹지 않도록 이야기해 줌.

일과운영	계획	실행 및 평가
점심 및 조용한 놀이, 낮잠준비 및 낮잠, 낮잠깨기 (11:50~15:20)	- 친구에게 "맛있게 먹어."라고 인사해 볼 수 있도록 격려한다. - 친구의 식사 모습에 관심을 갖고 즐겁게 식사할 수 있도록 돕는다.	
	* 낮잠준비 및 낮잠 / * 내 베개를 찾아 누워 보아요 - 환기 및 커튼을 친 후 영아가 편안하게 낮잠을 잘 수 있는 분위기를 제공한다. - 자리에서 일어나 잠에서 깬 친구들을 보며 "잘 잤니?"라고 물어본다. - 매트와 침구 정리를 영아와 교사가 함께 한다.	- 낮잠시간에 잠들지 못하고 누워서 휴식을 취하다가 나중에 잠드는 영아가 있었음. - 자장가를 들으면서 잘 수 있도록 교사가 옆에서 토닥여 줌.
오후간식 (15:20~16:00) 실내환기	* 간식 먹기 전에 손 씻기 * 화장실에서 볼일을 보고 물을 내려요 * 기본생활 〉 건강하게 생활하기 〉 바르게 먹기 - 화장실로 이동하여 입가 및 손을 깨끗이 씻는다. - 수건으로 손과 얼굴의 물기를 닦고 로션을 바른다. - 책상에 바르게 앉아 도구를 사용하여 간식을 스스로 먹을 수 있도록 지도한다.	- 간식을 먹기 전에 영아가 "오늘 간식은 뭐예요?"라고 물어보는 영아가 있었음. "떡이에요~~무슨 떡일까?"라고 교사가 말을 하자 "음~ 몰라요."라고 말을 함.
오후실내 자유놀이 (16:00~17:30) 1시간 30분	[신체영역] * 활동명: 나뭇잎을 떨어트려요 (대) * 활동명: 집게로 나뭇잎을 옮겨요 (소) [언어영역] * 활동명: 자연물 책을 봐요 (읽기, 듣기, 말하기) * 활동명: 가을 나무 그림 위에 끼적여요 (말하기, 쓰기) [감각·탐색영역] * 활동명: 돋보기로 무엇이 보일까요? [역할·쌓기영역] * 활동명: 가을 나뭇잎으로 상 차리기 (역할) * 활동명: 블록으로 공원 만들어요 (쌓기) [미술영역] * 활동명: 나뭇잎 왕관 만들기 [음률영역] * 활동명: '가을길' 들으며 북을 쳐요	- 오전에 한 놀이를 확장해서 놀이해 볼 수 있도록 함. [언어] - 자연물책을 한 장씩 넘기면서 "이거는 뭘까요?"라고 말을 하고 다른 영아가 "음... 나뭇잎."이라고 말을 하면서 퀴즈놀이를 함.

<table>
<tr><th>일과운영</th><th>계획</th><th>실행 및 평가</th></tr>
<tr><td>귀가 및 연계
(통합보육)
(17:30~19:30)</td><td>* 귀가: 가을 나뭇잎의 색을 살펴봐요
* 지역사회연계: 선생님과 같이 가까운 마트가기</td><td>– 하원 시 영아가 나뭇잎 왕관을 쓰고 엄마에게 자랑을 하면서 하원을 함.
– 신발을 신고 하원하려는 영아와 인사를 나누어 봄.</td></tr>
<tr><td>기본생활
및 인성교육</td><td>* 기본생활: 양말 스스로 벗어서 바구니에 넣어요
* 인성교육: 어디만큼 왔니? – 기본생활습관 – 공동생활습관</td><td rowspan="2">– 양말을 뒤집어서 바구니에 넣는 영아가 있었음. 꺼내서 신을 때 안 된다며 교사에게 도움을 요청하는 모습이 있었음.
– 보호 장구 그림을 교실에 붙여 두자 영아들이 가리키면서 “우리 집에 있어요~ 나 자전거 탈 때 엄마가 해 줘요.”라고 말을 하는 영아가 있었음.</td></tr>
<tr><td>안전교육</td><td>* 교통안전 – 나를 지켜 주는 보호 장구</td></tr>
<tr><td>평가</td><td colspan="2">– 이번 주에는 자연물을 이용해서 활동들이 이루어짐. 영아들이 등원 시 갖고 오거나 바깥놀이 시간에 나뭇잎을 주워 와서 원에서 놀이를 할 때 가지고 놀이해 보는 시간을 가져서 좋았음. 영아들이 자기가 갖고 온 것이라고 이야기를 하면서 자연스럽게 놀이하는 모습이 보였음.
– 날씨가 추워졌다고 등원 시 이야기해 주는 영아가 많이 있었으며, 등원 시 나뭇잎을 들고 교사에게 보여 주며 자랑하는 모습도 보여짐. 등원 시 영아가 갖고 온 나뭇잎을 이용해서 다음 주에는 다양한 나뭇잎이 물들어 있는 모습을 관찰하고, 여러 영역에서 나뭇잎을 가지고 다양한 활동이 이루어질 예정임.
– 맞춤 보육인 영아는 낮잠시간 후에 하원함.</td></tr>
</table>

<table>
<tr><td rowspan="2">오늘의
점검사항</td><td>위생
관련
점검</td><td>대청소</td><td>칫솔
양치컵
물컵</td><td>교구장
책상</td><td>교실
바닥</td><td>휴지통</td><td>유리창</td><td>개별 침구
및
쿠션커버</td><td>교실 내
환기
실시 여부</td><td>놀잇감
소독 및
세척</td><td>칫솔
및
양치컵</td><td>놀이
매트
소독</td><td>전선
박스</td></tr>
<tr><td>점검
내용</td><td>금요일</td><td>소독기
소독</td><td>청소</td><td>청소</td><td>비움</td><td>금요일</td><td>금요일</td><td>환기</td><td>감각
탐색
영역</td><td>열탕
소독</td><td>소독</td><td>먼지
제거</td></tr>
</table>

결재	담당	주임	원장

마마반(만 5세) 일일보육일지

주 제	환경과 생활	일 시	11월 6일 (월)
소 주 제	돌 · 흙과 우리 생활	날 씨	맑음
목 표	다양한 돌과 흙의 특성과 변화를 이해하고, 환경보호의 필요성을 느낀다.		

일과운영	계획	실행 및 평가
(통합보육) 등원 및 맞이하기 (7:30~9:20) 실내환기	– 오전 통합보육 – 버려진 쓰레기를 휴지통에 버리고 등원하기 – 부모님과 선생님께 바르게 인사하기 (의사소통 〉말하기 〉상황에 맞게 바른 태도로 말하기) – 유아의 컨디션과 건강상태 확인하기 – 스스로 가방 및 외투 정리하기	지난주 바깥놀이 시간에 생태공원에 있는 쓰레기를 주웠던 경험을 바탕으로 등원하는 길에 있는 쓰레기를 스스로 휴지통에 버렸다고 말하는 유아들이 있었음.
오전간식 (9:20~9:40) 책상소독	– 놀잇감 정리 후 깨끗하게 손 씻기 (건강영양교육: 간식을 소개하며 건강영양에 대한 교육을 수시로 진행하기) (기본생활 〉건강하게 생활하기 〉몸과 주변을 깨끗이 하기) – 간식 소개 및 인사하기 – 자유롭게 앉아서 즐거운 마음으로 간식 먹기 – 스스로 먹은 자리를 정리하고 간식판 정리하기	아침 식사량을 고려하여 간식을 먹고자 하는 유아는 자유롭게 앉아서 간식을 먹음. 간식을 먹지 않는 유아는 좋아하는 책을 선택하여 읽음
오전실내 자유놀이 (9:40~10:40) 1시간	* 오늘의 활동 소개: 오늘의 날짜·날씨 소개, 하루일과 및 놀이 소개 (기본생활 〉안전하게 생활하기 〉안전하게 놀이하기) [쌓기영역] * 활동명: 지구의 땅 구성하기 (사회관계 〉다른 사람과 더불어 생활하기 〉친구와 사이좋게 지내기) * 활동방법: 돌과 흙으로 이루어진 지구의 땅을 상상하며 다양한 블록으로 구성하고 놀이해 본다. [역할영역] * 활동명: 지구 탐험대가 되어요 2 (사회관계 〉다른 사람과 더불어 생활하기 〉친구와 사이좋게 지내기) *활동방법: 지구 탐험대의 모습으로 역할 옷을 착용하고 여러 가지 소품을 활용하여 탐험대가 되는 상상놀이를 해 본다.	지난 한 주 동안 환경과 우리 생활의 놀이를 시작하게 되었는데, 유아의 일상생활에 대해 이야기하면서 자연스럽게 주제를 이끌어 낼 수 있었음. 지난주에 이어 환경보호의 필요성을 느끼기 위한 놀이를 소개하였고, 유아들도 지난주와 비교하여 질문하는 모습이 나타남. [쌓기] 지난주 '지구의 바다'에 이어 흙, 돌 등으로 이루어진 '지구의 땅'을 돌 모양 종이블록과 다양한 블록을 이용하여 구성함. 지구의 땅에 살고 있는 사람, 동물, 식물을 생각하고 소품을 활용하는 모습을 관찰할 수 있었음.

일과운영	계획	실행 및 평가
오전실내 자유놀이 (9:40~10:40) 1시간	[언어영역] * 활동명: 환경을 위한 날 / 동화 '돌고 돌아 돌이야' / 동화 '나는 멋진 흙이에요' (의사소통 〉 말하기, 듣기, 읽기, 쓰기 〉 말하기, 듣기, 읽기, 쓰기에 흥미 가지기) * 활동방법 말하기: 환경을 위한 날 소책자를 보고 세계에서 환경을 위한 날은 언제인지 소리내어 말해 본다. / 친구들에게 동화책을 읽어 준다. 읽기: 환경을 위한 날과 동화책을 읽어 본다. 듣기: 동화를 읽는 교사나 친구의 목소리를 경청하여 듣는다. 쓰기: 보드판이나 다양한 종이 위에 쓰기 도구를 사용하여 유아가 표현하고 싶은 그림이나 글쓰기를 해 본다. [수·조작영역] * 활동명: 땅속 생물 찾기 게임 〈수〉 (자연탐구 〉 수학적 탐구하기 〉 규칙성 이해하기) * 활동방법: 유아 3명이 해설자, 게임 참여자로 나눠서 땅속 생물 찾기 게임판을 가지고 놀이해 본다. * 활동명: 환경보호 포스터 퍼즐 〈소〉 (신체운동·건강 〉 신체 인식하기 〉 신체 인식하고 조절하기 〉 소근육) * 활동방법: 환경보호 포스터 사진의 조각들을 맞추어 환경보호 사진을 완성하고 유아가 생각하는 환경보호 메시지 단어를 조합하여 나열해 본다. [과학영역] * 활동명: 공룡 화석 캐기 (자연탐구 〉 과학적 탐구하기 〉 생명체와 자연환경 알아보기) * 활동방법: 땅속에 있었던 공룡 화석에 대한 자료를 본 뒤, 공룡 화석을 캐 본다. [미술영역] * 활동명: 모양 토기 만들기 (예술경험 〉 예술적 표현하기 〉 미술활동으로 표현하기) * 활동방법: 찰흙으로 유아가 만들고자 하는 모양 토기를 만들어 보고 흙의 쓰임새를 안다. * 활동명: 연필로 그리기 * 활동방법: 흑연으로 만들어지는 연필에 대해 알고 종이 위에 연필로 자유롭게 그려 본다.	[역할] 이번 주도 지구탐험대가 되었지만, 환경보호를 위한 구체적인 행동의 변화를 보이기 시작함. 쓰레기가 있는 장소를 발견한다거나, 에코백에 물통을 들고 다니는 등의 놀이를 전개함. 교사는 지구탐험대가 된 유아들의 상상력에 도움을 주기 위해 자유선택활동 놀이 중에 상황을 연출해 볼 계획임. [언어] '돌고 돌아 돌이야' 동화책에 많은 관심을 갖고 여러 명의 유아가 읽고, 친구들에게 소개하는 모습이 관찰됨. 또한, 환경을 위한 날 소책자에 있는 날짜를 살펴보며 환경보호의 중요성에 대해서 인식해 봄. 연필로 편지지에 편지를 쓰는 유아들이 있어, 미술영역의 '연필로 그리기' 활동과 연결하여 이야기를 함. [수] 땅속 생물 찾기 게임을 하면서 땅속에 어떤 동물이 살고 있는지 인지해 볼 수 있었음.

일과운영	계획	실행 및 평가
오전실내 자유놀이 (9:40~10:40) 1시간	[음률영역] * 활동명: '돌과 물' 노래에 맞춰 율동하기 (예술경험 〉예술적 표현하기 〉음악으로 표현하기) * 활동방법: '돌과 물' 노래를 반복 재생한다. 노래에 맞춰 신체를 움직이며 율동해 본다.	
정리정돈 (10:40~10:50) 실내환기	- 놀잇감을 바르게 정리하기 - 화장실 다녀오기 (기본생활 〉건강하게 생활하기 〉몸과 주변을 깨끗이 하기) - 모이는 자리에 앉기	- 놀잇감을 제자리에 정리정돈함. - 배변 후 손을 비누로 깨끗이 씻음. - 나비플라자에서 자유롭게 물을 마심. - 모이는 자리에 앉고 대·소집단활동을 준비함.
대 · 소집단 활동 (10:50~11:00)	* 활동명: 이야기 나누기) 주말 지낸 이야기 (의사소통 〉듣기·말하기 〉바른 태도로 듣고 말하기) * 활동방법: 주말 지낸 이야기를 소개한 후 자신의 이야기를 그림으로 남겨 본다.	주말 지낸 이야기를 자유롭게 발표하도록 함. 대부분의 유아는 자신의 이야기를 표현하는 데 있어, 자신감 있게 발표 의사를 밝히는 모습이 인상적이었음. 간단한 소개 후, 주말 지낸 이야기를 그림으로 그리며 마무리함.
바깥놀이활동 (11:00~12:00) 1시간 실내환기	* 활동명: 흙과 돌 관찰하기 (신체운동·건강 〉신체활동에 참여하기 〉바깥에서 신체활동하기) * 활동방법: 어린이집 주변에 있는 흙과 돌을 돋보기로 관찰해 보고 주변 놀이터에서 놀이해 본다. * 대체활동: 영차 영차 돌탑 쌓기 (신체운동·건강 〉신체활동에 참여하기 〉자발적으로 신체활동에 참여하기)	우리 주변의 흙과 돌은 어디에 있고, 어떤 쓰임새를 가지고 있는지 알아봄. 돋보기로 흙과 돌을 관찰하며 각기 다른 모습의 돌과 흙에 대해 인지해 봄. 더불어 지난주 활동과 연계하여 쓰레기가 있으면 주워서 한곳에 모았다가 휴지통에 버리기도 함.
점심 및 조용한 놀이 및 휴식 (12:00~15:20) 책상소독	- 화장실 다녀오기 및 손 씻기 (건강영양교육: 식단을 소개하며 건강영양에 대한 교육을 수시로 진행하기) - 음식을 골고루 먹기 - 식사 중에 식사예절 지키기(식판의 음식을 깨끗하게 먹어요) (기본생활〉건강하게 생활하기〉바르게 식생활하기) - 스스로 식판을 정리하고 휴지로 자리를 깨끗이 닦기 - 식사 후 물 마시기 - 양치질 및 화장실 다녀오기 (기본생활 〉건강하게 생활하기 〉몸과 주변을 깨끗이 하기)	- 비누로 손을 깨끗이 씻음. - 숟가락과 젓가락을 바르게 사용하려고 노력함. - 식판에 있는 음식을 골고루 먹음. - 식사 후, 자기 자리를 깨끗하게 정리정돈 함. - 내 치약은 바구니에, 칫솔과 양치컵은 소독기에 바르게 정리 함.

일과운영	계획	실행 및 평가
점심 및 조용한 놀이 및 휴식 (12:00~15:20) 책상소독	* 특별활동 '영어' THE JACKAL AND THE ALLIGATOR 특별활동 대체활동: 환경 관련 그림책 보기 – 화장실 다녀오기 및 손 씻기 – 조용한 놀이 및 휴식 시간 (기본생활 〉건강하게 생활하기 〉건강한 일상생활하기) : 유아의 개별적인 의사를 반영하여 운영하기 : 조용한 놀이를 선택한 유아와 휴식을 선택한 유아가 서로의 시간을 존중하며 편안하게 진행될 수 있도록 유도하기 – 조용한 놀이 및 휴식 후 자기 자리 정리하기	*특별활동 '영어' 진행함. – 유아와 함께 오늘의 하루일과에 대해서 간단하게 이야기를 나눔. – 유아의 하루 컨디션에 따라 스스로 선택한 '조용한 놀이 및 휴식 시간'을 준비함. – 서로의 선택을 존중하고 몸과 마음을 충전하는 편안한 시간을 가짐.
오후간식 (15:20~16:00) 실내환기 책상소독	– 화장실 다녀오기 및 손 씻기 (건강영양교육: 간식을 소개하며 건강영양에 대한 교육을 수시로 진행하기) (기본생활 〉건강하게 생활하기 〉몸과 주변을 깨끗이 하기) – 간식 소개 및 인사하기 – 자유롭게 앉아서 즐거운 마음으로 간식 먹기 – 스스로 먹은 자리를 정리하고 간식판 정리하기	오후간식을 먹고자 하는 유아는 자유롭게 앉아서 간식을 먹음. 스스로 간식판을 정리하고 친구들이 다 먹을 때까지 조용한 놀이를 함.
오후실내 자유놀이 (16:00~17:30) 1시간 30분	* 오전 실내자유선택활동과 연계하여 오후 실내자유선택 활동하기 (기본생활 〉건강하게 생활하기/안전하게 생활하기 〉건강한 일상생활하기 / 안전하게 놀이하기)	오전 실내자유선택활동과 연계하여 유아가 자유롭게 선택하여 놀이할 수 있도록 지원함. 주로 쌓기/수·조작/언어/미술영역에서 오후 자유선택활동이 이루어짐.
귀가 및 가정연계 (통합보육) (17:30~19:30)	– 귀가 준비 후 통합교실로 이동하기 – 오후 통합보육 * 생태공원을 깨끗이 만들기 (사회관계 〉다른 사람과 더불어 생활하기 〉사회적 가치를 알고 지키기)	통합교실로 이동하여 블록 놀이, 책 읽기 등 활동을 하다가 양육자가 오면 귀가함.
기본생활 및 인성교육	* 사계절 아름다운 우리 산(마음씨앗 가꾸기: 인성 – 대인관계 / 협력) (사회관계 〉다른 사람과 더불어 생활하기 〉친구와 사이좋게 지내기)	과학영역에서 우리나라 산의 사계절 모습 사진을 관찰해 보고 미술영역에서 친구들과 함께 우리나라 산의 모습을 그리고 꾸며 봄.
안전교육	* 소방안전–앗! 뜨거, 만지면 안 돼요! (기본생활 〉안전하게 생활하기 〉비상시 적절히 대처하기)	언어영역에서 소방안전에 대한 그림 자료를 보며 소방대피 할 때의 주의점에 대해서 인지해 봄.

<table>
<tr><th>일과운영</th><th colspan="8">계획</th><th colspan="5">실행 및 평가</th></tr>
<tr><td>평가</td><td colspan="13">마마반은 한 달 동안 환경보호를 위한 작은 프로젝트 활동으로 연계하고자 계획함. 마침 각 주마다 주제가 환경보호와 연결할 수 있어 마지막 주에 있을 '환경사랑 콘서트'와 '아름다운 지구마켓' 활동을 진행할 수 있을 것으로 기대하고 있음. 교사는 가정과 연계하여 유아가 좀 더 쉽게 우리의 환경에 대해 이해하고 놀이할 수 있도록 지원할 계획임.</td></tr>
<tr><td rowspan="2">오늘의 점검사항</td><td>위생 관련 점검</td><td>대청소</td><td>칫솔 양치컵 물컵</td><td>교구장 책상</td><td>교실 바닥</td><td>휴지통</td><td>유리창</td><td>개별 침구 및 쿠션커버</td><td>교실 내 환기 실시 여부</td><td>놀잇감 소독 및 세척</td><td>칫솔 및 양치컵</td><td>놀이 매트 소독</td><td>전선 박스</td></tr>
<tr><td>점검 내용</td><td>금요일</td><td>소독기 소독</td><td>청소</td><td>청소</td><td>비움</td><td>금요일</td><td>금요일</td><td>환기</td><td>언어 영역</td><td>열탕 소독</td><td>소독</td><td>먼지 제거</td></tr>
</table>

'보육환경 및 운영관리' 지표에서는 5시 이후 남아 있는 영유아를 위한 통합보육의 계획과 실행이 있는지 평가하므로 운영일지 등에 기록을 남겨야 한다.

결재	담당	주임	원장

통합보육 및 운영일지

일시	20○○년 월 일 요일 날씨: ☼ ☁ ☂ ☃					
주요업무 및 특이사항	※ 신입원아 OT, 신입원아 적응P/G 내용(기간, 방법, 실행), 소방훈련, 교사회의, 교사 교육 및 연수, 운영위원회 등의 실행 시 기록합니다.					
행사 및 부모개별면담	※ 부모개별상담, 부모참여P/G(강연회, 워크숍 등), 신입원아 부모 OT 등의 행사 실행 시 기록합니다.					
방문자 및 실습생 자원봉사자	※ 모든 방문자, 아동·가족문제 전문가 정보 / 맞춤형 보육P/G 운영(맞벌이) 실행 시 기록합니다.					
영유아 입/퇴소 관계	입소 영유아			퇴소 영유아		
연령 인원	계	가가반 (만 1세)	나나반 (만 2세)	다다반 (만 3세)	라라반 (만 4세)	마마반 (만 5세)
현원	79	10	14	15	20	20
출석						
결석						
영양관리 (제공식단)	오전간식		점심		오후간식	
식단평가 및 변경사항						

보육교직원 근무상황부							
종별	이름	기간 · 일시			사유 · 용무	연락처	확인
		~ 부터	~ 까지	일수(시간)			

※ 종별(근무상황부) 란에는 휴가(연가, 병가, 공가, 특별휴가), 지각, 조퇴, 외출, 출장, 결근 등을 기재합니다.

<table>
<tr><td rowspan="6">주요전화
통화기록</td><td colspan="2">날짜</td><td>발신자</td><td>수신자</td><td>전화통화 내용</td><td>확인</td></tr>
<tr><td colspan="2"></td><td></td><td></td><td></td><td></td></tr>
<tr><td colspan="2"></td><td></td><td></td><td></td><td></td></tr>
<tr><td colspan="2"></td><td></td><td></td><td></td><td></td></tr>
<tr><td colspan="2"></td><td></td><td></td><td></td><td></td></tr>
<tr><td colspan="2"></td><td></td><td></td><td></td><td></td></tr>
<tr><td rowspan="2">구분
(통합보육
인원)</td><td colspan="6">오후 통합보육계획안</td></tr>
<tr><td colspan="5">계획</td><td>실행 및 평가</td></tr>
<tr><td rowspan="2">활동
내용</td><td>영
아</td><td colspan="4">* 활 동 명:
* 준 비 물:
* 활동방법:</td><td></td></tr>
<tr><td>유
아</td><td colspan="4">* 활 동 명:
* 준 비 물:
* 활동방법:</td><td></td></tr>
<tr><td>평가</td><td colspan="6"></td></tr>
<tr><td rowspan="2">당직 시
특이사항</td><td colspan="2">오전</td><td colspan="2">오후</td><td colspan="2">시간연장</td></tr>
<tr><td colspan="2"></td><td colspan="2"></td><td colspan="2"></td></tr>
</table>

<table>
<tr><td rowspan="2">오전 당직</td><td>출근 시간</td><td></td><td rowspan="2">오후 당직</td><td>퇴근 시간</td><td></td><td rowspan="2">시간 연장</td><td>퇴근 시간</td><td></td></tr>
<tr><td>당직 교사</td><td>(인)</td><td>당직 교사</td><td>(인)</td><td>시간 연장 교사</td><td>(인)</td></tr>
<tr><td>비고</td><td colspan="8"></td></tr>
</table>

■오전 통합보육

일 자 : 20○○년 월 일 ( )

<table>
<tr><td colspan="2">반 명: 가가반
담임교사:</td><td colspan="2">반 명: 나나반
담임교사:</td><td colspan="2">반 명: 다다반
담임교사:</td><td colspan="2">반 명: 라라반
담임교사:</td><td colspan="2">반 명: 마마반
담임교사:</td></tr>
<tr><td colspan="2">영유아</td><td colspan="2">영유아</td><td colspan="2">영유아</td><td colspan="2">영유아</td><td colspan="2">영유아</td></tr>
<tr><td colspan="2">만 1세</td><td colspan="2">만 2세</td><td colspan="2">만 3세</td><td colspan="2">만 4세</td><td colspan="2">만 5세</td></tr>
<tr><td></td><td></td><td></td><td></td><td></td><td></td><td></td><td></td><td></td><td></td></tr>
<tr><td></td><td></td><td></td><td></td><td></td><td></td><td></td><td></td><td></td><td></td></tr>
<tr><td></td><td></td><td></td><td></td><td></td><td></td><td></td><td></td><td></td><td></td></tr>
<tr><td></td><td></td><td></td><td></td><td></td><td></td><td></td><td></td><td></td><td></td></tr>
<tr><td></td><td></td><td></td><td></td><td></td><td></td><td></td><td></td><td></td><td></td></tr>
<tr><td>총계</td><td></td><td>총계</td><td></td><td>총계</td><td></td><td>총계</td><td></td><td>총계</td><td></td></tr>
</table>

■ 오후 통합보육

<table>
<tr><td colspan="2">반 명: 가가반
담임교사:</td><td colspan="2">반 명: 나나반
담임교사:</td><td colspan="2">반 명: 다다반
담임교사:</td><td colspan="2">반 명: 라라반
담임교사:</td><td colspan="2">반 명: 마마반
담임교사:</td></tr>
<tr><td colspan="2">영유아</td><td colspan="2">영유아</td><td colspan="2">영유아</td><td colspan="2">영유아</td><td colspan="2">영유아</td></tr>
<tr><td colspan="2">만 1세</td><td colspan="2">만 2세</td><td colspan="2">만 3세</td><td colspan="2">만 4세</td><td colspan="2">만 5세</td></tr>
<tr><td></td><td></td><td></td><td></td><td></td><td></td><td></td><td></td><td></td><td></td></tr>
<tr><td></td><td></td><td></td><td></td><td></td><td></td><td></td><td></td><td></td><td></td></tr>
<tr><td></td><td></td><td></td><td></td><td></td><td></td><td></td><td></td><td></td><td></td></tr>
<tr><td></td><td></td><td></td><td></td><td></td><td></td><td></td><td></td><td></td><td></td></tr>
<tr><td></td><td></td><td></td><td></td><td></td><td></td><td></td><td></td><td></td><td></td></tr>
<tr><td>총계</td><td></td><td>총계</td><td></td><td>총계</td><td></td><td>총계</td><td></td><td>총계</td><td></td></tr>
</table>

담당	원장

9월 통합보육계획안

주제		가을 & 우리 동네			
목표		영아	가을 날씨 변화에 관심을 가진다.	유아	동네에서 볼 수 있는 것을 알아본다.
주	시간	활 동 내 용			
1주	17:30 ~ 19:30	영아	월	블록으로 끼워 보아요	
			화	가을 나무 위에 끼적이기	
			수	동물 소리 듣고 따라 흉내 내기	
			목	색종이 모자이크	
			금	와플블록으로 집짓기	
			토		
		유아	월	내가 보고 싶은 책	
			화	가을 나뭇잎 그리기	
			수	세계 여러 나라 집 짓기	
			목	휴지심으로 나무 만들기	
			금	블록으로 팽이 돌리기	
			토		
2주	17:30 ~ 19:30	영아	월	가을에 볼 수 있는 것은?	
			화	레고블록으로 만들기	
			수	다양한 종이 위에 끼적이기	
			목	뛰어다니지 않아요	
			금	케이크로 생일 축하파티	
			토		
		유아	월	가을에 볼 수 있는 게 뭐가 있을까요?	
			화	블록으로 초가집 구성하기	
			수	우리 가족 그림 그리고 소개하기	
			목	실내에서 지켜야 할 약속	
			금	동생의 생일을 축하해요	
			토		

주	시간	연령	요일	활동
3주	17:30 ~ 19:30	영아	월	선생님 따라 스트레칭해요
			화	꽃블록 탐색하기
			수	종이 위에 색연필로 끼적이기
			목	블록으로 우리 집 만들기
			금	불이 났을 때 대피방법 그림책 보기
			토	
		유아	월	선생님 따라 스트레칭해요
			화	가을 책 찾아보기
			수	추석날 우리 집 모습 그려 보기
			목	집에서 볼 수 있는 도구 만들기
			금	불이 나면 어떻게 해야 하는지 알아보기
			토	
4주	17:30 ~ 19:30	영아	월	가을 나무 색칠하기
			화	소리 나는 책 보기
			수	체조 놀이
			목	가을 단풍잎 사진에 끼적이기
			금	추석에는 무엇을 할까요?
			토	
		유아	월	가을 나무 콜라주
			화	가을 날씨 NIE
			수	체조를 해요
			목	가을 관련 그림 색칠하기
			금	추석에 하는 일을 알아보아요
			토	

3) 교수–학습방법 및 놀이지원

이 항목에서는 주제에 적합한 활동, 교수-학습방법, 자료 등을 살펴본다. 각 교실의 교사가 영유아의 흥미나 호기심을 유도하고 있는지, 자발적 선택을 고려하고 있는지, 놀이상황을 관찰하면서 지원하는지, 다양한 대답을 유도하는 발문을 사용하는지, 안정되고 자신감 있는 태도로 수업에 임하는지 보고 지도해 주어야 한다. 이 부분의 지도는 '보육과정 및 상호작용'뿐만 아니라 '교직원'의 항목에서 "교사의 교수-학습방법에 대한 관찰과 지도를 실시하고 있다."라는 지표가 있으므로 전문적이고 구체적으로 실행해야 한다.

4) 편견 없는 존중

이 항목에서는 눈 마주치기, 부정 언행 하지 않기, 칭찬과 격려로 자신감 주기 등이 교사와 영유아간 상호작용에서 관찰되어야 한다.

5) 또래 간 상호작용

또래에게 표현법 알려 주기, 규칙과 약속 격려, 문제가 발생되지 않게 하는 환경과 개입 등이 관찰되어야 하는 항목이다.

6) 평가

보육과정 목표와 내용을 준거로 변화를 평가하므로 평가 과정에는 다음 계획을 반영하고 편성하는 기록이 있어야 하며, 면담자료로 활용해야 한다. 영유아를 평가하는 문서는 관찰일지가 대표적이다. 제2장 '보육환경 및 운영관리' 지표 부분에서 부모 면담자료와 함께 문서 양식을 제시해 놓았다.

7) 일상생활과 특별활동

교직원이 아닌 외부강사에 의해 진행되는 특별활동은 24개월 이상 영유아를 대상으로 오후에 제공되어야 한다. 희망 영유아에 한해서만 이루어져야 하고 참여하는 모든 영유아의 부모동의서가 구비되어야 한다. 부모동의서에는 프로그램명, 영유아 이름, 부모 성명이 필수로 기재되어야 한다. 특별활동에 참여하지 않는 영유아를 대상으로 정상적인 일과를 운영해야 한다.

○○반 특별활동 만족도 및 수요조사

안녕하십니까? 국가수준 교육과정인 누리과정 외에 진행되었던 특별활동에 대해 만족도와 수요를 조사하여 내년도의 특별활동 계획에 참고하고자 합니다. 아래의 의견서를 작성하셔서 12월 19일까지 제출해 주시기 바랍니다. 항상 긍정적인 협조에 감사드립니다.

20○○년 12월 12일

○○반 특별활동 의견서

영유아명: ________ 보호자명: ________

1. 20○○학년도 만족도

올해 제공되었던 프로그램에 어느 정도 만족하십니까?

1) 담임교사 제공 특성화 활동
 (1) 독서프로그램: 100점 만점에 _____점
 (2) 과학프로그램: 100점 만점에 _____점

2) 전문강사 초빙 프로그램
 (1) 미술: 100점 만점에 _____점
 (2) 체육: 100점 만점에 _____점

2. 20○○학년도 수요 조사
20○○학년도에 진행을 희망하는 특별활동이 있으시면 기록해 주시기 바랍니다.

3. 특별활동과 관련된 건의사항이나 의견을 자유롭게 기술해 주시기 바랍니다.

등원, 하원, 식사와 간식, 급간식 전후, 바깥놀이 후, 배변 후, 낮잠시간 등의 모든 일상생활에서 편안한 분위기로 격려하는 과정이 관찰되어야 한다. 교사의 하루에서 반갑게 맞이하기, 미소 짓기, 이름 불러 주기, 눈 맞춤, 늦게 오는 부모를 기다릴 때 달래 주기, 인사 나누기 등이 자연스럽게 관찰되어야 한다.

8) 준비사항

앞에서 살펴본 보육과정 및 상호작용 지표의 해설서를 중심으로 준비사항을 정리해 보면 다음과 같다.

- 공통 기본사항: 눈 마주치기, 칭찬과 격려로 자신감 주기, 또래에게 표현법 알려 주기, 규칙과 약속 격려, 문제가 발생되지 않게 하는 환경과 개입, 끼적이기 등 언어활동을 즐길 수 있는 다양한 종이와 쓰기도구 제공, 문해활동과 수교육을 위한 주입식 지도 금지
- 영아반 준비물: 가족사진과 영상, 가족이 녹음한 동화나 노래, 가족과 주말에 찍은 사진, 가족이 영아를 그린 그림이나 함께 그린 그림, 같은 반 친구들과 함께 찍은 사진, 기저귀 갈이대와 거울, 음률활동용 거울 및 악기와 사물, 1세는 있다와 없다를 구분하는 구체물 1개와 여러 개 수량을 구분하기 위한 구체물, 2세는 3개가량을 세어 볼 수 있는 구체물(3개 정도씩 구비된 놀잇감으로 활동 가능)
- 유아반 준비물: 흥미영역별 기본교구, 수업 주제 관련 교구 및 게시물, 관찰용 동식물, 가족사진이나 주제 관련 화보, 동화 들려주기용 다양한 인형(막대인형, 손인형, 손가락인형 등), 주변 상가 홍보 전단지, 식단표, 우리 동네 카펫 혹은 도로 카펫, 음률활동용 거울 및 악기와 사물, 자연물(잎사귀, 돌, 열매 등)과 폐품(휴지심, 작은 상자, 포켓패드 비닐 등)이 포함된 다양한 미술재료와 도구(안전가위, 찍기 틀 등), 자연물과 감각자료, 돋보기

각 교실에 주제와 관련하여 영유아의 사진을 게시해 놓으면 편안하고 친근한 느낌을 준다.

송편 만들기 활동

가을 주제를 위한 나뭇잎

2 요구되는 상호작용

〈2017 제3차 어린이집 평가인증 안내 통합지표〉에 진술된 상호작용 항목과 설명을 근거로 필요한 상호작용과 유의사항은 다음과 같다.

1) 신체운동 · 건강영역

유아가 신체운동 · 건강영역, 영아가 기본생활영역과 신체운동영역 관련 활동에 참여하도록 유도한다. 이 영역에서는 실내외 공간에서 대근육 발달을 위한 신체활동에 자발적으로 참여하고, 눈과 손의 협응과 소근육 조절 능력을 향상하는 신체활동을 경험하며, 일과 중 건강하고 안전한 생활습관을 기를 수 있는 경험을 하도록 해야 한다.

교사는 다음과 같은 상호작용을 할 수 있도록 환경을 구비하고 지도한다.

① 다양한 감각활동을 경험하도록 유도하는 대화: 인터폰 소리가 들리는데 누가 왔을까? / 이 음식은 이름이 뭘까? 단호박에서는 정말 단맛이 난다. / 오늘 점심의 맛있는 고기는 어떤 냄새가 나지? / 선생님이 새로 준비한 점토는 어떤 느낌인지 만져 볼까? 점토색이 변했네? 빨간색과 흰색을 합하니까 어떤 색이 되었지? 맞아, 분홍색이야.

② 신체 움직임을 경험하도록 유도하는 대화: 실내의 바닥에 도로를 만들어 붙여 두고 걸어 보게 하기, 바깥놀이에서 경험하는 뛰기, 잡기, 오르고 내리기, 뛰어넘기 등의 다양한 신체활동이 일어나도록 돕기 / 다양한 놀이기구(커다란 블록, 다양한 사이즈의 공 등)를 이용하여 이 블록을 징검다리처럼 건너 볼까? 큰 공을 느리게 잡으러 가 보자.

③ 소근육 발달 유도: 예원이가 블록을 꺼내 볼까? / 컵에 물을 따라 보자. /선생님이 첫 번째 단추를 끼워 볼 테니까 수진이가 두 번째부터 끼워 볼까? 등의 말로 일상생활에서 눈과 손의 협응을 기를 수 있도록 유도하기 / 죔죔이나 곤지곤지 등의 손놀이, 밀가루 반죽을 만지고 찍기 틀로 찍기, 끈 끼우기 같은 교구 준비

④ 일과 중 건강하고 안전한 생활습관을 기를 수 있는 경험 유도: 밥을 이렇게 어금니에 올려놓고 꼭꼭 씹어 보자. / 콩나물을 먹어봤는데 깨가 씹혀서 정말 고소해. / 고등어를 잘 먹으면 뼈가 튼튼해지고 머리도 좋아진단다. / 선생님처럼 이렇게 비누를 바르고 손바닥과 손등, 손가락 사이를 문질러 볼까? / 인형 아기가 목욕을 하고 나니 깨끗하고 예뻐졌네. / 라라반이 모두 좋은 꿈을 꿀 수 있게 자장가를 틀어 줄게. 이 음악을 들으면서 누워있으면 편안해질 거야.

2) 의사소통영역

(1) 유아

유아는 일상생활에 필요한 의사소통 능력과 바른 언어 사용습관을 기를 수 있는

활동의 경험에 중점을 둔다.

① 일과 중 자신의 생각이나 느낌을 자연스럽게 말로 표현할 수 있는 다양한 경험: 함께 관찰한 동식물에 대해, 나비비파는 바닥에서 먹이를 먹는구나., 물속에 담가 둔 관음죽에서 이파리가 생겼어. / 준석이 눈은 엄마랑 똑같구나. / 아빠가 시영이를 안고 웃고 계시는 걸 보니 참 행복한 가족 같다.

② 자연스러운 책 읽기: 자신이 읽고 싶은 책을 스스로 선택하여 읽거나 교사가 개별적으로 그림책을 읽어 줄 때 교실의 언어영역에 수업의 주제와 관련된 도서들을 배치하고 "오늘은 어떤 책을 읽어 볼까?" 등의 말로 관심을 끌어내어 자연스러운 책 읽기 유도하기

(2) 영아

영아는 주변의 소리와 말소리에 관심을 가지고 의사소통 능력의 기초를 기를 수 있는 활동에 참여하는 것에 중점을 둔다.

① 일과 중 개별 이야기 나누기: 영아 자신과 관련되어 있거나 영아가 흥미 있어 하는 자료나 사진을 보고 옹알이, 한 단어, 짧은 문장 등으로 표현하는 경험을 위해, 도경이는 나비 머리핀을 정말 좋아하는구나. / 우리가 놀이터에서 찍은 사진에 친구들이 누구누구 있지? / 현서네 가족사진을 보니 현서와 준서의 눈이 정말 많이 닮았구나. / 채윤이 엄마는 누구를 보며 웃고 계시지?

② 그림책을 활용한 상호작용: 일과 중 영아가 원할 때 교사가 개별적으로 그림책을 반복하여 읽어 주면서 "안녕? 준이야! 나는 바다에 사는 고래야. 너는 누구니?" 등의 말로 영아가 좋아하는 장면을 상호 대화하듯이 이야기로 들려주기

③ 끼적이기 즐기도록 유도: 영아가 원할 때 자발적으로 쉽게 끼적이기를 즐길 수 있도록 다양한 종이와 쓰기 도구를 상시 비치해 주기

3) 사회관계영역

(1) 유아

자신을 존중하고 다른 사람과 더불어 생활하는 능력과 태도를 기를 수 있는 활동 경험에 중점을 둔다.

① 일상에서 자아 존중감을 높이는 대화와 구체적 문장의 모델링: 혼자서도 손을 잘 씻는구나. / 친구의 손을 잡아 도와줬구나. / 친구에게 함께 놀자고 했구나. / 바닥의 휴지를 주워서 쓰레기통에 넣으니 우리 교실이 깨끗해졌구나.

② 자신의 가족이나 친구의 가족에게 관심을 가지고 소중하게 여기는 대화와 인사: 민준이가 오늘은 할아버지와 어린이집에 왔구나. 민준이 할아버지께 "안녕하세요?"라고 인사할까? /수지 동생이 태어났는데 오늘은 엄마 품에 안겨서 언니를 따라 어린이집에 왔구나. 수지 엄마께 아기 이름이 뭔지 물어볼까?

③ 친구의 소중함을 알고 바람직한 관계 형성을 유지하기 위해 놀이에서 의견 나누기: 서율아, 영광이와 함께 이 블록으로 자동차 만들어 볼까? 어떤 색의 자동차가 좋을까? 영광이는 빨간색이 좋고 서율이는 초록색이 좋구나. 좋아하는 색으로 자기가 타고 싶은 자동차를 만들어 보자. 자동차 안에 누가 타면 좋을까?

④ 다른 사람과 도움을 주고받으며 협력하는 경험 제공: 민서야, 선생님이 이 인형들을 이쪽으로 옮겨주고 싶은데 너무 많아서 민서가 좀 도와주면 좋겠어. / 혜정아, 팔이 불편한 세윤이 간식 그릇을 좀 대신 정리해 줄 수 있을까? 지난번에 세윤이가 혜정이 이불 정리를 도와 줬을 때 선생님은 기분이 참 좋아서 칭찬해 주고 싶었어. / 다른 친구도 칭찬해 주고 싶은데 어떤 행동을 했어?

⑤ 우리 동네 이름, 다양한 직업 등 지역사회의 특성에 대한 구체적 경험: 우리 동네 이 도로의 이름은 무엇일까? / 우리가 사는 아파트 외에 어떤 건물이 있을까? / 우리 동네에서 가장 높은 건물은 어디에 있을까? / 그 건물에서 사람들은 어떤 일을 할까?

(2) 영아

영아를 위한 사회관계영역의 상호작용은 자신을 인식하고 친숙한 사람과 관계를 형성하여 다른 사람과 더불어 생활하는 경험을 강조하고 있다.

① 반복되는 일상적 양육에서 자신을 알아가는 경험: 영아의 사진을 교실 여러 곳이 게시하고 사진을 볼 때마다 영아의 이름을 친숙하게 불러 주기 / 기저귀를 갈 때 전신거울을 통해 자신의 신체를 보고 움직일 때 교사는 영아의 시선을 따라가면서 "다리를 높이 들어 주니까 기저귀를 갈기가 편하구나, 고마워. 거울 속에 라임이 얼굴이 보이네. 이마에 모기 물려서 가려웠지? 이제 다 갈았어. 뽀송뽀송하니까 기분 좋지?"

② 영아가 원할 때 언제나 듣고 보며 가족과 가까이 있음을 느낄 수 있도록 지원: 가족사진이나 목소리가 있는 영상 등을 교실에 비치하기 / 가족이 들려준 동화나 노래 등의 녹음, 가족과 주말에 찍은 사진, 가족이 영아를 그린 그림이나 함께 만든 인형 등을 교실에 두고 함께 놀이하기

③ 또래에게 관심을 갖고 함께 지내는 경험 / 또래 정서를 언어로 표현하기: 같은 반 친구 사진을 교실에 비치하기 / 혜인아, 영창이가 왜 울까? 한 번 물어보자. / 예린이는 신나게 춤을 추고 있다. 기분이 너무 좋은가 봐. 주연이도 함께 춤춰 볼까?

4) 예술경험영역

예술경험영역의 상호작용은 영아와 유아 간 구분 없이 설명하고 있다.

① 영유아가 자신의 생각과 느낌을 노래, 리듬, 움직임으로 표현하고 즐기는 경험: 음률영역이나 일상에서 교사와 영유아가 좋아하는 노래를 함께 부르기 / 악기나 사물, 손과 발로 리듬에 맞춰 리듬이 있는 소리를 만들고 즐기기 / 일과 중 영유아가 자발적으로 악기를 다룰 때 제지하지 않고 "주홍이가 악기로 맞춰 주니까 노래가 더 재미있다. 박자를 잘 맞추는구나." 등의 말로 격려하기 / 악

기나 사물을 가지고 거울을 보며 음악에 따라 즐기는 활동 격려하기

② 영유아가 다양한 미술자료를 활용하여 원하는 방식으로 입체나 평면으로 꾸며 보는 활동: 잡지, 다양한 질감의 종이, 돌이나 낙엽 등의 자연물, 폐품, 크기가 다양한 상자, 찰흙, 노끈, 실 등의 자료를 준비해 주기 / "접으면 어떤 모양이 될까? 쌓아 올려 보자. 잘라 볼까? 찍으면 어떤 모양이 나올 것 같니?" 등의 말로 유도하기 / 교사가 계획한 활동 외에 영유아가 원하는 것을 꾸미거나 다른 것을 만들 때 "그런 생각도 했구나. 멋지겠다. 더 쌓아 올려 보자." 등의 말로 지원하기(교사가 계획했던 활동이 이루어지지 않은 경우 관찰자의 질문이 있을 때 과정과 이유를 설명한다.)

5) 자연탐구영역

자연탐구영역의 상호작용도 영아와 유아 간 구분이 없이 설명하고 있다.

① 영유아가 주변 환경에서 쉽게 접하는 다양한 자료를 감각적으로 탐색하는 경험: 하나야, 이 종이는 만질 때 느낌이 어때? / 정말 맛있는 냄새가 나는데 오늘 점심은 뭘까? / 오늘 하늘은 정말 맑구나. / 바람 소리가 어제랑 다른 것 같아.

② 주변 환경에서 쉽게 접할 수 있는 사물을 이용하여 수세기, 비교 등 수활동: 0~1세 반에서는 있다와 없다를 구별하고 한 개와 여러 개의 수량을 지각하는 경험을 위해 "선생님이 가져온 이 통에는 파란 색연필과 빨간 색연필이 많아. 노란 색연필은 없어요." 등의 말을 하면서 놀이자료 제공하기

만 2세의 경우 많고 적음을 구별하게 되고 세 개가량의 구체물을 세어 보는 과정에서는 교실 내 준비된 놀잇감 이용하기 / 영아들의 갈등 상황을 줄이기 위해 동일한 놀잇감을 세 개 이상 준비한 경우가 많으므로 "이 인형이 하나, 둘, 셋! 하율이, 윤이, 도윤이 이렇게 셋이 하나씩 가지고 놀 수 있겠다." 등의 상호작용하기 / 일대일 대응을 하면서 수량을 인식하게 하기 위해 점심시간에 '선생님이 포크와 숟가락을 한 개씩 짝지어 놓아 볼게. 너희도 해 볼 수 있겠니?"

등의 말로 대화하기(많은 유아교육기관에서 수개념 습득을 위해 다양한 자료를 사용하고 있지만 인증지표의 해설에서는 "교사는 영유아의 수개념 습득을 위하여 학습지를 사용하지 않음"을 진한 글씨로 강조하고 있다.)

③ 자연현상과 친근한 동식물이나 자연물을 직접 관찰하거나 관련 자료를 감각적으로 탐색하는 경험: 날씨의 변화와 자연물을 관찰할 수 있도록 다양한 모양의 잎사귀, 낙엽, 다양한 표면의 돌, 나무토막, 열매 등의 자연물을 교실에 비치하고 지속적 관심을 유도하기 / 잎사귀 모양이 변한 것 같아, 왜 그럴까?, 가장 커다란 낙엽은 어떤 것일까? / 이 돌은 만질 때 느낌이 어때? / 나무토막에 무늬가 있어. 돋보기로 자세히 관찰해 볼까?

3 일과별 상호작용 문장의 사례

상호작용 과정에서 교사는 안정되고 자신감 있는 태도로 임한다. 자연스러운 표정으로 영유아와 눈을 맞추는 일상이 필요하다. 모든 일과에서 기본적으로 지켜져야 할 기본적인 상호작용 방식은 다음과 같다.

- 대화하는 과정에서 영유아의 이름을 자주 불러 준다.
- 영유아의 행동이나 의견을 존중하고 인정해 준다.
- 집단으로 보육하고 있지만 개별적인 접촉을 많이 한다.
- 영유아의 표현에 개별적으로 반응해 준다.
- 발달에 적합한 어휘와 행동으로 반응해 준다.
- 영역별 목표에 맞춰 발문한다.
- 영유아의 행동을 문장으로 묘사해 준다.
- 영유아의 실수도 이해하고 존중해 준다.

〈2017 제3차 어린이집 평가인증 안내 통합지표〉(p. 170)에서는 영유아를 존중하지 않는 말과 행동의 사례로 3가지를 제시하고 있다.

- 영유아의 이름을 부르지 않고 반복적으로 야!, 너!, 얘! 등으로 위압적으로 부르는 경우
- 표면적으로 존댓말을 사용하지만 영유아를 비꼬는 말을 하는 경우
- 대화 시 얼굴을 쳐다보지 않음, 짜증 내는 표정, 비웃음, 팔을 잡아당기는 행동

이와 같은 상호작용 방식을 염두에 두고 교사가 각 일과에서 펼쳐야 할 문장을 정리해 보았다.

1) 등원

- 어린이집에서 정말 맛있는 냄새가 나는데 오늘 오전간식이 뭘까?
- 인터폰 소리가 들리는데 누가 왔을까?
- 민준이가 오늘은 할아버지와 어린이집에 왔구나. 민준이 할아버지께 "안녕하세요?"라고 인사할까?
- 유나는 눈 주변이 부었구나. 그랬어? 모기에 물려서 그렇구나.
- 요한아, 머리가 많이 가려워? 선생님이 머리 속을 좀 볼게.
- 준석이 이마가 좀 뜨겁구나. 열이 났는지 엄마에게 여쭤 볼게.
- 윤우야! 이마에 상처가 있네. 왜 그래?
- 장수풍뎅이가 오늘 아침에는 어제보다 더 빨리 움직이는구나.
- 토끼가 그려진 옷을 입고 왔네. 우리 반에 토끼인형이 있지? 오늘은 어디에 있을까?
- 어제 읽은 책 재미있었지? 오늘은 어떤 책을 읽어 볼까?
- 현서네 가족사진을 보니 현서와 준서의 눈이 정말 많이 닮았구나.
- 우리 교실에 있는 채윤이네 가족사진에서 엄마는 누구를 보며 웃고 계시는지 볼까?

- 엄마에게 "잘 놀겠습니다." 인사하고 손 씻으러 가자. 맛있는 간식이 있어. 뭘까?
- 주은이는 감기가 오래가는구나. 힘들지? 기침이 심하네. 소매로 이렇게 가리고 하자.

2) 자유놀이

- 선생님이 새로 준비한 점토는 어떤 느낌인지 만져 볼까? 점토색이 변했네? 빨간색과 흰색을 합하니까 어떤 색이 되었지? 맞아, 분홍색이야.
- 도훈이가 예린이에게 함께 놀자고 했구나.
- 준영이가 블록을 꺼내 볼까? 이 블록 위로 징검다리처럼 건너 볼까?
- 서율아, 영광이와 함께 이 블록으로 자동차 만들어 볼까? 어떤 색의 자동차가 좋을까? 영광이는 빨간색이 좋고 서율이는 초록색이 좋구나.
- 좋아하는 색으로 자기가 타고 싶은 자동차를 만들어 보자. 자동차 안에 누가 타면 좋을까?
- 자동차 길을 만드는데 함께 만들어 줄 사람이 필요해. 누가 함께하면 좋을까?
- 재훈이는 배접기를 하고 싶었어? 하고 싶은 거 해도 돼요.
- 풀 그림을 재미있게 하려면 5명씩 하는 게 좋을 것 같아. 5명이 하고 있으니까 다른 놀이 먼저 하고 있으면 좋겠다. 친구가 다 하면 수현이에게 알려 줄게.
- 인형 아기가 목욕을 하고 나니 깨끗하고 예뻐졌네.
- 아기가 자네요. 새온이가 안아 주고 싶어요?
- 우리가 뿌려 놓은 씨앗에서 싹이 올라왔어.
- 혜인아, 영창이가 왜 울까? 한 번 물어보자.
- 이 인형이 하나, 둘, 셋! 하율이, 윤이, 도윤이 이렇게 셋이 하나씩 가지고 놀 수 있겠다.
- 그런 생각도 했구나. 멋지겠다. 더 쌓아 올려 보자.
- 잎사귀 모양이 변한 것 같아. 왜 그럴까?
- 가장 커다란 낙엽에는 어떤 무늬가 있을까?

- 이 돌은 만질 때 느낌이 어때?
- 나무토막에 무늬가 있어. 돋보기로 자세히 관찰해 볼까?
- 나무를 이렇게 잘 그렸구나. 친구들이 보도록 전시해 보자.
- 경희는 기운이 없어 보이네. 어디 아프니? 휴식영역에서 좀 쉴까?

3) 대집단 활동

- 이 화보에는 여러 가지 도구가 있구나. 이 드릴은 어떨 때 사용하는 걸까?
- 민서야, 선생님이 이 인형들을 들고 동화를 들려주고 싶은데 너무 많다. 민서가 옮기는 것을 좀 도와주면 좋겠어.
- 이 동그라미들을 큰 것부터 차례대로 쌓아 올려 보는 놀이를 할 건데 할 수 있겠지?
- 누구부터 시작할까? ○○를 발표한 리희부터 책상으로 가자. 그다음은 화장실에서 친구를 도와준 하영이가 가자.
- 우리 어제는 점토로 마음대로 꾸미기 했었지? 점토를 이 틀로 찍으면 어떤 모양이 나올 것 같니? 점토놀이를 좋아하는 유빈이가 말해 볼까?
- 그림책 속의 원숭이는 왜 화가 났을까?
- 그래, 손을 번쩍 든 태진이가 나와서 만져 보고 친구들에게 말해 주자.
- 주호처럼 생각할 수도 있구나. 왜 그렇게 생각했어?
- 민선아, 어떻게 하면 좋을까?
- 종이들을 마음대로 골라서 만들건데, 이렇게 접으면 어떤 모양이 될까?
- 이 종이에서 사각사각 소리가 나네. 예원이는 어떤 소리로 들려?
- 이 종이는 만질 때 어떤 느낌이 날지 만져 보고 싶은 친구 있니?
- 우리가 오리고 남은 이 종이는 어디에 버리면 좋을까?
- 그래. 수호는 엄마가 일본 사람이셔. 수호는 한국도 알고 일본도 알아서 좋구나.

4) 바깥놀이

- 나나반 친구들이 다 있는지 세어 볼게.
- 놀이터 바닥이 안전한지 선생님이 살펴볼게.
- 우리, 나오기 전에 나뭇잎 관찰해 보기로 했지? 돋보기 필요한 사람?
- 하나야, 그네 앞은 위험하니까 이쪽 길로 가자.
- 어제 모래를 친구에게 뿌린 사람이 있었지? 모래는 뿌리는 게 아니고 재미있게 가지고 노는 거지? 오늘 모래놀이부터 할 사람?
- 안전하게 길을 건너려면 어떻게 해야 할까?
- 리언아, 우리 저 큰 공을 느리게 잡으러 가 볼까?
- 정말 잘 하는구나. 한 바퀴 더 돌아볼까?
- 우리 동네 이 도로의 이름은 무엇일까?
- 우리가 사는 아파트 외에 어떤 건물이 있을까?
- 우리 동네에서 가장 높은 건물은 어디에 있을까?
- 그 건물에서 사람들은 어떤 일을 할까?
- 오늘 하늘은 정말 맑구나. 하늘은 무슨 색일까?
- 은행나무에서 무슨 냄새가 나지? 어제 영실이는 새가 똥 눈 냄새라고 했어.
- 바람 소리가 어제랑 다른 것 같아. 너희 느낌은 어때?
- 우리, 놀이터에서 친구들 모두 사진 찍어 볼까?
- 서준이는 어떤 책을 읽고 싶어?
- 마트 전단지에서 과일 그림을 오려서 책 만들기 할까?
- 손뼉을 치면서 노래 불러 볼까? 이번에는 발을 구르면서 해 봐도 재미있겠다.
- 동원이는 무엇을 그렸어? 그래? 정말 멋진 기차구나.
- 소고 연주를 하는구나(고개를 끄덕여 박자를 맞춰 준다).
- 우리가 생태공원에서 가져온 이파리들이 어떻게 변했나 볼까?
- 주아는 색종이로 비행기를 접었는데 날려 보고 싶구나. 바깥놀이에 가지고 나갈까?

- 다인이는 나비 퍼즐을 좋아하는구나. 나비야 나비야 이리 날아오너라~~♬
- 선화는 기운이 없어 보인다. 어디 아프니? 의자에 앉아서 좀 쉴까?
- 하윤이는 열이 나고 힘드니까 바깥놀이 가지 말고 방주은 선생님과 쉬는 것이 좋겠다. 그렇지?
- 날씨가 갑자기 추워졌는데 얇게 입고 온 친구들이 많구나. 우리 자동차 타고 놀까?
- 지윤아, 우리 바깥놀이하면서 거미 봤지? 거미가 어떻게 움직였지? 거미가 줄을 타고 올라갑니다~~♬
- 비가 와서(혹은 미세먼지가 나쁨 상태여서) 놀이터에 나가지 못하지? 그래서 ㅇㅇ놀이를 할 거야.

5) 급간식

- 세은아, 밥을 이렇게 어금니에 올려놓고 꼭꼭 씹어 보자.
- 콩나물을 먹어봤는데 깨가 씹혀서 정말 고소해.
- 숟가락으로 먹을까? 손으로 먹으면 묻을 것 같아.
- 정말 맛있다. 더 먹고 싶은 친구 있니? 더 줄까?
- 멸치를 잘 먹으면 뼈가 튼튼해지고 머리도 좋아진단다.
- 귤을 먹으면 감기에 잘 안 걸린다고 해.
- 준우야, 이 음식은 이름이 뭘까? 정말 단맛이 난다.
- 주연아, 오늘 점심의 맛있는 고기는 어떤 냄새가 나지?
- 신맛이 나는 건 어떤 거지?
- 오늘은 어떤 음식이 가장 맛있었어?
- 선생님이 포크와 숟가락을 한 개씩 짝지어 놓아 볼게. 너희도 해 볼 수 있겠니?
- 우리는 왜 골고루 먹어야 할까?
- 소연이는 먹고 난 자리를 벌써 정리했구나. 깨끗해.
- 형민아, 발을 다친 민혁이 간식 그릇을 대신 정리해 줄 수 있을까?

- 지난번에 민혁이가 형민이 인형을 찾아줬을 때 선생님은 기분이 참 좋아서 칭찬해 주고 싶었어.

6) 낮잠

- 라라반 친구들이 모두 좋은 꿈 꿀 수 있게 자장가를 들어 볼까?
- 다다반 친구들이 편하게 잘 수 있도록 선생님이 블라인드를 내려 줄게.
- 조명도 포근하게 해 줄게.
- 잠이 안 오는 친구는 친구들에게 방해되지 않게 조용히 쉬면 돼요.
- 강민아, 이 음악을 들으면서 누워 있으면 편안해질 거야.
- 기침이 나오면 소매로 가리고 하는 거 알지?
- 잠이 안 오는구나. 선생님이 토닥토닥해 줄까?
- 친구들은 아직 꿈나라인데 벌써 깼구나. 다시 눈 감으면 선생님이 자장가 불러 줄게.
- 깼구나. 다른 친구들에게 방해되지 않게 조용히 쉬자.

7) 일상생활

- 예지는 혼자서도 손을 잘 씻는구나. 손을 손을 씻어요~~♬
- 손에 있는 세균이 없어지게 깨끗이 닦아 보자.
- 쓰레기통을 만졌으니까 손을 씻어야겠다.
- 상처가 났구나. 선생님이 손 씻고 약 발라 줄게.
- 소매를 걷고 물을 틀어 볼까?
- 세수했구나. 거울 볼까? 더 예뻐졌네.
- 시은아, 선생님처럼 이렇게 비누를 바르고 손바닥과 손등, 손가락 사이를 문질러 볼까?
- 예은이는 칫솔과 양치컵을 정리했구나. 이가 반짝반짝하네!

- 선생님이 잇몸까지 닦아 줄게. (1세)
- 칫솔로 윗니 먼저 닦아 보자. 잘 했어.
- 혜린이가 양치를 스스로 하는구나.
- 옷이 젖었구나. 갈아입는 게 좋겠다.
- 재솔이가 지우의 손을 잡아 도와줬구나.
- 채은이가 바닥의 휴지를 주워서 쓰레기통에 넣어 주니 우리 교실이 깨끗해졌구나.
- 유림이랑 요한이는 똑같은 치약을 쓰는구나. 치약 이름 알고 있어? 읽어 볼까?
- 컵에 물을 따라 보자.
- 선생님이 첫 번째 단추를 끼워 볼 테니까 새온이가 두 번째부터 끼워 볼까?
- 다리를 높이 들어 주니까 기저귀를 갈기가 편하구나. 고마워.
- 거울 속에 라임이의 얼굴이 보이네. 뺨에 모기 물려서 가려웠지?
- 이제 다 갈았어. 뽀송뽀송하니까 기분 좋지?
- 불이 났을 때 왜 손으로 입을 가리고 나가야 할까?
- 신은영 선생님! 저 화장실에 잠시 다녀올게요. 저희 반 아이들 부탁드립니다.

8) 귀가

- 설우는 엄마랑 웃는 모습이 똑같구나. 엄마를 다시 만나 좋아하는 웃음이야.
- 아빠가 시영이를 안고 웃고 계시는 걸 보니 참 행복한 가족 같다.
- 영찬아, 길 건너서 집에 갈 때 양쪽 살펴보고 가는 거 알지?
- 지연이랑 지유, 엄마랑 마트에 갈 거야? 엄마! 오늘은 뭐 사실 건가요?
- 예서야, 수지 동생이 태어난 거 알지? 오늘은 엄마 품에 안겨서 언니를 보러 어린이집에 왔구나. 수지 엄마께 아기 이름이 뭔지 물어볼까?
- 지환이는 혼자서 신발을 잘 신는구나.
- 책을 읽다가 손을 베었구나. 원장선생님 방에 가서 약 바르자.
- 혜림이 이마가 뜨겁구나. 열이 나기 시작하는 것 같아. 엄마에게 전화 드릴게.

CHAPTER 02

보육환경 및 운영관리

1 보육환경

1) 실내 공간

보육환경을 위한 준비과정에는 교사회의를 통해 지표 내용을 공유한 후 각 교실 및 공유공간의 현재 상황을 점검한다. 교실은 영유아가 하루 종일 생활하는 공간인 만큼 일상생활에서의 요구를 충족할 휴식공간 등과 함께 각 연령별 흥미영역에 필요사항이 점검되어야 한다. 수업 주제와 관련된 자료들이 연령에 맞게 흥미영역에 제시되어 있어야 하므로 각 영역에 기본적으로 비치될 목록과 주제 관련 목록을 만들어 본다. 평가인증 안내에 구체적으로 제시되어 있는 연령별 교구 목록을 참고하여 각 담임교사와 함께 현 상태의 교실과 공유공간을 분석하여 보완해야 할 목록을 만들고 구입이나 제작 여부를 협의한다. 저자의 어린이집에서는 각 교실을 교차 점검하여 담임교사가 보완내용을 정리하여 구입 우선순위를 정해 주문하는 과정을 거쳤다. 연령별로 보완의견을 제출하였는데 문서 작성에서도 담임교사의 성격이 드러난다. 보완작업 후 다시 한번 구체적인 사항들을 점검하였다. 이 책의 제7장 준비와 협력과정의 '보육과정 상호 점검', 제8장 현장관찰을 위한 당일 준비의 '공간별 점검'을 참고해 보기 바란다.

■ 각 반 보완사항 정리

만 1세		
영역	지표의 교구	보완 의견
신체 영역	• 신체활동 자료는 영유아 수에 따라 다양하고 충분하게 구비 • 교실, 옥외놀이터, 유희실 등에 비치 가능한 놀잇감 • 일상생활을 통해 다양한 대근육 활동/색, 모양, 크기가 같은 것으로 2개 이상	〈필요교구〉 – 스펀지블록, 공, 밀고 당기는 놀잇감, 자동차, 끌차 등 〈기본교구– 빨간색 표기는 구입예정〉 – 스펀지 공, 자동차, 끌차 볼링, 밀고 당기는 놀잇감(강아지 2마리)
언어 영역	• 듣기, 말하기, 읽기, 쓰기의 언어활동을 위한 자료 • 듣기, 말하기, 읽기, 쓰기와 관련된 자료 각각 1종 이상을 포함하여 총 5종 이상 구비	〈필요교구〉 [듣기, 말하기활동 자료] – 그림자료, 사진자료, 전화기, 짧은 이야기와 노래테이프 등 [읽기활동 자료] – 헝겊책, 촉감책, 비닐책, 소리 나는 책, 그림이나 사진 자료(친숙한 인물, 동물) [쓰기활동 자료] – 안전한 부녹성 크레파스, 전지, 쓰기판, 등 〈기본교구– 빨간색 표기는 구입예정〉 [듣기, 말하기활동 자료] – 그림자료, 사진자료, 전화기, 카세트 [읽기활동 자료] – 다양한 그림책 [쓰기활동 자료] – 보드판, 보드마카, 색연필, 종이
감각 및 탐색 영역 (미술, 음률)	• 미술 및 음률활동 자료를 포함 • 감각·탐색 및 소근육 조작 경험으로 감각·탐색활동 자료가 3종 이상 다양하고 충분하게 구비 • 생활주제, 영아의 흥미에 기초하여 직접 관찰하고 느낄 수 있는 자료 • 크기는 직경 3.5cm 이상이며, 깨지거나 부서진 놀잇감은 안 됨 • 영아가 좋아하는 놀잇감은 색, 모양, 크기가 똑같은 것으로 2개 이상	〈필요교구〉 [미술활동 자료] – 벽이나 바닥, 책상 위에 넓게 붙인 큰 도화지, 크레파스, 밀가루 점토, 스티커, 여러 가지 모양도장 [음악 및 동작활동 자료] – 딸랑이, 안전한 방울, 마라카스, 녹음기, 음악테이프, 소리가 나는 놀잇감, 주변에서 볼 수 있는 소리 나는 물건(탬버린, 리본막대, 천) [감각 · 탐색활동 자료] – 감각활동 자료: 여러 가지 재질과 질감의 촉감판, 다양한 소리가 나는 플라스틱 통 등 – 탐색 및 조작활동 자료(고리 끼우기, 컵 쌓기, 퍼즐, 등)

만 1세		
영역	지표의 교구	보완 의견
감각 및 탐색 영역 (미술, 음률)		〈기본교구- 빨간색 표기는 구입예정〉 [미술활동 자료] - 도화지, 전지, 크레파스, 밀가루 점토, 스티커, 여러 가지 모양도장 [음악 및 동작활동 자료] - 방울, 카세트, 색깔 천, 기타, 마라카스, 마이크 [감각 · 탐색활동 자료] - 촉감판, 퍼즐, 고리 끼우기 및 컵 쌓기
역할, 쌓기 영역	• 역할 및 쌓기 놀이 자료 3종 이상 구비	〈필요교구〉 [역할] - 가족인형, 소리 나는 인형, 전화기, 자동차 [쌓기] - 우레탄 블록이나 스펀지 블록, 종이벽돌 블록, 헝겊으로 감싸져 있는 블록, 끼우기 블록 등 〈기본교구- 빨간색 표기는 구입예정〉 [역할] - 아기인형, 생일케이크, 과일, 시장바구니, 그릇 세트, 고무신 [쌓기] - 자석블록, 끼우기 블록, 자동차, 레고블록
비고	• 각 반 흥미영역에 주제와 관련된 자료가 2개 이상 비치되어야 함(연령별 다름) ex) 교통기관이 생활주제인 경우, 운전대, 교통기관 퍼즐, 교통기관 관련된 정보 그림책 등 • 기저귀영역 거울, 캐노피	

<table>
<tr><th colspan="3">만 2세</th></tr>
<tr><th>영역</th><th>지표의 교구</th><th>현재 상황과 보완 의견</th></tr>
<tr><td rowspan="2">신체 영역</td><td rowspan="2">• 신체활동 자료는 영유아 수에 따라 다양하고 충분하게 구비되어 있음
• 교실, 옥외놀이터, 유희실 등에 비치 가능
• 일상생활을 통해 다양한 대근육 활동 / 색, 모양, 크기가 같은 것으로 2개 이상</td><td>〈필요교구- 예시〉
- 미끄럼틀, 점핑 바운서, 조합 놀이대, 볼풀 놀이대 등 고정식 놀이기구, 목마, 자동차, 끌차 등 이동식 놀이기구, 공, 후프 등의 운동기구, 종이벽돌 블록, 스펀지 블록 등</td></tr>
<tr><td>〈기본교구- 빨간색 표기는 구입예정〉
- 공, 자동차, 종이벽돌 블록, 스펀지 블록, 볼링</td></tr>
<tr><td rowspan="2">언어 영역</td><td rowspan="2">• 듣기, 말하기, 읽기, 쓰기의 언어활동을 위한 자료
• 듣기, 말하기, 읽기, 쓰기와 관련된 자료가 각각 1종 이상을 포함하여 총 5종 이상 구비되어 있음</td><td>〈필요교구〉
[듣기, 말하기활동 자료]
- 손인형, 사진자료, 친숙한 일상생활용품의 사진과 이름이 있는 그림카드, 전화기, 녹음된 목소리를 들어볼 수 있는 카세트, 짧은 이야기와 노래 테이프 등
[읽기활동 자료]
- 글자 수가 많지 않은 다양한 주제의 그림책을 포함하여 재질과 형태가 다양한 책(촉감책, 퍼즐책, 소리 나는 책 등), 그림이나 사진자료(그림책의 주인공, 영아에게 친숙한 인물, 지역사회, 자연물) 등
[쓰기활동 자료]
- 굵은 크레파스, 굵은 색연필이나 4B연필, 자석 쓰기판, 종이 등</td></tr>
<tr><td>〈기본교구〉
[듣기, 말하기활동 자료]
- 손인형, 사진자료, 그림카드, 소리 나는 책, 카세트,
[읽기활동 자료]
- 다양한 그림책, 소리 나는 책, 촉감책, 퍼즐책
[쓰기활동 자료]
- 보드판, 보드마카, 종이, 색연필</td></tr>
<tr><td rowspan="2">감각 및 탐색 영역</td><td rowspan="2">• 감각·탐색 및 소근육 조작 경험을 위한 감각·탐색활동 자료 3종 이상 다양하고 충분하게 구비
• 생활주제, 영아의 흥미에 기초 등 직접 관찰하고 느낄 수 있는 자료 포함
• 크기는 직경 3.5cm 이상이며, 깨지거나 부서진 놀잇감은 안 됨
• 영아가 좋아하는 놀잇감은 색, 모양, 크기가 똑같은 것으로 2개 이상</td><td>〈필요교구〉
[감각 · 탐색활동 자료]
- 오감을 이용한 여러 가지 감각 놀잇감, 소리상자, 촉감판, 돋보기, 식물, 동물, 주변에서 찾아낸 여러 모양의 나무껍질, 조개껍데기 같은 여러 가지 자연물, 조작활동 자료(큰 조각 퍼즐, 모양 찾아 맞추기, 크기순으로 고리 끼우기, 색깔 맞추기 등)</td></tr>
<tr><td>〈기본교구- 빨간색 표기는 구입예정〉
- 촉감놀잇감, 식물, 원목 끼우기, 모양 고리 끼우기, 돋보기, 퍼즐, 가을 열매 모형</td></tr>
</table>

<table>
<tr><th colspan="3">만 2세</th></tr>
<tr><th>영역</th><th>지표의 교구</th><th>현재 상황과 보완 의견</th></tr>
<tr><td rowspan="2">미술 영역</td><td rowspan="2">• 미술활동 자료 3종 이상</td><td>〈필요교구〉
[미술활동 자료]
- 다양한 재질과 색깔의 종이류, 색연필, 크레파스 등 그리기 도구 / 우유갑, 잡지책, 안전가위, 풀, 밀가루 점토, 스티커 모양도장 등</td></tr>
<tr><td>〈기본교구〉
[미술활동 자료]
- 다양한 색깔의 종이류, 색연필, 보드마카, 크레파스, 잡지책, 안전가위, 풀, 클레이 점토, 스티커, 모양도장</td></tr>
<tr><td rowspan="2">음률 영역</td><td rowspan="2">• 음악 및 동작활동 자료 3종 이상</td><td>〈필요교구〉
[음악 및 동작활동 자료]
- 북이나 흔들고 두드릴 수 있는 단순한 리듬 악기(리듬막대, 마라카스, 탬버린 등), 녹음기, 음악테이프, 동작표현을 돕는 소품(여러 가지 색 보자기, 스카프, 리본 막대, 부드러운 수건 등)</td></tr>
<tr><td>〈기본교구- 빨간색 표기는 구입예정〉
[음악 및 동작활동 자료]
- 북, 마라카스, 탬버린, 색 스카프, 리본막대, 마이크, 모양 셰이크, 카세트, 음악테이프, 안전거울</td></tr>
<tr><td rowspan="2">역할, 쌓기 영역</td><td rowspan="2">• 역할놀이 자료 3종 이상, 쌓기놀이 자료 3종 이상</td><td>〈필요교구〉
[역할]
- 여러 가지 모양의 그릇 등의 소꿉놀잇감, 전화기, 인형 등
[쌓기]
- 나무블록, 종이벽돌 블록, 우레탄 블록, 스펀지 블록, 재질의 부드럽고 구멍이 큰 끼우기형 블록 등</td></tr>
<tr><td>〈기본교구- 빨간색 표기는 구입예정〉
[역할]
- 여러 가지 그릇, 음식 모형, 앞치마, 전화기, 아기인형, 시장바구니, 병원놀이, 전화기
[쌓기]
- 끼우기 블록, 종이벽돌 블록, 스펀지 블록, 레고블록, 자석블록</td></tr>
<tr><td>비고</td><td colspan="2">• 각 반 흥미영역에 주제와 관련된 자료가 2개 이상 비치되어야 함(연령별 다름)
ex) 교통기관이 생활주제인 경우, 운전대, 교통기관 퍼즐, 교통기관 관련된 정보 그림책 등 / 가을열매 모형, 가을 관련 동화책</td></tr>
</table>

만 3세		
영역	지표의 교구	현재 상황과 보완 의견
쌓기 영역	• 현재 기본활동 자료: 5개 • 통합지표 충족 요건: 4종 이상	〈필요교구〉 – 11월 1주: 목욕용품 〈기본교구〉 ① 벽돌블록 ③ 나무블록 ⑤ 우레탄블록 ② 레고블록 ④ 자석블록
역할 영역	• 현재 기본활동 자료: 10개 • 통합지표 충족 요건: 4종 이상	〈필요교구〉 – 포대기 〈기본교구〉 ① 화장대 ⑤ 앞치마 ⑨ 신발 ② 싱크대 ⑥ 음식 모형 ⑩ 아기인형 ③ 주방도구, 접시 ⑦ 역할의상 ④ 시장가방 ⑧ 병원놀이
미술 영역	• 현재 기본활동 자료: 10개 이상 • 통합지표 충족 요건: 4종 이상	〈필요교구〉 11월 2주: 찰흙 11월 4주: 스크래치페이퍼 11월 3주: 바람개비 11월 5주: 휴지심 〈기본교구〉 ① 테이프 ⑤ 모양찍기 ⑨ 찍기 틀 ② 물감 ⑥ 색종이 ⑩ 점토 ③ 쓰기도구 ⑦ 도장스펀지 ⑪ 재활용품(폐품류) ④ 바퀴롤러 ⑧ 색접시, 종이컵 ⑫ 여러 가지 종이
언어 영역	• 현재 기본활동 자료: 10개 이상 • 통합지표 충족 요건: 4종 이상	〈필요교구〉– 11월 2주: 모래종이(사포) 〈기본교구〉 [듣 기] – CD플레이어, 이야기 CD [읽 기] – 다양한 그림책, 환경인쇄물 [쓰 기] – 보드판, 보드마카, 색연필, 종이(이면지), 단어카드 [말하기] – 마이크 [기 타] – 자석한글, 가족인형, 나무배경과 날씨, 동물손인형, 동물가면, 손가락인형
수 · 조작 영역	• 현재 기본활동 자료: 7개 • 통합지표 충족 요건: 4종 이상	〈필요교구〉 11월 1주: 숫자물고기 낚시놀이 11월 2주: 다양한 크기의 돌, 돌멩이 공기 주제별 퍼즐 솔방울(자연물) 〈기본교구〉 ① 고리 끼우기 ④ 나사 끼우기 ⑥ 자석숫자 ② 모양막대 ⑤ 퍼즐 ⑦ 온도계 ③ 곤충분류 집게놀이

만 3세		
영역	지표의 교구	현재 상황과 보완 의견
과학 영역	• 현재 기본활동 자료: 7개 • 통합지표 충족 요건: 4종 이상	〈필요교구〉 - 어항, 바퀴와 부속품 11월 1주: 여러 가지 모양의 그릇 11월 2주: 다양한 돌 11월 3주: 공기정화식물 〈기본교구〉 ① 지구본 ④ 과학뷰어상자 ⑦ 화분 ② 돋보기 ⑤ 자석자동차 ③ 양팔저울 ⑥ 반사경
음률 영역	• 현재 기본활동 자료: 7개 • 통합지표 충족 요건: 4종 이상 • 동작활동을 위한 교구 필요함	〈필요교구〉 - 리본막대, 음악 CD 〈기본교구〉 ① 핸드벨 ④ 캐스터네츠 ⑦ CD플레이어 ② 곡물마라카스 ⑤ 소고 ③ 실로폰 ⑥ 트라이앵글
비고	• 각 반 흥미영역에 주제와 관련된 자료가 5개 이상 비치되어야 함	

※ 만 3세 교실은 관찰자 방문시점을 중심으로 보완점을 정리하였다.

만 4세		
● 흥미영역 활동자료는 유아의 연령별 발달 수준과 흥미 등을 고려하여 적합하게 구비되어 있음. ● 계획안의 주제와 관련된 활동자료는 교실 내 전체 흥미영역 중에 5개 이상 다양하게 준비되어야 한다. (교실에서 다루고 있는 주제와 밀접하게 관련된 활동자료)		
영역	지표의 교구	현재 상황과 보완 의견
수·조작 영역	• 수·조작 자료 4종 이상 구비 • 감각기관을 활용하여 자발적으로 탐색할 수 있는 자연물이나 실물자료 구비	- 일대일 대응, 분류, 비교, 순서 짓기 1~10까지 셀 수 있는 구체물(솔방울, 작은 동물모형), 퍼즐, 게임자료 - 수세기 케이크, 양팔 저울, 수 막대, 퍼즐, 게임자료 등
과학 영역	• 과학활동 자료 4종 이상 구비 • 주변의 사물과 자연현상에 지속적인 호기심을 가지고 탐구 기술을 활용하여 탐구적 태도를 기르는 시기이므로, 수·공간과 도형·규칙성을 이해하고 다양한 도구와 기계를 활용할 수 있도록 함 • 과학영역의 활동자료는 계절, 생활주제, 유아의 흥미를 고려하여 다양한 자연물이나 실물을 제시함	*〈기본〉 거울, 자석, 돋보기, 프리즘 〈생물관련자료〉 꽃, 야채, 열매, 씨앗, 나뭇가지, 솔방울 〈자연현상관련자료〉 온도계, 사진, 습도계, 관찰용지 〈도구와 기계〉 간단한 도구와 기계, 주변의 여러 가지 물건 - 거울, 자석, 돋보기, 프리즘, 온도계, 사진, 습도계, 모래시계, 솔방울, 열매
역할 영역	• 역할놀이 자료 4종 이상 구비	- 기본가구류: 화장대, 식탁과 의자, 소품을 넣을 수 있는 장, 모형싱크대 - 소꿉놀이류: 질감이 다양한 인형류(아기인형과 가족인형, 동물인형), 그릇, 냄비, 모형 음식 등 - 각종 역할 놀이소품: 옷입기 놀이를 위한 의상류(앞치마, 드레스, 직업의상, 남녀 한복), 다양한 신발류, 장신구 및 소품(액세서리, 빗, 선글라스, 모자, 구두 등) - 기본가구류, 다양한 질감의 인형과 소꿉놀이류 - 다양한 장신구, 신발
쌓기 영역	• 쌓기영역 자료 4종 이상 구비	- 종이 벽돌블록, 유닛 블록, 우레탄 블록, 빈 공간 블록, 꽃 블록, 눈송이 블록 - 인형류(모형 동물, 사람인형, 공룡 등) - 기타 주제와 관련된 소품들(동물가면, 교통표지판, 운전대, 등) - 종이 벽돌블록, 유닛 블록, 몰펀블록, 소프트 스틱, 교통표지판, 사람인형 - 모형동물

<table>
<tr><th colspan="3">만 4세</th></tr>
<tr><th>영역</th><th>지표의 교구</th><th>현재 상황과 보완 의견</th></tr>
<tr><td rowspan="2">언어
영역</td><td rowspan="2">• 언어영역 자료 5종 이상 구비</td><td>– [듣기, 말하기자료] 녹음된 테이프, 헤드폰, 막대인형, 손가락인형, 손인형 등
– [읽기자료] 다양한 주제의 각종 그림책, 주제에 따른 화보 모음책, 동요, 동시집, 어린이용 잡지나 카탈로그 등
– [쓰기자료] 다양한 종이, 색연필이나 연필, 사인펜 등 다양한 필기도구, 화이트보드, 마커펜, 글자 상자, 단어카드, 독서카드, 글자도장 등</td></tr>
<tr><td>– 녹음CD와 플레이어, 손가락인형, 손인형, 화이트보드, 마커펜, 컴퓨터 타자그림
– 단어카드, 동시집, 다양한 종이</td></tr>
<tr><td rowspan="2">음률
영역</td><td rowspan="2">• 음률영역 자료 4종 이상 구비</td><td>– 리듬악기, 가락악기(실로폰, 멜로디언, 피아노, 키보드, 기타), 전통악기, 음악가 및 악기 사진이나 노래 부르는 사진 등, 헤드폰, 다양한 카세트, CD플레이어, 한삼, 부드러운 수건, 거울 등</td></tr>
<tr><td>– 실로폰, 레인메이커, 오션드럼, 소고, CD플레이어, 에그마라카스 등</td></tr>
<tr><td rowspan="2">미술
영역</td><td rowspan="2">• 미술영역 자료 4종 이상 구비</td><td>– 필기구류(크레파스, 색연필, 연필), 물감류, 다양한 종이류, 만들기 도구류, 점토류, 폐품류 등</td></tr>
<tr><td>– 필기구류, 점토류, 폐품류</td></tr>
<tr><td rowspan="2">신체
영역</td><td rowspan="2">• 신체영역 자료 4종 이상 구비</td><td>– 평균대, 흔들 목마, 구르기용 매트, 이동식 농구대, 훌라후프, 던지기용 고리</td></tr>
<tr><td>– 스카프, 한삼, 고리 던지기, 다양한 촉감 발판</td></tr>
</table>

만 5세		
● 기본 활동자료는 영역별로 각각 4종 이상 구비 ● 계획안의 주제와 관련된 활동자료는 교실 내 전체 흥미영역 중에 5개 이상 다양하게 준비되어야 한다. (교실에서 다루고 있는 주제와 밀접하게 관련된 활동자료)		
영역	지표의 교구	필요한 교구
언어 영역	말하기, 읽기, 쓰기, 듣기에 각각 1종 이상을 포함. 총 5종 이상 구비 친숙한 글자나 주변의 인쇄물에 관심이 커지고 쉬운 단어와 짧은 문장을 읽고 쓰기가 가능하므로 다양한 언어활동 기회를 제공하는 자료를 제공함	막대인형, 자석인형, OHP그림, 글 없는 그림책, 환경과 생활에 관련된 동화책
미술 영역	미술활동 자료 4종 이상 자연이나 생활, 예술작품에서 아름다움을 발견하고 음악, 움직임, 극놀이, 미술활동에 적극적으로 참여하는 것을 즐기게 되므로 다양한 방법으로 자신의 생각과 느낌을 표현할 수 있도록 자료를 제공함	한지, 화선지, 골판지, 기름종이 등
음률 영역	음악 및 동작활동 지료 4종 이싱 구비	실로폰, 한삼, 리본막대
수 · 조작 영역	4종 일대일 대응, 분류, 비교, 순서 짓기, 부분과 전체, 측정, 공간과 도형, 규칙성 등의 개념 발달에 도움이 되는 생활주제와 연관된 자료	양팔저울
과학 영역	4종 자연물, 실물자료 계절, 생활주제, 유아의 흥미를 고려하여 다양한 자연물이나 실물을 제시함	동물 키우기
역할 영역	4종 역할놀이를 통해 다양한 주제를 놀이로 표현해 봄	방석 4개
쌓기 영역	4종 다양한 구성활동을 할 수 있도록 자료를 제공함	도로매트
신체 영역	4종 이상 신체놀이를 통해 몸의 균형을 유지하고 몸을 조정하여 움직이는 경험을 하도록 하는 놀이기구를 제공함	줄넘기 20개, 훌라후프

준비된 교구와 게시물은 각 영역에 쉽게 들어갈 수 있는 통로를 확보한 후 영유아의 눈높이에 맞게 제공한다. 벽면이나 문 등에 자료를 게시할 때는 투명 시트지를 먼저 붙인 후 해당 자료를 붙인다. 다음 주제에 관련된 자료를 게시하기 위해 떼어내거나 다른 사이즈의 자료를 게시할 때 벽지나 페인트의 손상을 방지하고 깔끔하게 제공해 줄 수 있다.

교실에는 각 학급 모두 휴식할 수 있는 공간과 함께 영유아의 옷이나 개인 소지품을 정리하거나 영유아가 만든 작품을 보관할 수 있는 공간이 영유아의 수에 맞게 마련되어 있어야 하며, 다음과 같은 연령별 흥미영역 구성이 필요하다. 흥미영역의 활동자료는 영아의 경우 영역별로 각 3종 이상, 영역별로 각 4종 이상 구비되어 있어야 한다. 계획안의 주제와 관련된 활동자료는 0~1세의 경우 2개 이상, 2세의 경우 4개 이상, 3~5세의 경우 5개 이상 다양하게 준비해야 한다. 언어영역의 경우 듣기, 말하기, 읽기, 쓰기와 관련된 자료 각 1종 이상 포함하여 총 5종 이상이 있어야 한다.

- 0세: 신체영역, 언어영역, 감각 · 탐색영역
- 1세: 신체영역, 언어영역, 감각 · 탐색영역, 역할 및 쌓기놀이 영역
- 2세: 신체영역, 언어영역, 감각 · 탐색영역, 역할 및 쌓기놀이 영역, 미술영역
- 3~5세: 언어영역, 미술영역, 음률영역, 수 · 조작영역, 과학영역, 역할놀이 영역, 쌓기놀이 영역

흥미영역의 최소 공간은 0~1세는 1~2명 이상, 만 2세는 2~3명 이상, 만 3~5세는 3~4명 이상이 놀이할 수 있는 크기로 구성되어야 하며, 영유아의 이동 통로를 충분히 확보해야 한다.

교실 외의 공간도 평소 담당자들과 함께 보완점을 찾는다.

지표	평가 항목 관련 사진	개선 방안
2-1-5 비품과 활동자료를 보관하는 별도의 공간이 있고 연령별, 주제별 또는 영역별로 정리되어 있다. * 각 교실에서 현재 사용하지 않는 비품과 활동자료는 영유아가 활동하는 공간이 아닌 곳(예: 교사실이나 원장실, 상담실 등)에 따로 장소를 마련하여 보관해야 한다.	〈보일러실〉 	- 안전을 위해 모든 물건을 꺼내고 적합한 장소에 재배치 - A4용지를 성인 화장실 옆 창고에 정리 - 의자를 사무실 내에 정리 - 보일러실에 있는 기증할 도서를 사무실 장 위 칸에 보관
	〈주황화장실〉 	- 세제류 선반 정리하여 네임택 붙이기 - 세탁실 이름표 붙이기 - 경고 문구 등 안내하기

지표	평가 항목 관련 사진	개선 방안
2-1-5 비품과 활동자료를 보관하는 별도의 공간이 있고 연령별, 주제별 또는 영역별로 정리되어 있다. * 각 교실에서 현재 사용하지 않는 비품과 활동자료는 영유아가 활동하는 공간이 아닌 곳(예: 교사실이나 원장실, 상담실 등)에 따로 장소를 마련하여 보관해야 한다.	〈파랑화장실 & 창고〉 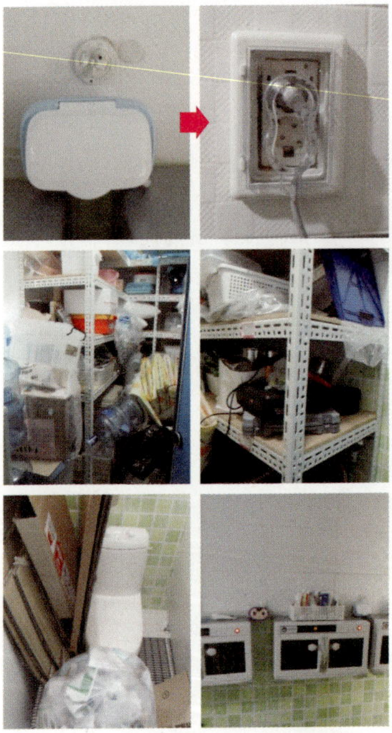	- 세탁실처럼 보호캡 설치(살균기) - 파랑화장실 자료실 정리 - 비품과 활동자료는 손쉽게 찾아 꺼내 사용할 수 있도록 쉽게 볼 수 있는 위치에 정리하고 명칭, 내용, 관련 영역을 표시하여 부착(서류작업 필요함) **- 칫솔살균기 위에 놓인 개인물건 제거**
	〈교사실〉 	- 교사 휴게공간은 아늑하게 쉴 수 있는 분위기로 정리 - 구입: 방석, 거울, 핸드크림 등

지표	평가 항목 관련 사진	개선 방안
2-1-2 영유아의 요구를 충족하는 다양한 공간을 마련하고 있다. 1. 영유아의 요구를 충족하는 별도의 공간(유희실, 도서공간, 양호공간, 식당 등)이 어린이집 내에 두 군데 이상 마련되어 있다.	〈나비플라자〉 	- 구입: 영유아가 자유롭게 이용할 수 있는 교구장 - 물 먹는 곳 사용 전/후 그림을 부착하여 영유아가 알기 쉽게 표기 - 교구장에 놀잇감을 정리하여 영역별로 구성 영유아가 이용하는 공간이므로 프린터기 외에 장 위에 올려진 **물건 제거** (※ 약품 보관 냉장고는 양호공간으로 이동)
	〈유희실〉 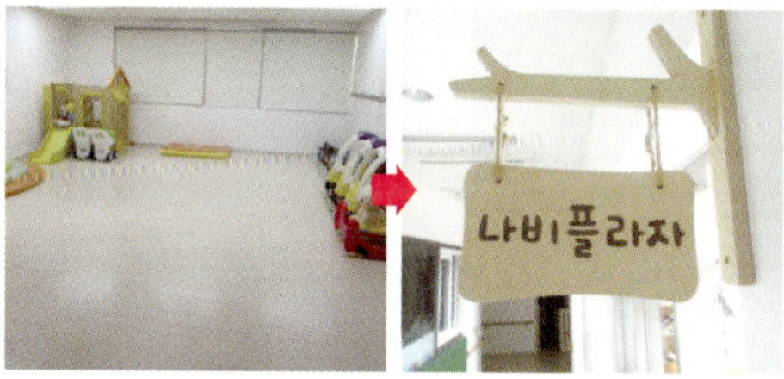 	- 유희실을 나타내는 푯말 만들기(관찰자의 시선에서 유희실이라는 공간이 한눈에 띌 수 있도록) - 대근육 활동을 위한 놀잇감 꺼내서 비치 - 영아/유아교구 정리 - 퍼즐 장 정리
2-1-4 계획안의 주제와 관련된 활동자료를 영유아 수준에 맞게 영역별로 다양하게 구비하고 있다. [과학활동 자료] 생물 관련 자료	〈현관〉 	영유아의 호기심이 충족될 수 있도록 생물의 이름과 특성이 적힌 표를 붙여 자유롭게 관찰할 수 있도록 배려

- 정리하면서 필요 없는 물건 모두 폐기하고 기록 남기기~!
  (비품 목록 / 교재교구 목록 / 도서 목록)

교실과 별도로 유희실, 도서공간, 양호공간, 식당 등 영유아의 요구를 충족하는 별도의 공간이 두 군데 이상 마련되어야 한다. 모든 공간의 시설과 설비는 영유아의 신체 크기와 발달 수준에 적합해야 한다.

영유아의 옷이나 개인 소지품, 영유아가 만든 작품을 보관할 수 있는 개별공간이 영유아의 수에 맞게 마련되어 있어야 하며, 잠금장치 없이 스스로 꺼내 사용할 수 있도록 마련되어야 한다. 그러한 사물함은 영유아가 자신의 것임을 인식할 수 있도록 이름이나 사진이 부착되어 있어야 한다.

교실 내에 비치된 개인용 사물함과 빈 사물함 안전장치

보육활동에 사용되는 비품과 활동자료는 손쉽게 찾아 꺼내어 사용할 수 있도록 쉽게 볼 수 있는 위치에 명칭, 내용, 관련 영역이 표시되어 있어야 한다.

기관의 실내 환경을 구성할 때는 기본적인 색상과 구성물의 색상을 통일하여 안정감 있게 꾸며야 한다. 영유아가 입고 오는 옷, 각종 놀잇감과 게시자료는 대부분 알록달록한 원색이 많으므로 도배와 페인트 등의 색상을 1~2가지만으로 선택할 것을 권한다. 다음의 환경 사진을 참고하여 자신의 기관에 맞는 색상을 계획해 보기 바란다.

각 공간의 준비와 점검사항은 제8장 현장관찰 당일을 위한 준비, 2절 공간별 준비 부분을 참고한다.

어린이집 환경

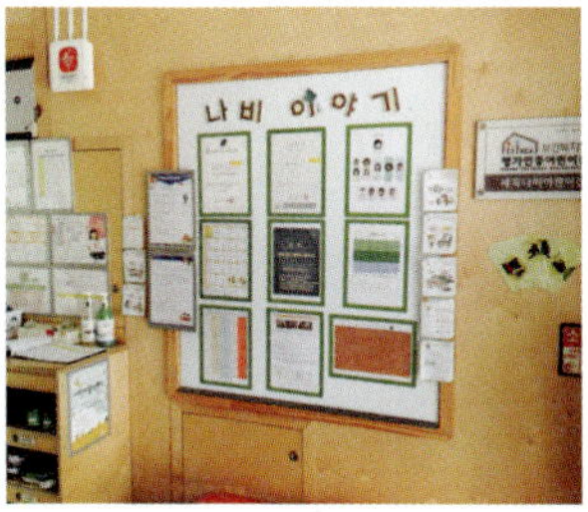

현관

복도

1세

2세

3세

4세

5세

사무실

플라자

실내 유희실

조리실

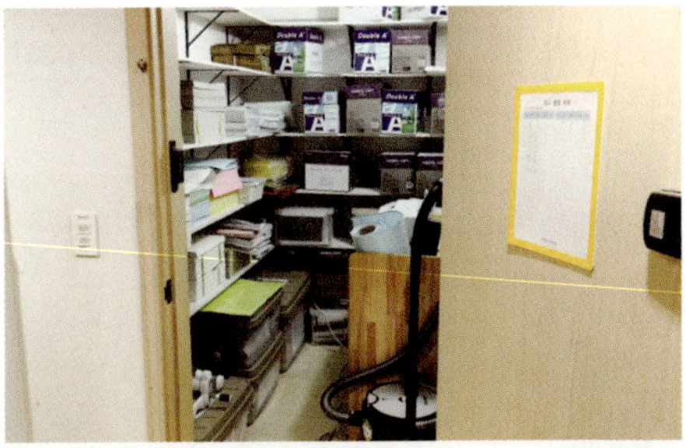
교재교구실

주황화장실

파랑화장실

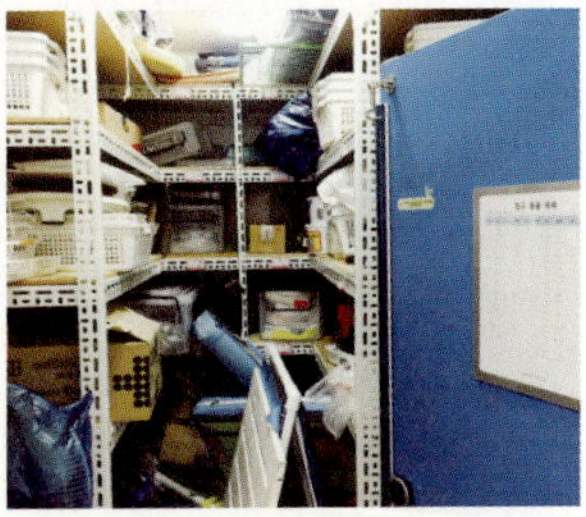
창고

교사용 사물함

교사실

설치와 관리비용면에서 여유가 있다면 현관이나 공유공간에 수족관을 마련하거나 식물 기르기 혹은 곤충 관찰하기 등의 활동을 위한 자료를 준비해도 좋다. 실내의 도서공간도 자연채광으로 밝기를 조절해 주면 좋다.

채광 조절

수족관의 구피 표식

2) 실외 공간

실외 공간 평가의 핵심은 안전하고 개방된 놀이공간 제공, 대소근육 활동에 참여할 기회 제공, 자연의 변화 등으로 환경 탐색 기회 제공으로 요약된다.

옥외놀이터 및 대체놀이터에는 놀이기구가 3종 이상 구비되고 영유아용 놀이기구가 마련되어 있어야 한다. 다양한 활동을 위해 두 가지 이상의 활동 영역이 구성되어야 하는데 대체놀이터인 경우에는 이젤, 책 등 이동 가능한 자료를 활용하여 활동 영역 구성이 가능하다.

인근놀이터를 사용하는 경우 '어린이 놀이시설 안전관리 시스템'의 놀이시설현황을 검색하여 이용하고 있는 놀이시설 상세정보를 찾아 놀이터에 관한 사항을 확인하여 출력해 보관하는 것도 좋다. 다음과 같은 내용으로 상세정보가 제공되고 있다. 대부분의 화면에 사진이 없는 것은 좀 아쉽다.

행정안전부 어린이 놀이시설 안전관리 시스템
HOME SITEMAP 로그인
어린이놀이시설현황
고객참여마당
정보마당
놀이시설정책소개
어린이놀이시설 안전관리 시스템이
어린이를 안전하게 보호합니다...
안전관리제도
설치검사
정기시설검사
안전점검
안전진단
공지사항
어린이놀이시설 안전관리시스템... 2017-12-21
2017년 우수어린이놀이시설... 2017-11-29
2017년 우수어린이놀이시설... 2017-09-08
어린이놀이시설 안전검사기관 ... 2017-07-24
FAQ
어린이놀이시설 안전관리법 적... 2017-04-21
안전검사는 어디서 받을 수 ... 2016-11-15
어린이놀이시설 안에 체육기구... 2016-05-25
공원 전체가 보험에 가입되어... 2015-09-08
기술자료
관련사이트
행정안전부

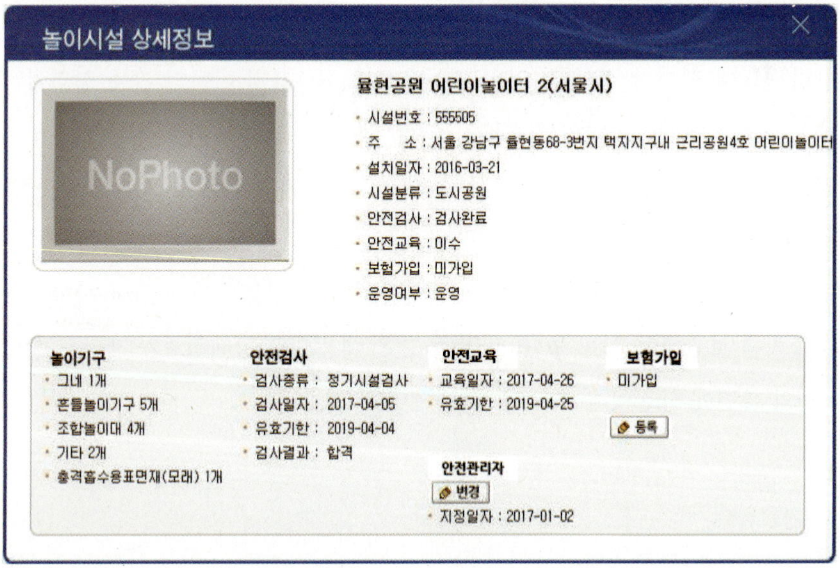
놀이시설 상세정보
NoPhoto
율현공원 어린이놀이터 2(서울시)
시설번호 : 555505
주 소 : 서울 강남구 율현동68-3번지 택지지구내 근리공원4호 어린이놀이터
설치일자 : 2016-03-21
시설분류 : 도시공원
안전검사 : 검사완료
안전교육 : 미수
보험가입 : 미가입
운영여부 : 운영
놀이기구
그네 1개
흔들놀이기구 5개
조합놀이대 4개
기타 2개
충격흡수용표면재(모래) 1개
안전검사
검사종류 : 정기시설검사
검사일자 : 2017-04-05
유효기한 : 2019-04-04
검사결과 : 합격
안전교육
교육일자 : 2017-04-26
유효기한 : 2019-04-25
안전관리자
변경
지정일자 : 2017-01-02
보험가입
미가입
등록

3) 현관

실내와 실외를 연결하는 현관도 지표에서 제시되는 내용을 놓치지 않고 구성한다. 현관에는 부모나 외부인에게 공지해야 할 여러 가지 정보가 게시되고 환영하는 분위기가 연출되도록 한다.

신발장 등에서 악취가 나지 않도록 교직원의 출퇴근 신발이나 실내화의 청결을 관리한다. 기본적으로 기관에 관한 안내, 즉 기본 현황, 교직원 소개, 연중행사, 월간 일정 안내, 투약의뢰서, 출석부 혹은 등 · 하원일지, 식단표, 양육정보, 개방 안내문, 가정통신문, 실내공기질 측정기록(대형 공간 기관의 경우) 등이 게시되어야 한다. 다음의 사진과 문서는 현관에 게시하는 자료의 사례이다.

20○○년 ○○○어린이집 연간 일정

	행사 · 지역사회 연계 · 교사교육			
월	영유아	부모교육	교사교육	어린이집 환경
3월	• 신입적응P/G • 소방기초훈련 및 교통안전방문교육 • 영유아체격검사	• 1차 운영위원회 • 맞벌이 서류 추가제출	• 승급자 확인 • 교사교육(운영관리 인증 지표) • 소방기초훈련	세스코방역
4월	• 봄소풍(유아반) • 비상대피훈련 및 안전교육 • 발달평가 • 어린이날행사	• 1학기 부모상담	• 교직원 건강검진 • 교사교육(보육환경)	엘림소독방역 어항소독 세스코방역
5월	• 부모참여수업-미술 • 현장학습(유아반) • 비상대피훈련 및 안전교육	• 어버이날 • 개원기념일	• 스승의 날 • 교사교육(건강 인증 지표)	세스코방역
6월	• 공개수업-체육 • 현장학습(유아반) • 비상대피훈련 및 안전교육 • 영유아체격검사/발달평가	• 2차 운영위원회 • 부모교육 영상 시청 및 간담회(자존감)	• 교사교육(어린이집의 안전 / 영아반 자율장학)	엘림소독방역 어항소독 세스코방역
7월	• 비상대피훈련 및 안전교육(재난 안전 방문교육) • 여름캠프 • 공기질 측정(실내공기질 우수시설 공모)		• 승급자 확인 • 교사교육(보육과정 운영) • 소방교육(소화기 사용법) • 유아반 자율장학	세스코방역 실내공기질 측정
8월	• 졸업생 홈커밍데이 • 비상대피훈련 및 안전교육		• 교사교육(개인정보보호교육) • 교직원 휴가기간	엘림소독방역 어항소독 세스코방역

	행사 · 지역사회 연계 · 교사교육			
월	영유아	부모교육	교사교육	어린이집 환경
9월	• 가을소풍(영아반, 유아반) • 비상대피훈련 및 안전교육 • 영유아체격검사 / 발달평가 • 가족참여수업(유아–영어스페셜데이 • 영아–오믈락조믈락케이크만들기) • 마마반 졸업사진	• 2학기 부모상담 • 3차 운영위원회 • 부모교육 영상 시청 및 간담회	• 교사교육(보육활동과 상호작용) • 교직원 상반기 평가 • 교직원 건강검진	세스코방역
10월	• 현장학습(유아반) • 비상대피훈련 및 안전교육	• 부모자원봉사 대청소	• 교사교육(보육활동과 상호작용)	엘림소독방역 어항소독 세스코방역
11월	• 평가인증 • 비상대피훈련 및 안전교육 • 발달검사 • 김장 담그기 체험		• 교사교육(보육활동과 상호작용)	세스코방역
12월	• 산타행사 • 뮤지컬 관람 • 비상대피훈련 및 안전교육 • 영유아체격검사 / 발달평가 • 졸업여행	• 4차 운영위원회 • 특별활동 만족도 조사	• 교직원 하반기 평가 및 송년회 • 종무식	엘림소독방역 어항소독 세스코방역
1월	• 비상대피훈련 및 안전교육 • 발달검사		• 교직원 휴가기간 • 시무식	세스코방역
2월	• 비상대피훈련 및 안전교육	• 졸업식 • 신입생 OT • 5차 운영위원회	• 신학기 준비 • 교사교육(신학기 세팅을 위한 협의안 제출)	엘림소독방역 어항소독 세스코방역

운영위원회 결과 안내

안녕하십니까? 20○○년 3월 28일(화)에 개최되었던 제1차 ○○○어린이집 운영위원회 결과를 안내해드립니다. 지속적인 관심과 협조 부탁드립니다. 감사합니다.

□ 회의내용

1. 운영위원 위촉장 전달 및 위원장 선출

구성	성명	비고
위원장	류○○	다다반 정○○ 마마반 정○○
지역사회위원	김○○	래미안○○아파트 경로당 어르신
부모위원	류○○	다다반 정○○ 마마반 정○○
부모위원	최○○	가가반 오○○ 다다반 오○○ 라라반 오○○
부모위원	이○○	나나반 류○○ 마마반 류○○
원장	김○○	원장
보육교사 위원	박○○	주임교사

2. 20○○년도 결산보고

구분	세입 및 세출
20○○년 총 예산안	세입 517,656,522원 세출 500,302,590원

3. 20○○년도 4분기 기타필요경비 결산보고

구분	입소비	특별활동비	현장학습비
총 수입금액	1,500,000원	7,903,000원	2,179,000원
총 지출내역	2,892,000원	7,903,000원	2,185,000원
정산내역	−1,392,800원 (영유아 모자 구입 초과 지출 사항: 추가비용은 어린이집에서 부담함)	−	−6,000원 (주차비)

4. 20○○년도 예산보고

구분	세입	세출
20○○년 총 예산안	536,707,158원	536,707,158원

5. 토요보육 및 시간연장보육에 관한 논의
   −개별조사결과 신청 가정이 없음

6. 어린이집 운영계획(종일반 및 맞춤반 이용시간)
   - 0~2세 맞춤반 대상자 중 해당 영아의 경우 이용시간 확정 예정임
     (긴급바우처 사용 절차와 방법은 운영안내서로 개별 안내함)
   - 0~2세 종일반 및 3~5세 유아의 경우 어린이집 운영시간을 오전 7시 30분부터 오후 7시 30분으로 실시

7. 회의 사진

※ 위 내용에 관련하여 문의가 있으시면 사무실로 연락주시기 바랍니다.

ㅇㅇㅇ어린이집

부모 대기 공간이 있다면 영유아를 기다리는 시간에 활용하거나 간단한 상담 공간이 될 수 있다. 근처에 육아에 도움이 되는 자료를 비치하여 대기하는 동안 참고하도록 한다.

현관의 대기 공간

현관 내부에서 공지하고 공개할 내용을 외부 키폰 아래에도 게시하여 강조할 수도 있다. 등 · 하원 시간의 보호자 확인에 관한 것이나 개방 안내문 등은 운영관리 지표에서 평정되는 내용이다.

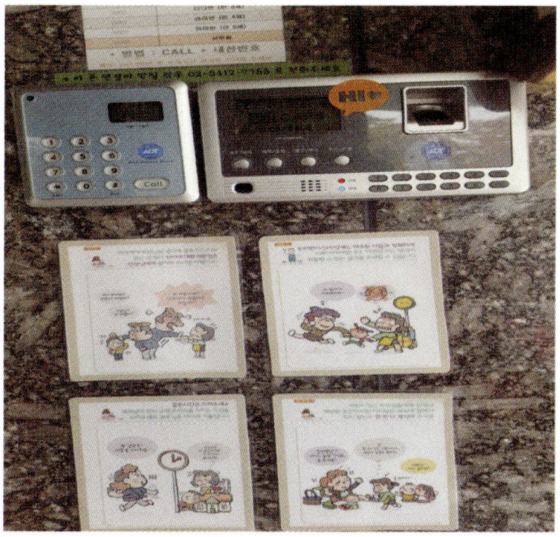

등 · 하원 시 부모 유의사항을 키폰 근처에 게시한 사례

20○○년 9월 3주 가정통신문

- 9월 12일(화) 마마반 유아들의 졸업앨범 촬영을 시작으로 졸업을 위한 준비를 시작했습니다. 남은 기간 동안 더 즐거운 추억 만들기에 노력하겠습니다.
- 9월 14일(목) 오전 11시에는 제3차 운영위원회 회의가 진행되었습니다. 운영위원회에 관련된 자세한 내용은 현관 입구에 게시된 안내문을 참고해 주시기 바랍니다.
- 9월 15일(금)에는 지진과 관련한 비상대피 훈련이 진행되었습니다.
- 9월 1주, 2주에 하반기 영유아반 개별면담이 진행되었습니다. 최선의 보육을 위해 협력하는 기회를 만들어 주시고 20○○년도 재원을 희망해 주셔서 감사합니다.
- 9월 15일(금)과 9월 16일(토)에는 가족참여수업 및 부모교육이 진행되었습니다. 다음 주에는 영유아들과 행사에 대한 이야기를 나누겠습니다.

- 9월 20일(수) 11시에는 안전생활실천시민연합에서 방문하여 유아반 교통안전교육이 계획되어 있습니다.
- 9월 21일(목)에는 강남보건소의 유아반 대상 구강보건교육 및 불소도포가 계획되어 있습니다.
- 건강 위생안내
  - 유창한 언어로 의사소통이 어려운 영유아기에는 할퀴거나 무는 행동이 나타납니다.
  - 교사의 세심한 지도에도 순식간에 상처를 낼 수 있습니다. 가정에서는 항상 손톱을 다듬어 주세요.
- 어린이집의 모든 행사 사진은 홈페이지에서 보실 수 있습니다.
- 특별활동비 납부 안내

	구분	과목	납부총액
9월 특별활동비	다다반	영어(21,000원), 미술(19,000)원, 체육(8,000원)	48,000원
	라라반	영어(21,000원), 미술(19,000)원, 체육(8,000원)	48,000원
	마마반	영어(21,000원), 미술(20,000)원, 체육(8,000원)	49,000원

※ 계좌번호: 천사은행 140-010-3333333 나비어린이집
※ ARS: 보육일수 11일이 될 경우 개별 ARS 번호 전송

2 운영관리

1) 기관 운영 : 규정과 지침 준수

운영관리 영역에서는 기관을 운영할 때 지켜야 할 기본적인 규정을 지키는지 여부를 보는 항목이 많다. 여러 가지 사항을 보육통합정보시스템상의 정보와 동일한지 확인한다. 정보공시, 홈페이지, 운영위원회 보고 문서의 내용도 놓치지 않고 점검해 두는 것이 좋다. 생활기록부와 같은 문서는 가장 최근의 『보육사업 안내』 책자의 부록에 포함된 양식을 확인하고 지침에 따라 작성하여 관리해야 한다. 대부분의 문서는 중앙육아종합지원센터 홈페이지의 어린이집 지원 → 어린이집 자료실 → 어린이집 문서 서식에서 다운받아 사용할 수 있다.

중간입소를 포함한 모든 신입원아에게는 최소 5일 이상의 적응 과정 관찰기록이 있어야 한다. 신입 영유아 부모를 위한 오리엔테이션 자료와 실시 기록도 있어야 한다. 원장이나 교사의 면담을 통해 적응프로그램 진행 절차를 파악한다.

신입원아 적응관찰일지(영아반)

반명: 아동명: ________ 생년월일: 년 월 일(개월) 관찰자: ________

구분		년 월 일 요일	년 월 일 요일	년 월 일 요일
등·하원 (교사에 대한 반응, 건강상태)				
실내놀이 (접근방법, 놀이행동, 소유욕구)				
실외놀이				
기본생활습관	식습관 (자조능력, 음식에 대한 반응)			
	대·소변 가리기			
	낮잠			
	손 씻기			
	정리정돈			
언어 (수용, 표현 정도)				
교사 지도 계획 및 참고사항				

신입원아 적응관찰일지(유아반)

반명: 아동명: ________ 생년월일: 년 월 일 관찰자: ________

구분		년 월 일 요일	년 월 일 요일	년 월 일 요일
등원	보호자와의 관계			
	교사에 대한 반응			
	건강상태			
실내외 놀이	놀이에 대한 접근 반응			
	놀이행동			
	놀잇감 소유욕구			
교사, 또래에 대한 반응				
간식 및 식사	자조능력			
	음식에 대한 반응			
낮잠				
배변의사 및 기본생활습관				
하원				
교사 지도 계획 및 참고사항				

적응프로그램은 매년 전국적으로 많은 민원이 발생하는 부분이므로 아래와 같은 내용으로 부모와 충분히 소통한 후 실시하는 것이 좋다.

신입원아 적응 프로그램

1) 어린이집 생활이 시작되는 첫날은 영유아에게 중요한 날입니다.

- 영유아가 보호자에게서 떨어지기를 싫어하고 등원을 거부하는 경우도 있을 것이므로 어린이집에 보내는 것은 쉬운 일이 아닐 것입니다. 그러나 어린이집을 자기 집이나 다름없이 생각하고 정서적으로 안정된 적응을 하기 위해서는 부모님의 협조가 필요합니다.
- 어린이집을 편하고 즐거운 곳으로 느낄 수 있도록 사랑으로 대하며 노력하겠습니다. 가정에서도 어린이집 생활을 잘 적응할 수 있도록 격려해 주시고, 어린이집 생활에 관심 가져 주시기 바랍니다.

2) 적응 기간 동안 이렇게 도와주세요.

- 어린이집을 재미있는 곳으로 느낄 수 있도록 도와주세요.
- 어린이집에 올 때 즐거운 기분으로 올 수 있도록 도와주세요.
- 때로는 어린이집을 가기 싫어할 수도 있습니다. 어린이집은 가도 되고 안 가도 되는 곳으로 여기지 않도록 꾸준히 등원 지도해 주시기 바랍니다.
- 영유아와 헤어질 때 충분히 대화를 나누시고, 밝은 얼굴로 돌아서 주세요.
- 환경이 바뀌어 옷에 실수를 하는 경우가 있으므로 속옷과 양말을 준비해 주시고 아침 등원 전에는 반드시 집에서 용변을 보고 오도록 지도해 주세요.

■ 적응 프로그램 활동내용

기간	활동내용	보호자의 역할
1주	교실 탐색 및 교사 친구 소개	보호자가 친구들과 교사를 영유아에게 소개시켜 주며, 함께 놀이를 한다.
2주	보호자와 헤어지기	처음에는 바로 헤어지지 않고 놀이를 하면서 영유아가 안정이 조금 되면 인사를 하고 헤어진다.
3주	점심 먹기	교실 내·외의 시설을 탐색하며 함께 놀이하고 점심 식사 후 보호자와 함께 하원한다.
4주	낮잠 자기 및 오후간식	잠잘 때의 습관을 교사에게 잘 전달해 주고 애착을 가진 물건도 함께 보내 주며 시간을 연장해 오후간식 후 하원한다.

2) 가정 및 지역사회와의 연계

이 지표에서는 어린이집 개방 안내, 다양한 부모교육 실시, 개별면담과 가정과의 의사소통, 지역사회 연계활동을 평가한다. 부모에게 참관 안내문, 운영방침을 안내한 문서 등으로 교실 참관에 관한 구체적인 절차와 방법을 안내한 자료가 있어야 한다. 다음의 문장사례를 활용해 보기 바란다.

어린이집은 부모님이 언제든지 원하실 때 방문하셔서 자녀의 활동모습을 보실 수 있습니다.
참관과 관련하여 담임선생님께 말씀하시면 하루일과표를 드립니다. 참관실이 별도로 없어서 참관 시 자녀가 부모님을 보게 되면 일상적인 일과 진행에 어려움을 가질 수도 있고, 다시 분리되는 것을 불안해할 수도 있으니 자녀의 적응 정도에 따라 미리 담임선생님과 의논하시기 바랍니다.

어린이집 개방 안내문 ♥

부모님께.
본 어린이집 개방과 관련하여 안내해 드립니다.
저희 세곡나비 어린이집에서는 부모님께 보육일과를 지켜보거나 활동 일부를 자녀와 함께 할 수 있도록 어린이집을 개방하고 있습니다.
자녀와 함께하는 보육 경험은 자녀의 행동 및 어린이집을 이해하는 데 도움이 될 것입니다.
「영유아보육법」에 지장을 초래하지 않는 범위 내에서 모두에게 유익한 기회가 되도록 다음 사항에 협조해 주시기 바랍니다.

1. 반별 교실 개방 시간과 관련하여서는 담임선생님과 협의하여 주시기 바랍니다.
2. 부모님의 교실 입실 과정에서 영유아의 안정된 생활과 선생님의 보육활동이 원활히 진행될 수 있도록 협조 부탁드립니다.
3. 특히, 영아반 부모님께서는 교실 입실 시 어린이집 원아들의 건강과 청결한 위생을 위해 손을 깨끗이 씻고 입실하여 주시기 바랍니다.
4. 감기, 전염성 질환 등이 있는 경우에는 어린이집 입실에 제한되오니 이 점 양해 바랍니다.

보육계획과 연계성 있게 수립된 연간 부모교육 계획이 자료가 있고 지면, 온라인 매체, 개별면담, 집단면담, 집단모임 중 세 가지 이상을 실행한 기록이 있어야 한다.

■ 연간 부모교육 계획 사례

<table>
<tr><th>시기</th><th colspan="2">활동명</th></tr>
<tr><td>2월</td><td>부모오리엔테이션</td><td rowspan="12">• 부모 도서 대여 프로그램: 상시
• 정기 어린이집운영위원회: 3, 6, 9, 12월
• 부모 일일교사
• 산책, 지역사회 연계활동, 일상생활활동 지도 시 도우미 활동</td></tr>
<tr><td>3월</td><td>신입원아 적응프로그램</td></tr>
<tr><td>4월</td><td>적응보고서 및 부모 개별면담</td></tr>
<tr><td>5월</td><td>부모참관수업</td></tr>
<tr><td>6월</td><td>현장학습 도우미</td></tr>
<tr><td>7월</td><td>부모교육 강연회</td></tr>
<tr><td>8월</td><td>신학기 준비기간 자원봉사</td></tr>
<tr><td>9월</td><td>가족참여수업</td></tr>
<tr><td>10월</td><td>현장학습 도우미</td></tr>
<tr><td>11월</td><td>부모 개별면담</td></tr>
<tr><td>12월</td><td>특별활동 만족도 조사</td></tr>
<tr><td>1월</td><td>특별활동 설명회</td></tr>
</table>

위와 같은 연간계획과 함께 연 4회 이상 어린이집운영위원회의에 부모위원 참석하며 신학기 준비기간 청소 및 환경구성, 현장학습, 일일교사 등 유형에 부모의 참여를 유도할 수 있다.

■ 자원봉사 계획서 사례

부모 자원봉사 계획서

1. 목표
   - 휴가집중기간에 부모의 자원봉사를 통해 어린이집 운영에 대한 전반적인 이해를 돕는다.

2. 개요
   - 참여대상: 전체 부모
   - 기　　간: 20○○년 7월 29일(수) ~ 30일(금), 8월 3일(월) ~ 5일(수)
   - 시　　간: 오전 11시 ~ 오후 5시
   - 장　　소: 본 어린이집
   - 주요업무: 교구 제작, 놀잇감 세척, 물청소, 급간식 보조 등

3. 내용

날짜	시간 및 주요업무	장소	준비물	신청자
29 (수)	11:00~12:00 신발장 청소 및 유희실 청소 (미끄럼틀, 창틀 등) 12:00~13:00 점심시간 및 식사지도 13:00~17:00 나비플라자 청소 및 파랑화장실 청소 (폼매트, 선풍기 세척 등)	현관 나비플라자	크린콜 분무기 수세미 매직블록 고무장갑 세제 수건	류○○ (정○○, 정○○ 어머님) 장○○ (정○○ 어머님)
30 (목)	11:00~12:00 세탁기 호스 연결 및 에어컨 필터 청소 12:00~13:00 점심시간 및 식사지도 13:00~17:00 에어컨 필터청소, 실내 유리창 닦기 (나비플라자 천장 벽 닦기)	주황화장실	욕조 세제 수세미 고무장갑 교구바구니 교구 수건	김○○ (김○○, 김○○ 아버님)
31 (금)	11:00~12:00 교구 세척(교구 및 바구니) 12:00~13:00 점심시간 및 식사지도 13:00~17:00 교구 세척 및 주황화장실 청소 (자동차 포함)	주황화장실	욕조 세제 수세미 고무장갑 교구바구니 교구 수건	류○○ (정○○, 정○○ 어머님) 장○○ (정○○ 어머님)
3 (월)	신청자 없음			
4 (화)	11:00~12:00 창고 정리정돈 12:00~13:00 점심시간 및 식사지도 13:00~17:00 창고 정리정돈	창고 파랑화장실	면장갑 수건 크린콜 분무기	김○○ (김○○, 김○○ 아버님)
5 (수)	신청자 없음			

■ 교직원 단톡방에서 준비과정 공지

(부모자원봉사)

내일 9시~3시 총 6명의 부모님이 참여합니다.

이○○ 선생님과 원감선생님 담당으로 진행되며 청소도구는 교사실에 비치되어 있습니다.

내일 어린이집으로 오시면 교사실로 안내해 주시고 담당선생님이 청소 부분 안내를 할 예정입니다.

영유아에게 교육적 효과를 위해 모든 자원봉사자에게 "○○ 어머님" 대신 "오렌지 선생님" 으로 호칭을 변경해 주세요.

부모 자원봉사 일정 전후 현관 게시판에 환영 및 감사 인사를 공지할 수도 있다.

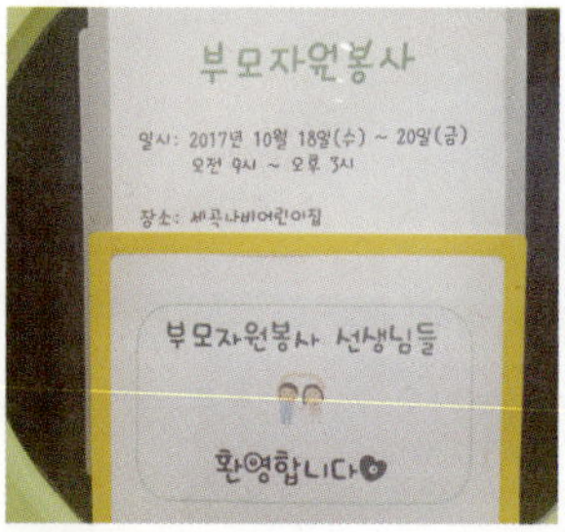

지면으로 부모에게 제공되는 자료는 가정통신문, 전문기관의 육아정보, 원장의 칼럼 등이 있다. 그 사례는 다음과 같다.

- 어린이집이나 담임선생님께 연락할 사항이나 문의사항이 있으실 경우, 전화(7777-7755)를 통해 알려 주시기 바랍니다.
- 어린이집에 협조할 사항이 있으시면 언제든지 연락 주시고 어린이집에서 요청이 있을 때에도 부모님께서 적극 협조해 주셔서 어린이집 교육이 원활히 이루어질 수 있도록 도와주시기 바랍니다.
- 어린이집에서 어떻게 지내는지 궁금하시거나 의논할 일이 있으실 때에는 오후 5시 이후로 시간을 약속해 주시고, 방문하시면 20~30분 정도 시간을 내어 기꺼이 상담해 드리겠습니다.
- 담임선생님께 전달사항이 있으신 경우에는 현관의 인터폰이나 사무실을 통해 알려 주시고 전화를 이용할 경우, 낮잠 또는 17시 이후에 해 주시기 바랍니다.
- 늦잠을 자거나 잠이 부족하면 노는 것, 생각하는 것에 의욕이 없어집니다. 따라서 일찍 자고 일찍 일어나는 습관을 길러 주시기 바랍니다.
- 아침에 일어나면 반드시 용변을 보는 습관을 길러 주세요.
- 어린이가 할 수 있는 일은 스스로 할 수 있게 해 주세요.
  식사하기, 옷 입고 벗기, 세수하기, 이 닦기, 신발 신고 벗기, 실내에서 바르게 걸어 다니기, 실내에서 뛰지 않기, 책상이나 높은 곳에 올라가지 않기 등
- 자기 의사를 똑바로 말할 수 있게 지도해 주세요.
  아침 인사, 작별 인사, "고맙습니다." 등 간단한 인사를 할 수 있도록 지도해 주시고 자기 이름을 똑똑히 말하고 이름을 부르면 "네."하고 대답할 수 있게 도와주세요.
- 어린이집은 친구들과 함께 생활하는 곳이므로 서로 나누고 도와야 함을 알려 주시고 어린이집의 모든 시설을 아끼고 소중히 다뤄야 함을 알려 주세요.
- 귀가 후에는 먼저 깨끗이 씻도록 지도해 주세요.
- 어린이집에서 생활한 것을 즐겁게 이야기할 수 있도록 격려해 주시고 어린이에게 교육적인 질문을 해 주십시오.
  "오늘은 뭘 배웠니?": 어린이들이 통합적으로 이루어지는 여러 가지 내용을 말하는 것에 부담을 느끼게 됩니다.
  "오늘 즐겁게 지냈니?", "무슨 놀잇감을 가지고 놀았어?", "선생님께 무엇을 물어보았니?", "오늘은 뭘 먹었니?"라고 구체적으로 물어보는 것이 바람직합니다.
- "너 그러면 선생님한테 혼나!", "선생님한테 이른다."라는 말로 어린이를 위협하지 말아주세요. 선생님이 무서운 존재로 부각되어 급해도 선생님에게 말하는 것을 두려워하고 옷에 실수를 하기도 합니다.
- 어린이가 장난감이나 자기의 소유물 및 장난감 등을 어린이집에 가지고 오지 않도록 지도해 주십시오. 어린이들이 그것에만 관심을 두기 때문에 다른 활동에 흥미를 느끼지 못합니다.

출처: 세곡나비어린이집 신학기 학부모 협조사항.

미래와 희망 소아과와 함께 알아보는

"우리아이 건강보고서"

환절기 열이 많은 우리아이 열성경련 대처법!

당분간은 아침과 밤에는 춥고, 낮은 따뜻한 날들이 반복될 텐데요. 이러한 환절기에는 면역 체계가 제대로 자리 잡지 못한 아이들 건강에 적신호가 켜지곤 합니다. 이 시기에는 흔한 감기뿐만 아니라 갑작스럽게 열이 오르고 경련을 동반하는 열성 경련이 발생할 수 있는데, 아이에게는 흔하게 생길 수 있는 증상이지만, 초보 엄마들의 경우 아이가 갑작스럽게 열이 오르고 몸을 떨 때 어떻게 대처해야 할지를 몰라 곤란해할 때가 많습니다. 환절기가 되어 아이 건강관리에 유의가 필요한 요즘, 열성 질환 중 하나인 열성 경련의 의미와 대처 방법에 대해 알아보겠습니다.

미래와 희망 소아과 **안자혜 원장**
02-3015-8817

열성 경련, 어떤 병인가요?

만 6개월부터 6세 사이의 소아에게 나타나는 '열성 경련'은, 중추 신경계통의 감염이나 대사 질환 없이 고열과 함께 나타나는 경련을 의미합니다. 어린아이들의 뇌는 아직 성숙하지 않아 열에 의한 자극이 심해지면 경련이 유발될 수 있는데요. 이는 아이들의 뇌가 성숙해짐에 따라 열이 나더라도 열성경련이 찾아오지 않게 되지만, 5세 이하의 성장이 덜 자란 아이들에게는 무척 위험할 수 있는 병입니다.

열성 경련의 경우 부모나 형제가 기존 열성 병력이 있으면 일반인보다 3~4배 정도 발병 확률이 높아집니다. 가족 중에 열성 경련의 병력이 있다면 환절기 기간에 아이 건강을 각별히 주의를 기울여 주시기 바랍니다.

열성 경련을 유발하는 열성 질환은 약 70%가 바이러스성 상기도 감염으로 편도염, 인후염, 중이염, 돌발진 등이 대부분이며, 그 밖에 위장염도 원인이 될 수 있습니다.

열성 경련에 발생하면, 아이는 고열로 인해 의식이 불분명해지고 전신에 힘이 들어가 뻣뻣해지는 증상이 나타납니다. 증상이 진행되면 몸을 딸깍딸깍 떨고 입에 거품이 생기는 현상 등을 찾아볼 수 도 있습니다.

하지만 열성경련이 나타나도 증상이 15분을 넘는 경우는 드물고, 대부분 2-3분 이내에 저절로 멈추게 되므로 이 사이에 적절한 응급처치를 해주시면 됩니다.

열성경련 자체는 위험한 병은 아니지만, 보호자를 놀라게 하는 증상입니다. 아이의 갑작스런 의식 이상과 움직임을 보게 되면 어느 부모라도 놀랄 수 밖에요. 이럴 때에는 쉽지 않지만, 최대한 침착하게 아이를 눕히고 고개를 뒤로 젖혀 기도를 확보해 줍니다. 필요하다면 119에 전화를 걸어 도움을 요청하는 것도 한 방법입니다. 뒤에 다시 설명 드릴께요.

열성 경련 vs 뇌전증 vs 복합 열성경련

아이에게 열성 경련이 나타나게 되면 가장 걱정하는 것은 무엇일까요? 한번 확인해보도록 하겠습니다.

먼저 열성경련과 뇌전증의 차이입니다. 열성경련은 '열이 날 때'만 발생하게 되는데요. 앞서 설명했던 것처럼 5세 이상의 나이가 되면 열이 나더라도 경련이 나타나지 않습니다. 하지만 뇌전증은 대부분 발열과 같은 급성 감염 징후가 없이도 나타나며, 경련이 지속적으로 재발하고, 언제 경련이 일어날지 모른다는 점이 특징입니다.

복합 열성경련은 열성 경련 중에서 신체의 일부에서만 경련이 발생하거나, 경련이 15분 이상 지속되는 경우, 그리고 하루에 두세 차례 이상 경련이 재발될 경우를 의미합니다. 일종의 "세게" 하는 열성경련 이라고 볼수도 있는데요. 이 경우에는 기저 질환이 단순 열성 경련이 아닌 경우가 있고, 또한 열성경련의 재발의 위험이 높기 때문에 추가적인 검사를 하게 되는 경우가 많습니다.

출처: 협약기관에서 매월 제공되는 매일유업의 건강정보.

부모가 직접 어린이집에 방문하여 진행되는 부모프로그램은 부모 강연회, 집단 워크숍, 소모임 연구 등이 있다.

부모 강연회

집단 워크숍

소모임

필요에 따라 가까운 지역의 여러 기관에 연대하여 부모교육을 진행하는 방법도 있다.

4개 기관 연합부모교육

앞에 소개된 부모교육과 함께 90% 이상의 모든 영유아 부모와 학기당 1회 이상 개별면담을 실시해야 한다. 개별면담의 내용은 교사가 관찰일지를 중심으로 교사가 평가해 놓은 영유아의 발달적 변화와 영유아를 위한 지원방안이 포함되어야 한다. 영유아의 보육을 담당하고 있는 담임교사가 연 2회 면대면으로 실시하는 것이 좋고 면담한 주요 내용이 기록 · 관리되어야 한다.

아동관찰일지(영아반)

반명: 이름: (남/여) 생년월일 : 년 월 일(개월)

월	관찰자	기본생활	신체운동	사회관계	의사소통	자연탐구	예술경험
발달 평가 및 지도 계획							

※ 영유아에 대한 평가는 표준보육과정(누리과정)의 전 영역에 걸쳐 이루어져야 한다.

개별면담일지

날짜: 20○○년 월 일( )

<table>
<tr><td>반</td><td></td><td>아동이름</td><td></td><td>생년월일</td><td></td></tr>
<tr><td>면담형태</td><td>□ 방문 □ 전화</td><td>면담자</td><td></td><td>면담교사</td><td></td></tr>
<tr><td rowspan="6">면담내용</td><td colspan="2">교사 의견</td><td colspan="3">부모 의견</td></tr>
<tr><td colspan="2"></td><td colspan="3"></td></tr>
<tr><td colspan="2"></td><td colspan="3"></td></tr>
<tr><td colspan="2"></td><td colspan="3"></td></tr>
<tr><td colspan="2"></td><td colspan="3"></td></tr>
<tr><td colspan="2"></td><td colspan="3"></td></tr>
<tr><td>총평
(지도방안)</td><td colspan="5"></td></tr>
<tr><td>기타</td><td colspan="5">※ 부모상담 시, 영아의 활동 사진 및 표준보육과정 전 영역이 기록된 관찰일지를 공유하여 참조함</td></tr>
</table>

관찰일지를 토대로 면담을 실시한 기록이 있어야 하므로 이러한 업무 플로우에서 교사는 많은 스트레스를 받게 된다. 면담일정을 짤 때 다음의 표와 같이 각 만남 사이에 10분 정도의 여유시간을 확보하여 면담일에 총평을 모두 작성해 두도록 한다. 상담 직후 부모와 교사의 평가와 앞으로 협력하여 지도할 방향을 기록해 두면 된다. 시간이 지나 작성하려면 생각도 나지 않고 과중한 업무가 되기 때문에 당일에 해결할 것을 권한다.

라라반 부모상담 일정표

날짜	시간	이름	비고
10/4(월)	13:30～13:50		
	14:00～14:20		
	14:30～14:50		
	15:00～15:20		
10/5(화)	14:00～14:20		
	14:30～14:50		
	15:00～15:20		
	15:30～15:50		
10/6(수)	14:00～14:20		
	14:30～14:50		
	16:20～16:40		
	13:30～13:50		
10/7(목)	14:00～14:20		
	14:30～14:50		
	15:00～15:20		
	16:00～16:20		

면담 외에 부모와의 소통 방법은 지면, 전화 및 온라인 매체, 수시면담, 부모 만족도 조사 중 세 가지 이상을 실행해야 한다. 대화수첩, 소감이나 평가, 일일보고서 등 어린이집과 가정 간 의사소통이 양방향으로 이루어진 기록이 있어야 한다. 부모 만족도 조사는 필수이므로 평가인증 안내 책자에 소개된 내용을 참고하여 각 기관의 상황을 반영하여 구성한다. 설문지의 문항에는 어린이집 환경, 건강 · 안전, 보육과정, 상호작용, 운영의 개방성 및 가정 연계 등이 포함된다.

어린이집 1학기 부모 만족도 조사

범주	문항	매우 만족	만족	보통	불만	매우 불만
어린이집 환경	1. 우리 아이가 다니는 어린이집 시설은 깨끗하고 안전하다.					
	2. 어린이집에는 다양하고 충분한 양의 놀잇감(동화책, 교구 등)이 있다.					
건강 · 안전	3. 우리 아이에게 제공되는 급간식에 만족한다.					
	4. 아이가 아프거나 다쳤을 때 어린이집에서는 적절한 조치(부모연락 및 응급처치 등)를 취한다.					
	5. 어린이집에서의 등·하원(차량 운행)이 안전하게 이루어진다.					
보육과정	6. 어린이집 보육프로그램 및 행사계획을 잘 안내받고 있다.					
	7. 어린이집에서 아이들에게 제공하는 활동에 대해 만족한다.					
	8. 우리 아이는 어린이집에서 편안하게 생활한다.					
상호작용	9. 어린이집 선생님들은 아이를 존중하고, 적절한 언어를 사용하며, 따뜻하게 한다.					
	10. 우리 아이는 담임교사를 좋아하고 따른다.					
	11. 어린이집에서 우리 아이는 갈등문제가 없다.					
운영개방성 및 가정연계	12. 어린이집은 부모가 언제든 방문할 수 있도록 개방되어 있으며, 필요시 의견을 제안할 수 있다.					
	13. 어린이집에서는 우리 아이의 생활 및 발달에 한 정보를 충분히 알려 준다.					
	14. 어린이집에서는 부모가 어린이집 활동에 참여할 수 있도록 다양한 기회를 제공한다.					
	15. 어린이집에 아이를 보내는 것이 나의 직장생활이나 가정생활에 도움이 된다.					

출처: 보건복지부 · 한국보육진흥원 (2017). 어린이집 부모 만족도 조사 시범사업.

영유아와 가족의 문제를 파악하고 지원하는 노력에 대한 기록은 관찰, 부모면담, 가정통신문 등에 기록되어야 한다. 교직원 회의를 통해 지원이 가능한 기관명과 역할, 전문기관이나 전문가 정보를 공유하고 회의록에 기록해 놓는다.

지역사회 자원을 이용한 활동이 유아반은 월 1회 이상, 영아반은 2개월에 1회 이상 실시되어야 하므로 보육일지에 해당 활동이 기록되어 있는지 확인한다. 지역사회 주민과 연계하는 활동은 연 1회 이상 있어야 하므로 지역사회 주민에게 기여하거나 지역사회 주민이 어린이집을 방문하여 지원하는 활동에 대한 기록을 남긴다.

경로당과 함께 한 추석맞이 행사

단지 내 관리사무소를 방문하여 새해 인사

어린이집 행사를 위한 경로당의 선물 증정

3) 기관 이용 보장

이 지표에서는 어린이집 운영계획 수립 및 부모 안내, 종일반 및 맞춤반 운영을 평가한다. 어린이집 이용 보장을 위한 노력으로 운영계획서를 작성해 보관하고 종일반 및 맞춤반을 지침에 따라 운영하는 기록이 있어야 한다.

어린이집 운영 안내서에는 기본적으로 다음과 같은 내용이 포함되어야 한다. 각 내용에 따른 구체적 작성방법은 『영유아기관 운영과 관리』(김혜경. 창지사. 2016.) 책자를 참고해 보기 바란다.

20○○년도

나비어린이집
운영 안내서

서울특별시 도원구 선황로 21길 25
포레팰리스 아파트 단지 내 나비어린이집

TEL : 7777-7755　　FAX : 7777-7756

차 례

Ⅰ. 보육철학 및 목표
- 1. 보육철학
- 2. 보육목표

Ⅱ. 운영현황
- 1. 어린이집 연혁
- 2. 어린이집 환경
- 3. 보육시간
- 4. 보육료
- 5. 반 편성 현황
- 6. 보육교직원 현황

Ⅲ. 표준보육과정 및 누리교육과정

Ⅳ. 보육프로그램 및 하루일과

Ⅴ. 건강 · 영양 · 안전관리
- 1. 건강관리
- 2. 영양관리
- 3. 안전관리

Ⅵ. 가족 및 지역사회와의 협력
- 1. 가족과의 의사소통
- 2. 가족참여 프로그램
- 3. 어린이집 운영위원회
- 4. 지역사회기관과의 연계 및 전문가 정보

Ⅶ. 공지사항
- 1. 신입원아 적응프로그램
- 2. 어린이집의 개방원칙
- 3. 감염병 대책
- 4. 아프거나 다친 영유아에 대한 처리 절차 및 응급처치동의서 작성 안내
- 5. 등 · 하원 절차 및 귀가동의서 작성 안내
- 6. 상해, 화재, 배상보험 가입 안내
- 7. 안전사고 발생 시 어린이집이 갖는 책임한계에 관한 규정
- 8. 기타

운영계획서와 함께 연간 일정 혹은 월간 일정을 현관에 게시하는 것이 좋다. 연간 일정표 예시는 앞 절 3) 현관 부분을 참고한다. 대부분의 기관에서 매주 가정통신문에 온갖 안내가 가정으로 나가지만 많은 부모는 늘 '모른다', 들은 적이 없다'라고 말한다. 문자(혹은 사이버 알림장), 가정통신문, 주간계획안, 현관 게시물 등 여러 매체로 전달되어야 대부분의 부모에게 전달되는 것이 현장의 현실이다.

맞춤형에 관한 수요조사와 계획안, 운영 기록들은 보건복지부가 제시한 문서와 평가인증 안내 책자를 참고하여 작성한다.

현장의 문서관리와 회계서류만 복잡하게 만드는 맞춤보육제도는 빠른 시일 내에 사라져야 한다고 생각한다.

맞춤보육 시작 시점에 각 기관으로 보급된 계획안의 사례는 다음과 같다.

<table>
<tr><th rowspan="2">시간</th><th colspan="2">보육시간표</th><th rowspan="2">교사 근무시간</th><th rowspan="2">부모 등 재원시간</th></tr>
<tr><th>종일반</th><th>맞춤반</th></tr>
<tr><td>07:30~09:00</td><td colspan="2">종일반 등원 및 통합보육</td><td>당직 교사 근무</td><td>종일반 아동 등원</td></tr>
<tr><td>09:00~09:50</td><td>실내 자유 놀이</td><td>맞춤반 등원 및 실내 자유 놀이</td><td rowspan="7">담임교사 등
보육교사 전원 근무
(식사지원, 맞춤반 등·하원 지원 등)
담임교사 등</td><td>맞춤반 아동 등원
바우처 사용 여부 확인 및 대장 기록
(가가반 2명/나나반 1명)</td></tr>
<tr><td>09:50~10:20</td><td colspan="2">오전간식</td><td>-</td></tr>
<tr><td>10:20~11:40</td><td colspan="2">실외활동 포함 보육프로그램</td><td>-</td></tr>
<tr><td>11:40~12:30</td><td colspan="2">점심 및 이 닦기</td><td>-</td></tr>
<tr><td>12:30~15:00</td><td colspan="2">낮잠 및 휴식, 간식</td><td>-</td></tr>
<tr><td>15:00~</td><td rowspan="2">실외활동 등
보육프로그램</td><td>맞춤반 하원</td><td>맞춤반 아동 하원</td></tr>
<tr><td>~17:00</td><td>-</td><td>-</td></tr>
<tr><td rowspan="2">17:00~19:30</td><td rowspan="2">실내자유놀이,
통합보육 및
종일반 하원</td><td rowspan="2">-</td><td>당직 교사 근무(I)</td><td rowspan="2">종일반 아동 하원</td></tr>
<tr><td>당직 교사 근무(II)</td></tr>
</table>

CHAPTER 03

건강 · 안전

건강 · 안전 영역의 지표는 크게 실내외 공간의 청결 및 안전, 급간식, 건강 증진을 위한 교육 및 관리, 등 · 하원의 안전, 안전교육 및 사고 대책으로 분류된다. 쾌적하고 안전한 환경을 유지하고 관리하는 부분에 중점을 두기 때문에 점검해야 할 부분이 많다. 관련 서류와 정보는 어린이집안전공제회 홈페이지의 안전 도서관 → 안전관리 백과 부분을 활용해 보기 바란다.

1 실내외 공간의 청결 및 안전

1) 청결하고 쾌적한 관리

실내외 공간을 청결하게 유지하기 위해 실내외의 모든 장소와 비품, 제시되는 놀잇감 등이 관리되어야 한다. 기관의 페인트 공사나 도배 주기를 평가인증 절차 직전으로 맞춰 놓으면 보다 청결한 인상을 줄 수 있다. 도배나 페인트 공사는 고비용의 일정이기 때문에 충분한 예산을 잡아 준비한다. 평가인증 과정을 준비하다 보면 예기치 않았던 비용이 발생하므로 재정적인 측면도 미리 관리해야 한다. 기관 분위기에 따라 환경 정비에도 부모 자원봉사를 활용할 수 있다. 다음과 같은 공지 문구를 참고한다.

〈부모자원봉사 안내〉
안녕하세요? ㅇㅇ어린이집입니다. 추석 연휴에 타일 공사, 페인트 공사, 전구 교체, 도배 등을 통해 어린이집 공간을 정비하였습니다. 보다 쾌적한 환경을 위해 실내외 유리 청소, 교구 닦기, 현관 외부 및 계단 청소를 하고자 합니다. 10월 18일(수)부터 10월 20일(금)까지 3일 동안 오전 9시부터 오후 3시까지 함께 봉사해 주실 수 있는 분을 모십니다. 참여를 원하시는 부모님께서는 13일(금)까지 담임교사에게 신청해 주시기 바랍니다. 자원봉사 관련 오리엔테이션은 16일(월) 1시 30분에 진행될 예정입니다. 감사합니다.

청결을 살피는 곳은 실내외 모든 곳과 물품이다. 모든 공간의 바닥과 벽, 천장, 기둥, 출입문, 창문, 가구, 교구장, 책상과 의자, 공동 매트, 개별 침구와 보관 장소, 쿠션, 사물함 뒤편, 교실의 구석진 곳, 모든 가전제품, 청소도구와 보관함, 쓰레기통, 실외놀이터 모든 공간, 놀이기구, 화단, 현관 및 출입구 등의 청결을 점검한다.

화장실과 세면대 바닥은 건조한 상태로 유지되어야 하며, 변기와 휴지통, 그 주변을 청결하게 유지한다. 세면대 근처 손을 닦는 수건도 마른 상태로 유지하여야 한다. 세면대나 정수기는 온도 조절 장치로 안전하게 관리한다.

기저귀 갈이대는 지정된 공간에 별도로 마련하여 청결하게 관리하고 개별적으로 사용할 때마다 소독한다. 사용한 기저귀와 물휴지 등은 전용 비닐에 넣어 버린다. 쓰레기통은 뚜껑이 있는 것으로 비치하고 자주 버려서 악취를 방지한다. 남자 소변기에서 발생하는 악취를 줄이기 위해 '조준'하는 부분에 스티커를 붙여서 변기 바깥으로 소변이 튀지 않게 지도한다. 운영비에 여유가 있다면 항균 센서 등을 부착하여 소변 후 바로 물을 흘려보내는 방법도 있다. 성인 화장실의 청결에도 유의한다.

소변 지도를 위한 스티커 부착 모습과 항균 센서

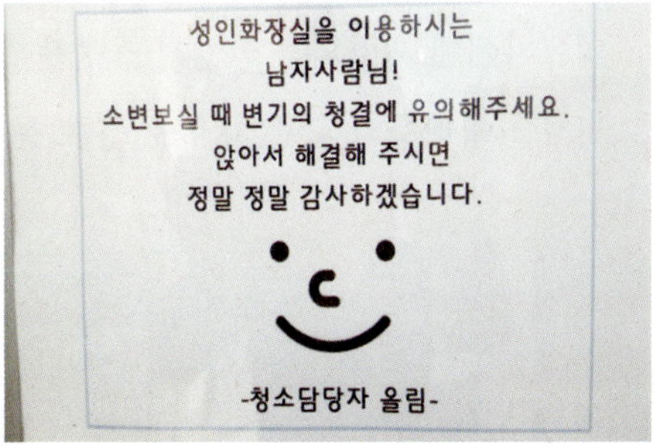

성인 남자에게 청결관리 협조 요청 문구

모든 놀잇감과 보관장, 바구니, 개별 침구 등을 모두 청결하게 관리하는 기록이 있어야 하며, 세척 및 세탁 주기에 대한 면담도 진행된다. 원목 놀잇감과 나무블록은 물수건으로 가볍게 닦아서 건조시키고 헝겊 놀잇감은 자주 먼지를 털어 내고 세탁해야 한다. 플라스틱 놀잇감은 따뜻한 비눗물에 담가 세척한 후 헹궈서 말리고 고무 놀잇감은 영유아용 세제 등을 이용해서 스펀지로 닦고 말린다.

쌍둥이 형제도 개별 침구를 사용해야 하며, 이름 등 개별 표시를 하여 관리되도록 한다. 모든 영유아가 이불, 개별 매트, 베개를 개별로 사용해야 하며, 여분의 침구를 사용하는 경우 매번 세탁해야 한다. 놀이 매트에 재울 경우에도 별도 깔개를 깔아 준다. 모든 개별 침구와 여분의 침구, 침구 보관 장소가 청결해야 한다.

실내공기를 쾌적하게 하기 위해 영유아의 등원 전, 놀이 후, 식사 및 간식 시간 후, 낮잠시간 후 등 겨울철에도 수시로 환기를 하고 공기청정기 배치 등으로 환기를 위한 노력을 해야 한다. 연면적 430m² 이상의 기관은 실내공기질 측정 결과 기록이 있어야 한다.

적정 온도와 습도 유지를 위해 창문 개폐, 냉방기, 난방기 등을 사용하여 실내온도를 18~28°C 사이로 유지시킨다. 적정한 채광을 위해 하루 종일 햇빛을 가리지 않고 조명시설을 갖추어 제대로 작동되는지 수시로 점검하면서 적절한 밝기를 유지한다. 대형 마트에 인터넷 주문으로 전등도 배달받을 수 있으므로 오래된 시설이라면 여유 있게 구매하여 교체가 필요할 때 즉시 사용하는 것이 좋다. 커튼과 블라인드의 안전관리도 함께 살피고 낮잠시간 외에는 자연채광을 충분히 활용하도록 한다.

영유아에게 제공되는 환경과 물품뿐만 아니라 교직원의 청결도 점검해 본다.

교사들과 다음과 같은 규칙을 정해 본다.

- 앞으로 매주 금요일 오후 당직선생님께서는 세탁기 속 교직원 슬리퍼를 꺼내 현관에 펼쳐 놓아 주세요. 월요일 출근하면서 바로 신을 수 있도록 해 주시면 좋겠습니다. 출퇴근 신발은 냄새나지 않은 것으로 신고 다니시면 좋겠습니다. 환기, 채광, 온도, 습도, 조명을 평정하는 부분에서 신발장을 열어 보고 점검하는 관찰자도 있습니다.

2) 위험요인 관리

실내외 공간에 위험요인이 없도록 꼼꼼하게 관리한다. 예상 밖의 미비한 사항이 안전과 관련된 지표에서 발견되는 일이 많다. 파손이나 돌출된 곳, 균열이 있거나 날카로운 곳, 들뜨거나 울퉁불퉁한 곳, 영유아가 걸려서 넘어지거나 미끄러질 수 있는 곳, 올라가거나 매달려서 위험할 수 있는 곳은 모두 정비하여 안전한 환경으로 제공해야 한다. 특히, 모든 공간의 전선줄을 안전하게 정리하고 전기콘센트가 영유아의 손이 닿는 곳에 설치되어 있다면 안전덮개로 막아 놓는다. 영유아가 주로 사용하는 공간에는 영유아를 위한 물품만 있는 것이 좋다. 전 교직원은 항상 위험요인에 관한 사항에 유의하고 안전관리에 만전을 기한다. 교실에는 영유아가 활동에 사용할 것을 제외한 모든 것이 위험한 물건이 될 수 있다. 활동에 제시된 물건에도 위험요소가 없어야 한다. 역할영역에 놓여 있는 매니큐어나 립스틱에 내용물이 없어야 한다. 탐색활동을 위한 콩이나 팥, 은행, 도토리 등은 직경 3.5cm 이내로 삼킬 수 있으므로 영아에게는 직접 제공하지 않아야 하며, 쉽게 열 수 있는 봉 안에도 제공하지 않는다.

3) 안전시설 및 설비

성인이 주로 사용하는 공간에는 영유아가 출입하지 않도록 지도하고 현관문 역시 성인의 보호 없이 출입하지 않도록 한다. 외부인이 출입하지 못하도록 개폐장치가 설치되어 관리되어야 한다. 모든 출입문에는 손끼임 방지 장치를 부착한다. 창문 하단의 높이가 바닥으로부터 120cm 이하인 실내 공간의 모든 창문에는 영유아의 추락 방지를 위해 창문보호대를 설치한다.

창문보호대

비상사태를 대비한 비상계단, 영유아용 미끄럼틀, 비상구, 비상 대피로 등은 비상시 원활하게 대피할 수 있도록 언제나 사용 가능해야 하고 대피로에 위험한 물건이 없어야 한다. 피난구 유도등, 소화기, 가스 누설 경보기 등이 제대로 작동하는지 살펴야 한다.

2 급간식

급간식 관련 지표는 제공되는 급간식의 내용, 식재료를 취급하는 과정과 공간의 위생, 배식과정의 위생 등을 강조한다.

1) 영양의 균형을 고려한 식단과 배식

영유아를 위한 식단은 영양과 균형을 고려하고 인스턴트보다는 자연식품 위주여야 하며, 연령특성을 고려해야 하는데 이 부분은 큰 어려움 없이 준비가 가능할 것이다. 대형 기관은 전문 영양사가 있고 각 지역 육아종합지원센터가 제공하는 식단을 이용하기 때문이다. 식단과 동일한 음식이 제공되어야 하는데 정보공시에 게시하는 매일의 식단 사진이나 운영일지의 기록과 일치해야 하고 식단표에 토요일 식단도 포함되어야 한다. 토요일 배식이 없는 경우 토요일 등원 영유아가 없는 사실과 부모운영위원회를 통해 토요보육을 하지 않는다는 기록이 있으면 된다. 다음과 같은 문서로 수요조사를 실시한다.

토요보육 안내문

ㅇㅇㅇㅇ에서는 토요일 보육 운영계획에 대한 의견을 수렴하고자 합니다.
현재 토요일 보육을 희망하는 아동이 없기 때문에 희망자가 없을 경우 운영위원회의 심의를 거쳐 토요일 당직근무를 중단하고자 합니다.

운영시간	
보육아동이 없는 경우	토요보육아동이 없는 경우 ㅇㅇㅇㅇ운영위원회 승인을 거쳐 문을 열지 않습니다.
보육아동이 있는 경우	오전 7:30 ~ 오후 3:30 보육이 가능합니다. (해당시간 안에서 보육 희망하는 시간) ※ 현 보육교사 중 당직 교사와 조리사 출근 및 초과수당 지급

토요일 보육을 원하시는 부모님께서는 교사 배치와 식재료 발주를 위해 매주 수요일 등원 시까지 담임교사나 영유아수첩을 통해 신청해 주셔서 준비과정에 차질이 없도록 협조해 주시기 바랍니다.

- 토요일 보육을 희망하지 않습니다. ( )
- 토요일 보육을 희망합니다. ( )

20ㅇㅇ년 월 일

________ 반 영유아명 : ________

저녁식사 배식이 있는 경우에도 같은 절차로 기록을 갖춰 놓는다.

배식과정에서는 충분한 양을 제공하고 여분이 있어 더 먹기를 원하는 영유아에게는 추가로 제공한다. 영유아 적정 배식량은 각 지역육아종합지원센터에서 매월 보내 주는 자료를 참고한다. 배식과정은 위생적으로 이루어져야 한다. 맨손 배식, 하나의 도구로 여러 가지 음식 배식, 사용하던 도구로 배식, 공동 접시에 배식은 피한다.

배식과 관련하여 식품 알레르기 질환에 대한 지침을 마련하여 보호자에게 안내한 기록이 오리엔테이션 자료, 운영방침, 가정통신문 등에 있고 알레르기 유발 식품의 예, 실질적인 대처방법 등이 포함되어야 한다. 영유아 개인별로 질환을 조사한 기록이 있고 질환이 있는 영유아가 재원하고 있는 경우 조리나 배식이 이루어졌다는 기록이 보육일지나 알림장에 있어야 한다.

식품 알레르기 질환에 대한 지침의 내용을 알고 있는지, 지침의 내용을 부모나 보호자에게 어떤 방법으로 안내하였는지, 재원 중인 영유아 중 알레르기 질환이 있는 영유아가 있다면 어떤 증상이고 어떻게 지원하고 있는지에 대한 면담도 진행된다. 계란에 알레르기를 일으키는 영유아가 있다면, 두부로 대체하는 등의 지원 내용을 공유하고 기록을 남기면 된다.

2) 식재료와 조리공간 위생관리

식재료의 구입과정은 대부분의 기관이 공동구매 방식을 활용하고 있을 것이다. 배송되는 식재료의 상태를 확인하는 검수확인서를 관리한다. 기관의 모든 공간에 있는 모든 음식에 유통기한이 경과된 것이 없어야 한다. 각 지역의 급식관리센터나 식재료 배송업체의 스티커를 활용하여 입고일과 유통기한을 기록하여 관리한다.

모든 식재료는 구입 후 육안으로 검수를 거쳐 밀봉한 상태로 보관해야 하며, 실온, 냉장, 냉동 중 보관방법에 맞게 관리해야 한 다. 냉장고와 냉동고를 포함한 식재료 보관 장소가 청결해야 한다.

냉장식품, 신선편의식품, 생선 및 육류는 5°C 이하, 전처리된 채소는 10°C 이하, 냉동식품은 영하 18°C 이하로 보관되어야 하며, 온도를 식별할 수 있는 온도계가 냉동실, 냉장실에 각각 부착되어야 한다. 필수는 아니지만, 식재료가 배송될 때 측면과 같은 타코메타지도 함께 받아 놓으면 된다.

차량번호: 0381
기록간격: 10분
상　호:
2017年 11月 10日

04:41	A: 07.6℃
04:31	A: 06.1℃
04:21	A: 10.0℃
04:11	A: 10.0℃
04:01	A: 10.0℃
03:51	A: 09.9℃
03:41	A: 09.9℃
03:31	A: 09.8℃

1DAY PRINT END
1 A: 10.0℃

조리실의 바닥, 개수대, 조리대, 식기 수납장, 가스레인지, 후드, 환풍기, 주방가전, 벽, 천장, 창문, 방충망 등이 파손 없이 청결해야 하며, 정리정돈이 잘 되어 있어야 한다.

조리 및 배식과정의 청결상태 평가에서 1회 조리된 음식은 당일 소모하고 재배식하지 않기, 마실 물과 우유 등을 위생적으로 관리하는 것은 필수항목이다. 조리된 음식이 남았을 경우는 전량 폐기해야 한다. 이 부분은 교사와 조리 인력에게 면담도 진행한다.

조리 인력의 위생복, 위생모, 조리실 전용 신발의 청결도 점검한다. 조리 인력은 비누를 사용하여 손을 깨끗이 씻고 맨손으로 식품을 만지거나 취급하지 않아야 한다. 조리와 관련된 모든 작업이 청결하게 이루어져야 하며, 조리 중 맛보기를 할 때는 맛보기 숟가락을 별도로 사용해야 한다. 가열 처리하는 음식은 중심 온도계를 사용하여 중심부가 완전히 가열되었는지 확인하고 음식을 수시로 저어 음식 온도가 균일하게 유지되도록 한다.

모든 조리실 부품은 세척과 소독을 통해 위생적으로 관리해야 한다. 도마와 칼은 교차 오염을 방지하기 위해 최소한 육류용, 어패류용, 기타 채소류용으로 구분하여 사용한다. 행주도 조리용, 기구용, 청소용으로 구분하여 사용하고 사용 후 소독하여 건조한 상태로 보관한다. 수세미도 식기 세척용, 조리기구 세척용, 기타 세척용으로 구분하여 세척 살균해 두고 건조한 것을 사용한다.

조리원과 함께 청결관리 일정을 만들어 주기적으로 점검하고 관리하는 것이 좋다. 식재료 납품업체의 위생교육을 받고 필요한 문서 양식을 받아 사용해도 좋다.

■ 청소계획표

시기	청소기기 및 구역	비고
사용시마다	• 칼·도마 • 장갑·앞치마 • 행주·수세미 • 밥통, 찬통, 국통, 식판 • 작은 기기류(수저, 집게, 국자, 주걱 등) • 취사기, 국솥, 조림솥, 튀김솥 • 채소절단기, 세미기, 탈피기, 분쇄기 등 • 검수대, 작업대 • 배식차	
일별	• 가스레인지, 오븐 • 식기세척기 • 냉장고, 냉동고, 냉각기 • 주방 벽, 바닥, 식당 • 배수로, 배수구 • 화장실, 전용수세 시설	
주별	• 배기 후드, 닥트 • 전기소독기 • 조명, 환기 시설 • 보일러실 • 조리원 휴게공간과 사물함	
월별	• 유리창 청소 및 방충망 청소 • 식품보관 공간 • 정수기 내부 필터 청소(주기 변동 가능)	
연간 2회	• 식판, 기구 등의 스케일 제거 • 외부 배수구 청소 • 위생 관련 시설·설비·기기 점검 및 보수 • 물탱크 청소	

출처: 한국식품산업협회 온라인 식품위생교육.

영유아가 원할 때마다 물을 마실 수 있어야 하며, 사용 전과 사용 후로 구분하여 매번 청결한 상태의 새로운 컵을 사용하도록 한다. 정수기를 사용할 경우 꼭지와 필터에 대한 정기적인 위생관리 기록이 있어야 하며, 필터 교환 시기를 놓치지 않고 관리해야 한다. 영아를 위한 수유용 젖병과 젖꼭지도 1회 사용 후 소독하여 관리한다. 남은 우유와 물은 냉장고에 다시 넣지 않고 폐기한다.

3 건강 증진을 위한 노력

1) 위생습관

건강 증진을 위한 교육 및 관리 지표의 강조점은 영유아의 위생습관 실천으로 면역력을 증진시키도록 돕고 교직원 역시 건강을 유지하고 예방관리하면서 보다 쾌적한 여건에서 영유아 보육에 임하는 것이다. 일상생활에서도 손 씻기나 양치 지도를 하고 건강상태를 살피는 상호작용을 해야 한다. 이 책의 제1장 3절의 일상생활 부분을 참고하여 다양한 상호작용을 하기 바란다.

손 씻기와 양치 지도, 배변 과정의 위생 정도와 필요한 칫솔, 양치컵, 변기 등의 청결을 점검한다. 교실을 자주 비울 수 없는 여건에서 교사의 손 씻기 대안으로 손 소독제를 사용할 수 있으나 연속 사용 후 마지막에는 반드시 손을 씻어야 한다. 영유아와 교사가 반드시 손을 씻어야 하는 상황은 급간식 전, 화장실 다녀온 후, 바깥놀이 후 등이다. 콧물, 침 등의 분비물을 닦은 후 사용한 휴지 등은 즉시 버리고 상황에 따라 영유아에게 분비물을 위생적으로 처리하는 방법을 지도한다.

칫솔과 양치컵은 개별 영유아별로 사용 후 겹치지 않도록 건조시켜 매번 청결하게 사용할 수 있도록 관리해야 한다. 실수로 배변 후 뒤처리를 해 줄 때 가능한 한 물로 씻기고 여벌 옷으로 갈아 입힌다. 기저귀를 갈아줄 때는 지정된 공간이 필요하며, 미지근한 물로 닦아 주고 사용한 물티슈 등은 즉시 휴지통에 넣어 2차 오염을 방지해야 한다.

안전교육에 관한 자료는 '어린이집안전공제회' 홈페이지의 '연령별로 알아보는 안전교육프로그램'을 참고한다.

2) 건강상태에 대한 주의와 지원

영유아의 건강상태를 늘 살피고 적절하게 지원해 주기 위한 지침이 있어야 한다. 아프거나 다친 영유아가 발생하면 당황하지 않고 어떤 사고인지 파악 → 다친 영유아 부상 정도 파악과 적절한 조치 → 구조대나 응급실에 구조 요청 → 부모에게 연락 → 남은 영유아 안심시키기 → 사고 보고서 작성의 과정을 거친다. 지침의 사례는 다음과 같다. 원장과 교사에게 면담으로 질의하는 과정도 포함되므로 다 같이 내용을 공유하고 약품상자 주변 혹은 양호공간 주변에 게시해 놓는다.

다음의 처리 절차 등은 최근에 평가인증을 거친 어린이집에서 작성한 자료를 중심으로 수정 보완한 것이다.

▣ 아픈 영유아에 대한 처리 절차

- 아픈 영유아는 혼자 쉴 수 있는 조용한 곳에 (교직원과 함께) 격리한다. 영유아가 견딜 수 없을 정도로 아픈 경우에는 귀가 조치한다.
- 영유아가 고열, 설사, 전염성 질병(수두, 홍역, 풍진, 결핵, 눈병 등)의 증세가 의심되는 경우에는 보호자에게 알리고 귀가 조치한다.
- 의사의 검진결과 전염성 질병에 걸린 경우 완쾌될 때까지 등원할 수 없으며, 재등원 시 전염성이 없고 완쾌되었다는 의사의 소견서나 진단서 제출 후 혹은 교사와 의사 간 유선 확인 후 등원 가능하다.
- 귀가 불가능 시 해열제 투약이 필요하다고 판단되는 경우 투약 전 부모와 협의하여 투약하나, 연락이 안 될 경우를 대비하여 부모로 하여금 비상시 투약할 해열제명을 건강기록지에 기록해 두어야 한다.
- 부모는 영유아가 복용해야 하는 약이 있으면 반드시 담임교사에게 직접 알리고 약을 전달한다. (투약의뢰서 작성 제출)
- 교사는 투약 후 투약의뢰서의 투약 기록란에 투약명, 투약시간, 투약용량, 투약자 이름을 기록한다.
- 약품의 관리를 위해 등원 시 부모가 교사에게 직접 약을 전달하고 귀가 시 교사로부터 직접 찾아가도록 한다.

강남구립 신한 마리오 어린이집
천주교서울대교구 유지재단

▣ 다친 영유아에 대한 처리 절차

- 안전사고 발생 시: 침착하게 다친 아이와 주변 영유아를 안심시키고 가능한 응급처치 후 즉시 원장이나 주임에게 알린다.
- 응급상황 시: 처치자 자신과 현장 상황의 안전을 확보한다.
  119에 신고하여 "아이가 ____합니다. 응급처치법을 알려 주세요. 여기는 강남구 테헤란로 30길 27 신한마리오어린이집입니다." 구급대 도착 때까지 응급처치를 실시한다.
  - 현장에서 응급처치 후 의식을 회복해도 반드시 전문 의료인에게 인계한다.
  - 안전사고, 응급사고 처리 후 반드시 부모와 어린이집 안전공제회에 보고한다.

강남구립 신한 마리오 어린이집
천주교서울대교구 유지재단

아프거나 다친 영유아가 발생했을 때 응급처치에 관한 사항은 '어린이집안전공제회' 홈페이지의 예방자료실과 어린이집안전관리백과를 참조하기 바란다.

투약은 투약의뢰서가 있는 경우에만 실시하고 부모에게 투약보고를 한다. 투약의뢰에는 약의 종류, 시간이나 횟수, 의뢰자가 기재되어야 하며, 투약보고 시 투약 여부, 투약자가 기재되어야 한다.

출처: 서울시 여성가족재단 (2017). 서울시 어린이집 이용 학부모 에티켓.

영유아가 복용하는 약은 상온, 냉장보관 등 보관방법을 준수한다. 보호자의 의뢰를 확인하고 투약을 했지만 영유아의 상태가 현저히 악화되었을 경우 즉시 보호자에게 영유아의 증상을 전화로 알리고 조치를 취한다. 비상약품의 유효기간은 수시로 점검해야 하며, 실내활동용, 실외활동용, 조리공간용으로 별도 관리해야 한다. 바깥놀이에 나갈 때도 교사는 비상약품을 지참해야 한다.

실내활동용은 양호공간에 공동으로 사용하는 약품과 재료, 과산화수소나 베타딘 같은 소독제, 항생제 외용연고, 화상용 바셀린 거즈, 생리식염수, 벌레 물린 데 바르는 연고, 붕대, 소독솜, 가위, 핀셋, 반창고, 일회용 밴드 등을 중심으로 약품장을 마련한다. 각 교실에는 바깥놀이 갈 때도 지참할 수 있는 소형 구급함을 비치해 두고 소독제, 외용 연고, 면봉, 낱개 포장된 식염수, 일회용 밴드 등을 갖춰 놓는다. 조리공간에는 아쿠아 밴드, 화상용 연고 등을 갖춰 놓는다.

3) 영유아와 교직원의 건강 증진: 예방관리와 교육

영유아와 교직원의 건강관리를 위한 교육과 지원이 이루어져야 한다. 개별 영유아의 당해 연도 혹은 전년도에 실시한 영유아검진기관 전문의 확인이 있는 건강검진 실시 관련 서류를 갖춰야 한다. 기관에서는 보호자에게 영유아 건강검진을 실시할 수 있도록 안내해야 하는데 3회 이상 안내한 이후에도 제출을 거부할 경우 건강검진 실시 여부와 거부 사유를 생활기록부에 기록하여 관리한다. 귀가동의서나 응급처치동의서 등의 서류도 같은 방식으로 관리한다.

응급처치동의서에는 보호자의 비상연락처, 의료기관, 보호자 서명이 반드시 기재되도록 관리해야 한다.

교직원의 건강검진도 매년 실시하여 구비해야 하며 실습생, 특별활동 강사, 노인일자리 파견자 등도 그 대상이 된다. 교직원의 직무스트레스를 다루고 기회를 제공한 기록도 있어야 한다. 영유아 및 교직원에 대한 감염병 관리수칙을 수립하여 실천해야 한다. 영유아에게 자주 발생하는 감염병의 증상 및 예방, 완치 후 등원에 대한 정보를 부모에게 분기별로 1회 이상 안내한 자료가 있어야 한다. 안내문을 작성할 때 다음의 문장을 참고한다.

■ 감염병 관리

감염병이란 감염된 사람과의 직간접적 접촉에 의하여 전염되는 질환으로 가정과 다른 환경에서 많은 영유아가 여러 활동에 참여하고 서로 접촉하는 어린이집의 경우, 전염성 질환에 노출될 가능성이 큽니다. 따라서 법정 전염성 질환이나 계절별 전염성 질환에 감염되었을 경우에는 즉시 병원 진료를 받고, 완치소견서나 진단서 제출 후에 등원하여야 합니다.

어린이집에서는 전염성 질환에 관련된 증상이 나타날 경우, 즉시 분리 보육하며 부모님께 연락하겠습니다.

■ 아프거나 다친 영유아에 대한 처리 절차 및 응급처치동의서 작성 안내

- 아픈 영유아는 정도에 따라 교실 내에서 휴식하거나 양호공간을 이용할 수 있습니다.
- 특이한 체질이나 알레르기 등의 증상이 있는 경우에는 미리 알려 주십시오. 식품 알레르기 질환에 대한 대처방법으로 대체음식이 제공됩니다.
- 전염성 질환의 위험이 있는 경우에는 격리되어 휴식을 취하도록 하고 보호자에게 연락을 드려 귀가 조치합니다.
- 의사의 검진 결과 전염성 질환에 걸린 경우 완쾌될 때까지 등원할 수 없으며, 집단보육 상황이므로 등원 시 전염성이 없고 완쾌되었다는 의사의 소견서나 진단서 제출 후에 등원할 수 있습니다.
- 어린이집에서는 의사의 처방 없이 해열제 등을 임의로 투여할 수 없습니다. 반드시 처방된 약을 투약할 수 있도록 협조해 주시기 바랍니다.
- 투약의뢰 관련 기록이 없는 경우에는 약을 투약하지 않습니다.
- 투약의뢰서는 지정된 양식으로 정확하게 기록하여 주시기 바랍니다.
- 비상시 사고 발생에 대비하여 응급처치동의서를 작성하여 주시기 바랍니다. 응급처치동의서의 비상연락망이 변경되었을 경우에는 반드시 어린이집으로 알려 주시기 바랍니다.
- 응급처치동의서는 자필로 기재하시고 서명해 주시기 바랍니다.

■ 등 · 하원 절차 및 귀가동의서 작성 안내

- 등·하원 시 영유아는 반드시 보호자와 어린이집 선생님이 서로에게 직접 인계해 주십시오.
  ※ 저희 어린이집에서는 부모님이 원하시더라도 영유아를 보호자 없이 혼자 귀가시키지 않습니다.
- 등·하원 시 데려오고 데리고 갈 사람을 귀가동의서에 기재해 주시고 다른 사람이 데리러 올 경우에는 반드시 선생님에게 연락해 주시기 바랍니다. 보호자의 연락 없이는 다른 사람이 영유아를 데리고 갈 수 없습니다.
- 귀가동의서 내용이 변동될 경우에는 반드시 어린이집으로 알려 주시기 바랍니다.
- 귀가동의서는 자필로 기재하시고 서명해 주시기 바랍니다.

■ 상해, 화재, 배상보험 가입 안내

구분	보장내용
영유아 생명 신체 피해	대인 4억 원/인, 20억 원/사고, 대물 500만 원 한도 돌연사증후군 4천만 원 정액 보상 음식물배상책임 포함 치료비 100%
- 돌연사증후군 특약	1억 원 정액보상(영유아 생명신체 피해 담보 4천만 원 포함)
- 제3자 치료비 특약	제3자가 다친 경우 치료비 100%
놀이시설배상책임	대인 8천만 원, 대물 2백만 원 한도
가스사고배상책임	대인 8천만 원, 대물 3억 원 한도
화재(건물)	사고 발생 시 건물의 감정가액 한도 보상
화재(내부집기)	1억 원
- 화재배상 특약	대인 1억 원/인, 10억 원/사고, 대물 1억 원 한도

■ 고농도 미세먼지 어린이집 영유아 대응요령

단계	대응요령
평시 사전준비사항	• 고농도 미세먼지 상황 대비 실외수업 대체를 위한 사전계획 마련 – 수업전환 기준 및 대체안(실내체육, 단축수업, 휴원, 일정연기 등) 마련 • 담당자는 고농도 미세먼지 발생 시 대처방안에 대하여 숙지하고, 보호자 대상 대기오염 피해예방, 대응조치, 행동요령을 지도 • 보호자 비상연락망 구축 • 호흡기질환 등 미세먼지 민감군 및 고위험군 영유아 관리대책 마련 – 민감군 현황 파악, 위생점검 및 건강체크, 응급조치 요령 등 숙지 천식: 천식 증상과 최대 호기유속 측정해서 천식수첩에 기록, 천식악화 시 행동요령 숙지, 의사와 상의하여 보건용마스크 사용 호흡기질환자: 의사와 상의하여 보건용마스크 사용 • 황사마스크, 상비약(안약, 아토피연고, 인헤일러[1] 등) 비치 및 점검
고농도 예보 익일예보 '나쁨' 이상	• 익일 예정된 실외수업에 대한 점검(수업대체 여부 검토 등) • 보호자 비상연락망, 안내문 등을 통한 예보상황 및 행동요령 공지 • 미세먼지 예보 상황 및 농도 변화 수시 확인 ※ 에어코리아(airkorea.or.kr), 우리동네대기질 모바일 앱 활용
예비주의보 ① 당일예보 '나쁨' 이상, ② PM_{10} 100 이상 또는 $PM_{2.5}$ 50 이상 2시간 지속	• 야외수업 자제(실내수업 대체), 바깥공기 유입 차단(창문 닫기) • 영유아 대상 행동요령 교육 및 실천 – 바깥놀이 안 하기, 외출 시 보건용마스크 쓰기, 깨끗이 씻기 • 호흡기질환 등 미세먼지 민감군 및 고위험군 영유아 관리대책 이행 • 실내공기질 관리(공기청정기 가동, 청소기 대신 물걸레 청소 등)
주의보 PM_{10} 150 이상 또는 $PM_{2.5}$ 90 이상 2시간 지속	• 야외수업 단축 또는 금지
경보 PM_{10} 300 이상 또는 $PM_{2.5}$ 180 이상 2시간 지속	

출처: 에어코리아 홈페이지.

1) inhaler 의료용 흡입기

■ 시 · 도별 경보문자 신청방법

시 · 도	홈페이지 주소	문자서비스 신청 방법
서울	http://cleanair.seoul.go.kr	메인 페이지 하단/'대기질정보 문자서비스'
부산	http://ihe.busan.go.kr	열린마당/대기오염 예·경보 SMS 신청
대구	http://www.daegu.go.kr/Envi	녹색환경국/대기오염 예·경보(SMS)
인천	http://www.incheon.go.kr/index.do	미세먼지경보 SMS신청
광주	http://hevi.gwangju.go.kr	환경오염측정망/대기질 정보 SMS 신청
대전	http://www.daejeon.go.kr/hea/index.do	메인 페이지 하단/'SMS 대기질 정보 문자 서비스'
울산	http://www.ulsan.go.kr	하단 시민/미세먼지·오존
경기	http://air.gg.go.kr/airgg	메인 페이지 우측 하단/'대기질 정보 문자 서비스'
강원	http://www.airgangwon.go.kr/	공지사항/강원도 대기오염 경보제 문자메 시지 수신 신청
충북	http://here.cb21.net/home/main.do	대기정보/SMS정보서비스
충남	http://www.chungnam.net/healthenvMain.do	메인 페이지 좌측 하단/'미세먼지, 오존 SMS 알림서비스'
전북	http://air.jeonbuk.go.kr/index.do	메인 페이지 우측/'미세먼지 문자 SMS서비 스 신청'
경북	http://air.gb.go.kr/	메인 페이지 우측 하단/'미세먼지, 오존 SMS'
경남	http://knhe.gsnd.net/	메인 페이지 하단/'대기오염경보 SMS 신청'
제주	http://hei.jeju.go.kr	정보공유/미세먼지 경보제 서비스 신청

※ 세종 · 전남은 지자체에서 경보 문자서비스를 제공하지 않으므로, 인터넷 홈페이지(에어코리아, www.airkorea.or.kr), 모바일 앱(우리동네 대기질) 등을 활용.

교직원의 직무스트레스를 예방하고 관리할 수 있는 서비스를 안내하고 제공하기 위해서 단체 소풍, 힐링 연수, 회식, 한국보육진흥원이나 각 지역 육아종합지원센터의 보육교직원 대상 심리상담이나 인성교육 등의 기회를 제공한다. 이 책의 제4장 3절 교직원의 복지 부분을 참고한다.

4) 등 · 하원의 안전

등 · 하원의 안전은 하루일과 중 영유아에 대한 성인의 보호와 차량 운행 안전에 대해 중점적으로 평가한다.

등 · 하원 시 기관과 지정된 보호자 간에 영유아의 인계가 안전하게 이루어질 수 있도록 명확한 인계 절차와 관련 규칙을 수립하고 보호자에게 안내해야 하며, 이를 준수해야 한다. 혼자 등 · 하원하는 영유아가 없어야 하며, 지정된 보호자가 아닌 다른 성인에게 인계할 때는 사전에 통화나 서명으로 미리 확인을 받는다. 모든 원아의 귀가동의서 등에 명시된 인계규정에는 부모가 희망하더라도 영유아를 혼자 귀가시키지 않는다는 내용과 기관의 차량을 이용하는지, 부모와 도보로 오는지 등 영유아가 등 · 하원하는 구체적인 절차와 방법, 지정된 보호자 등이 포함된다.

〈보육사업 안내 부록〉의 '부모동의 및 조사서'를 활용하고 영유아의 이름, 귀가 시 인계받은 보호자 이름, 관계 및 연락처, 보호자의 서명이 모두 포함되도록 한다.

등원부터 하원까지 성인의 보호하에 있어야 하므로 영유아의 안전을 책임지고 지원해야 한다. 일과 중에도 항상 상황을 주시하며 안전하게 보호하고 교사가 잠시라도 자리를 비울 때는 책임 있는 성인에게 인계해야 한다.

5) 차량 운행 안전

차량을 운행할 때는 운전자 외에 원장이나 교사 등 반드시 책임 있는 성인이 동승하며, 차량 기사와 동승한 성인 보호자가 승하차 및 이동과정에서 주의 깊게 보호해야 한다. 이 지표의 평가에서는 다음의 준수사항을 지켜야 한다.

차량 내부에 탑승자가 지켜야 할 안전수칙(어린이집 평가인증 안내 책자에 운전자 준수사항, 동승교사 준수사항, 영유아 준수사항으로 분류되어 제시되어 있음) 부착, 36개월 미만은 영아용 보호장구를 착용해야 하므로 보호장구와 안전띠의 충분한 수량 확보, 파손 없이 안전한 보호장구와 안전띠의 정상 작동 확인, 보호장구의 KC(국가통합인증마크) 안전인증과 W1과 W2를 충족하는 안전 인증검사 기준을 통과한 마크와 인증번호, 정상 작동이 확인되는 차량용 소화기 구비, 차량 내부에 유효기간이 확인되는 구급상자 구비 등을 확인한다.

차량별 안전점검표에 따라 운전자가 매일 차량 안전상태를 점검한 기록이 있어야 하며 휴대전화 사용, 음주 등 운전판단 능력에 영향을 미치는 행위를 하지 않고 안전하게 운행해야 한다. 모든 영유아와 성인이 개별 안전띠를 착용하고 출발해야 하며, 하차할 때는 차량을 완전히 정차시킨 후 안전하게 하차할 수 있도록 돕고 영유아가 안전한 곳으로 이동한 것을 확인한 후 다시 안전벨트를 매고 출발한다. 차량에 탑승한 성인은 마지막에 차량 내부를 확인하여 모든 영유아가 차에서 내렸는지 확인한다.

6) 영유아와 교직원 안전교육

영유아를 대상으로 실시해야 하는 안전교육은 6개월에 1회 이상 성폭력 및 아동학대 예방교육, 재난 대비와 대피요령 교육, 3개월에 1회 이상 실종 유괴 예방교육, 약물 오남용 교육, 2개월에 1회 이상 교통 안전교육 등이 이루어져야 한다. 영아의 경우 만 2세반 위주로 평정하는데 대집단이나 교사 주도가 아닌 개별 또는 소집단 활동으로 진행하는 것이 좋다.

영유아를 위한 연간 안전교육 계획이 수립되어 있어야 하고 보육일지 등에 실시한 기록이 있어야 한다. 영유아가 소방대피훈련에 참여한 기록은 월 1회 이상 있어야 한다.

■ 성폭력 예방 교육

<table>
<tr><th rowspan="2">월별</th><th colspan="5">연간 교육계획안</th></tr>
<tr><th>교육 주제</th><th>대상연령</th><th>교육목표</th><th>교육형태</th><th>소요시간
(1~4차에 걸쳐 수시교육)</th></tr>
<tr><td rowspan="2">3월</td><td rowspan="2">나는 어떻게 태어났을까?</td><td>만 1~2세</td><td>• 남자와 여자를 구분하고 같은 점과 다른 점에 대해 관심을 갖는다.</td><td>일상생활 및 자유선택(언어)</td><td rowspan="2">1시간 30분</td></tr>
<tr><td>만 3~5세</td><td>• 내 몸의 명칭을 알고 소중하게 지켜 나가야 함을 안다.</td><td>DVD 시청 등 시청각교육</td></tr>
<tr><td rowspan="2">5월</td><td rowspan="2">남자와 여자</td><td>만 1~2세</td><td>• 자신의 생각과 느낌을 말과 몸짓으로 표현한다.</td><td rowspan="2">이야기 나누기
신체활동</td><td rowspan="2">1시간 30분</td></tr>
<tr><td>만 3~5세</td><td>• 보호받고 사랑받을 수 있는 존중받는 인격체임을 안다.</td></tr>
<tr><td rowspan="2">6월</td><td rowspan="2">내 몸은 소중해요</td><td>만 1~2세</td><td>• 영아가 쉬와 응가를 하고 싶을 때의 느낌을 알고 말로 표현할 수 있다.
• 우리 몸에 소중한 곳이 있음을 인지한다.</td><td>기저귀, 팬티
이야기 나누기</td><td rowspan="2">1시간 30분</td></tr>
<tr><td>만 3~5세</td><td>• 우리 몸의 보호방법에 관심을 갖는다.
• 우리 몸의 중요성을 이해하며 보호하는 방법을 안다.</td><td>언어탐구
음률</td></tr>
<tr><td rowspan="2">8월</td><td rowspan="2">내 몸을 깨끗이</td><td rowspan="2">만 1~5세</td><td rowspan="2">• 몸을 자주 씻어야 하는 이유에 대해서 알아본다.
• 몸을 깨끗이 씻는 방법에 대해 알아본다.
• 몸을 깨끗이 하는 마음을 기른다.</td><td>이야기 나누기</td><td rowspan="2">1시간 30분</td></tr>
<tr><td>역할(상황극)놀이
음률</td></tr>
<tr><td rowspan="2">9월</td><td rowspan="2">소중한 곳 만지지 않아요</td><td>만 1~2세</td><td>• 내 몸의 소중한 곳을 안다.</td><td>이야기 나누기</td><td rowspan="2">1시간 30분</td></tr>
<tr><td>만 3~5세</td><td>• 위험한 상황으로부터 나를 지키는 방법을 안다.</td><td>역할놀이</td></tr>
<tr><td rowspan="2">10월</td><td rowspan="2">보여 주지 마세요</td><td>만 1~2세</td><td>• 나를 사랑하는 마음을 느끼고 표현한다.</td><td>이야기 나누기</td><td rowspan="2">1시간 30분</td></tr>
<tr><td>만 3~5세</td><td>• 좋은 느낌과 나쁜 느낌을 구별하고 나쁜 느낌에 대한 대체 방법을 알아본다.
• '이런 장난은 싫어' 노래 만들어 함께 불러보기</td><td>DVD 시청</td></tr>
</table>

월별	교육 주제	대상연령	교육목표	교육형태	소요시간 (1~4차에 걸쳐 수시교육)
11월	친구의 권리도 소중해	만 1~5세	• 나의 권리가 소중하듯 친구의 권리도 소중함을 알아본다. • 다른 사람의 권리를 존중하는 태도를 기른다.	이야기 나누기 역할극	1시간 30분
12월	"싫어요!" 라고 말할 수 있어요	만 1~5세	• 누군가가 원치 않거나 불쾌하게 느껴지는 접촉을 할 때 단호하게 "안 돼요! 싫어요!" 라고 말할 수 있다. • 위험한 상황으로부터 나를 지키는 방법을 안다.	교구활동 역할극	1시간 30분
1월	용기내서 이야기해요	만 1~5세	• 보호해 줄 수 있는 부모님, 선생님에게 부끄러워하거나 무서워하지 말고 용기내서 이야기해 본다. • '용기 내서 이야기해요' 노래를 만들어 불러 본다.	이야기 나누기 DVD 시청	1시간 30분
2월	내 몸은 내가 지켜요/ 유엔 어린이 권리선언	만 1~5세	• 나의 권리를 지키는 방법을 알아보고 표현해 본다. • 유엔 어린이 권리선언문을 함께 읽어 본다.	이야기 나누기 DVD 시청	1시간 30분

영유아와 지진대피 훈련을 하는 모습

■ 안전교육 연간계획표

비상대피안전훈련 계획서

월별	제목	내용	대상 및 협조	형태
3월	소방교육 기초훈련	• 소방교육 – 교직원: 소방훈련의 목적 및 대피방법 자위소방대 팀별 업무 파악 – 아동: 연령별 기초훈련 화재 발생 시 경로 따라 이동해 보기	전 교직원 전 아동	자체훈련
4월	종합훈련 (화재)	• 나나반 교실 공기청정기 콘센트에서 스파크 발생으로 대피	전 교직원 전 아동	자체훈련
5월	종합훈련 (황사/화재)	• 황사 발생 시 안전행동 및 대피요령 (모래바람이 불어요) • 다다반 교실에서 타는 냄새가 지속되어 대피	전 교직원 전 아동	자체훈련
6월	종합훈련 (화재)	• 교사실에서 교사 컴퓨터 과부하에 의한 화재 발생으로 대피	전 교직원 전 아동	자체훈련
7월	소방교육 종합훈련 (화재)	• 소방교육 – 화재 예방 및 대처방법(소화기 사용) • 화장실 칫솔소독기에서 누전으로 인한 화재 발생으로 대피	전 교직원 전 아동	자체훈련 및 소화기 실습
8월	종합훈련 (태풍/폭우)	• 태풍, 폭우로 인한 대피훈련	전 교직원 전 아동	자체훈련
9월	종합훈련 (화재)	• 조리실 점심식사 준비 중 화재 발생으로 대피	전 교직원 전 아동	자체훈련 및 소화기 실습
10월	종합훈련 (지진)	• 마마반 교실에서 먼저 흔들림 감지하여 전체에 알리고 대피	전 교직원 전 아동	자체훈련
11월	종합훈련 (화재)	• 화장실의 세탁기 내부에 습기로 인해 누전으로 인한 화재 발생으로 대피	전 교직원 전 아동	자체훈련
12월	종합훈련 (폭설)	• 등원 후 눈이 내려 5cm 두께의 눈이 쌓이고 눈이 오는 상황(대설주의보)	전 교직원 전 아동	자체훈련
1월	종합훈련 (화재)	• 어린이집이 흔들리고 전기 합선 위험으로 인한 화재 발생으로 대피	전 교직원 전 아동	자체훈련 및 소화기 실습
2월	종합훈련 (결빙/한파)	• 한파가 2일 동안 계속되고 밤사이 눈이 내려 어린이집 앞이 얼어 붙은 상황	전 교직원 전 아동	자체훈련

구분 (M/H)	소방안전교육 및 소방훈련	교통안전교육	성폭력 및 아동 학대 예방교육	실종 · 유괴 외 예방, 방지 교육	약물의 오남용 예방교육	재난대비 안전교육
	(월 1회 이상)	2개월에 1회 이상 (연간 10시간 이상)	3개월에 1회 이상 (연간 8시간 이상)	3개월에 1회 이상 (연간 10시간 이상)	3개월에 1회 이상 (연간 10시간 이상)	2개월에 1회 이상 (연간 10시간 이상)
3	소방기초훈련					
4	소방대피훈련					
5	소방대피훈련					
6	소방대피훈련					
7	소방대피훈련					
8	소방대피훈련					

월	주제	교육활동
3월	생활안전	교실에서의 안전
	소방안전	불이란?
	교통안전	차를 안전하게 타요
	아동학대	나를 보호해 주세요
	성폭력예방	나는 어떻게 태어났을까?
4월	실종유괴	따라가면 안 돼요
	소방안전	불은 왜 날까요?
	약물오남용	으악! 내 손에 병균이
	재난대비	봄의 불청객 황사
5월	교통안전	교통표지판을 알아요
	소방안전	무서운 가스
	생활안전	놀이터에서 안전하게 놀아요
	성폭력예방	남자와 여자
	실종유괴	집에 혼자 있을 때
6월	성폭력예방	내 몸은 소중해요
	소방안전	소방서에서 하는 일
	약물오남용	먹을 수 있는 약과 먹을 수 없는 약
	건강영양	ㅇㅇ야, 목욕하자!
7월	재난대비	홍수/ 태풍 시 안전행동, 대피
	소방안전	소중한 불, 위험한 불
	생활안전	즐거운 물놀이 안전한 물놀이
	실종유괴	엘리베이터에서
8월	약물오남용	에구구, 배가 아파요(식중독과 배탈)
	재난대비	비가 많이 와서 물이 넘쳐요
	소방안전	앗! 옷에 불이 붙었어요
	교통안전	차 안에서 지켜야 할 약속
	성폭력예방	몸을 깨끗이

구분 (M/H)	소방안전교육 및 소방훈련	교통안전교육	성폭력 및 아동학대 예방교육	실종 · 유괴 외 예방, 방지 교육	약물의 오남용 예방교육	재난대비 안전교육
	(월 1회 이상)	2개월에 1회 이상 (연간 10시간 이상)	3개월에 1회 이상 (연간 8시간 이상)	3개월에 1회 이상 (연간 10시간 이상)	3개월에 1회 이상 (연간 10시간 이상)	2개월에 1회 이상 (연간 10시간 이상)
9	소방종합훈련					
10	소방대피훈련					
11	소방대피훈련					
12	소방대피훈련					
1	소방대피훈련					
2	소방대피훈련					

월	주제	교육활동
9월	재난대비	지진 시 안전행동 및 대피요령
	소방안전	전기는 위험할 수 있어요
	실종유괴	사람이 많은 곳에서 부모님을 잃어버렸을 경우
	성폭력예방	소중한 곳 만지지 않아요
10월	교통안전	대중교통을 탈 때는 이렇게 해요
	소방안전	숨으면 안 돼요!
	약물오남용	비타민 약! 알고 먹어요
	성폭력예방	보여 주지 마세요
11월	교통안전	나를 지켜 주는 보호 장구
	소방안전	앗! 뜨거, 만지면 안 돼요!
	실종유괴	사람이 많은 곳에서 부모님을 잃어버렸을 경우
	아동학대	친구의 권리도 소중해
	건강/영양	달콤한 초콜릿의 유혹
12월	성폭력예방	"싫어요!"라고 말할 수 있어요
	소방안전	연기 밑을 기어서 가자
	재난대비	눈이 올 때 조심조심
	약물오남용	약상자 속에는 무엇이 있을까요?
1월	교통안전	안전하게 길을 건너요
	소방안전	소방차가 하는 일
	재난대비	폭설 시 안전행동 및 대피요령
	성폭력예방	용기 내서 이야기해요
	약물오남용	아프면 어떻게 할까요?
2월	교통안전	안전 수수께끼
	소방안전	소화기 사용법을 알아요(유아), 소방차가 하는 일(영유아)
	아동학대	UN 어린이 권리 선언
	성폭력예방	내 몸은 내가 지켜요

안전교육 실시 현황은 수시로 제출해야 할 일이 많으므로 정리해 두는 것이 좋다.

구분	주제	날짜	대상	비고
1	재난안전교육 (지진, 화재)	20○○년 3월 27일(화) (10시 40분~11시 20분)	6, 7세	어린이 안전교육관 (02-400-9274)
2	재난대피안전교육 (황사, 미세먼지)	20○○년 4월 19일(수) (11시~11시 50분)	3, 4, 5, 6, 7세	강남구청
3	실종유괴 성폭력예방교육	20○○년 5월 30일(화) (10시 30분~11시 30분)	3, 4, 5, 6, 7세	수서경찰서
4	생활안전 뮤지컬 관람	20○○년 6월 14일(수)	5, 6, 7세 유아반	강남구민회관
5	교통안전교육	20○○년 9월 20일(수)	6, 7세	안실련
6	불소도포 / 건강영양위생교육	20○○년 9월 21일(목)	6, 7세	강남구보건소
7				

① 아동안전교육: 연간(20○○년) 아동안전교육 계획안에 따라 연령별로 매주 월요일부터 금요일까지(5일간) 반복적으로 교육함. 실시 후 각 반 보육일지에 기록함. (44시간 이상)
② 비상대피훈련: 매월 1회 가상시나리오에 따라 실시함. (소방 안전 교육 파일 자료 참조)

일상생활에서도 수시로 안전교육이 이루어져야 한다. 이 부분은 이 책의 제1장에 기술된 일과별 상호작용 문장 사례를 참고한다.

교직원은 안전관리 시설과 소화기 등 설비 사용법, 비상시의 대처방안과 자신의 역할을 숙지하고 있어야 하며, 교직원 중에 심폐소생술 관련 교육에 참여한 기록이 있어야 한다. 모든 교직원은 체벌 금지를 포함한 영유아 학대 예방지침을 준수해야 한다. 연 2회 정도 자가 체크리스트를 통해 어린이집 교직원의 역할을 숙지해야 한다.

보육교직원용 아동권리 자가 체크리스트

이 체크리스트는 보육교직원을 대상으로 아동권리에 얼마나 민감한지를 파악할 수 있도록 만든 자가 점검 체크리스트입니다.
이를 통해 보육교직원들이 아동권리를 침해하는 아동학대 행위가 무엇인지를 인식하게 하고 아동학대를 포함한 전반적인 아동권리에 대해 종사자가 점검할 수 있는 기회를 제공하고자 합니다. 어린이집 원장 및 교사를 포함한 종사자들의 정기적 사용을 권장합니다.

이 체크리스트는 보육교직원이 일상에서 아동의 권리를 보호하는지를 파악하기 위한 자가 체크리스트입니다. 해당하는 문항에 체크(✔)하시고 점수를 통해 아동권리에 대한 민감도를 확인해 보세요.

	항목	전혀 없음	1회	2회 이상	거의 매일
1	아동에게 원망적·거부적·적대적 또는 경멸적인 언어폭력을 한 적이 있다. • 아동에게 욕을 하거나 나쁜 말을 한 적이 있는 경우: 돼지야!, 이 못생긴 게, 멍청아!, 바보, 나가 죽어라 등 • 아동을 비핀, 비닌, 조롱, 모욕, 우롱한 적이 있는 경우: 넌 혼사 이것노 못 하니?, 애비 없는 자식, 너처럼 못하는 아이는 처음 봤다며 무시하는 행위 등				
2	아동의 인격이나 감정/기분을 무시하거나 모욕하는 행위를 한 적이 있다. • 매운 음식을 먹을 때 물을 마시지 못하게 하는 행위, 음식을 먹는 속도가 느리다는 이유로 연령이 낮은 반으로 보내서 아동이 수치심을 느끼게 하는 행위 등				
3	아동에게 위협을 주는 언어나 행동을 한 적이 있다. • 숫자 다 셀 때까지 해!, 엄마한테 일찍 데리러 오지 말라고 할 거야!, 동생반이나 원장반으로 보내 버릴 거야!, 엄마 아빠한테 이를거야!, 집으로 내쫓을거야!, 시키는 행동을 하지 않으면 그 아동이 바깥놀이를 하지 못하게 하는 행위 등				
4	아동에게 폭력적인 장면을 노출한 적이 있다. • 아동에게 종사자 간 싸움 장면을 노출시키는 행위, 원장이 아동에게 폭력을 행사하는 것을 다른 아동이 목격하는 경우 등				
5	(자, 회초리, 긴 막대 등의) 도구로 아동을 위협한 적이 있다.				
6	화장실, 창고 등의 아무도 없는 빈 장소에 벌을 세우기 위해 아동을 가둔 적이 있다.				
7	긴급상황이 아닌 경우에도 아동을 재촉하거나 공포 분위기 조성을 위한 목적으로 아동에게 고함을 지른 적이 있다. • "당장 그만두지 않으면.. 혼자 놔두고 갈 거야!"				

	항목	전혀 없음	1회	2회 이상	거의 매일
8	아동의 신체부위를 때린 적이 있다. 맨손이나 발로 때리거나 사랑의 매 등의 도구를 사용하여 때린 행위 등				
9	아동에게 신체적 손상은 입히지 않았지만, 고의적으로 아동의 신체를 가해하는 행위를 한 적이 있다. • 아동의 팔을 당겨 서두르게 하는 행위, 아동의 머리나 엉덩이를 치며 행동을 중지시키는 행위, 먹기 싫어하는 음식을 억지로 입을 벌려 먹이는 행위, 아동을 꼬집거나 잡고 흔드는 행위, 목을 잡고 조르는 행위 등				
10	낮잠시간이나 놀이시간 등에 아동을 혼자 있게 하거나 아동 간 다툼을 방치한 적이 있다.				
11	아동에 대한 기본적 보호·양육을 소홀히 한 적이 있다. • 아동이 적절한 음식을 충분히 제공받도록 하지 않거나, 식사 때가 되어도 식사를 제대로 챙겨 주지 않거나 상한 음식을 아동에게 주는 행위 등				
12	아동을 위험상황이나 비위생적인 환경에 방치한 적이 있다. • 아동이 위험한 물건(칼, 압정, 핀 등)을 가지고 놀아도 내버려 두는 행위, 아동이 자는 낮잠시간에 책상 위에 의자를 두는 행위, 일부러 화상을 입게 하는 행위, 아동이 흘린 음식을 먹게 하거나 기저귀를 긴 시간 동안 갈아 주지 않는 행위 등				
13	아동에게 필요한 의료처치를 제공하지 않은 적이 있다. • 아동이 몸이 아프다고 해도 보호자에게 알리지 않거나 병원에 데려가지 않고 그냥 내버려 두는 행위 등				
14	과도하게 신체접촉을 하거나 아동의 신체를 노출시킨 적이 있다. • 기저귀갈이 할 때 다른 사람 앞에서 생식기를 고의적으로 노출시키거나 만지는 행위, 사람들 앞에서 속옷을 갈아입히거나 용변을 보도록 하는 행위				
15	음란비디오나 책을 아동에게 보여 준 적이 있다.				

〈자가 체크리스트 사용방법〉

사용주기: 근무 개시 1주일 이내에 필수, 이후는 분기별 혹은 반기별(연 2회 정도) 사용을 권장합니다.

분류	세부 내용
없다	당신은 아동권리를 위해 최선을 다하고 있습니다.
1개 이상 '있다'에 체크한 경우	'예'에 해당되는 항목의 행동을 하지 않도록 주의가 필요합니다.

작성일: 20ㅇㅇ년 월 일

작성자: (인)

출처: 아동보호전문기관 홈페이지.

다음의 자료는 신한마리오어린이집에서 사용하고 있는 아동학대에 관한 자료이다. 참고하여 자신의 기관에 맞게 활용하기 바란다.

영유아 학대예방지침

〈출처: 중앙아동보호전문기관 홈페이지에서 발췌하여 정리〉

■ 아동학대의 개념

"아동학대란 보호자를 포함한 성인이 아동의 건강 또는 복지를 해치거나 정상적 발달을 저해할 수 있는 신체적·정신적·성적 폭력이나 가혹행위를 하는 것과 아동의 보호자가 아동을 하거나 방임하는 것을 말한다." 〈「아동복지법」 제3조 제7호〉

유형	내용	구체적 행위
신체 학대	보호자를 포함한 성인이 아동에게 우발적인 사고가 아닌 상황에서 신체적 손상을 입히거나 또는 신체손상을 입도록 허용한 모든 행위	• 직접적으로 신체에 가해지는 행위(손, 발 등으로 때림, 꼬집고 물어뜯는 행위, 조르고 비트는 행위, 할퀴는 행위 등) • 도구를 사용하여 신체를 가해하는 행위(도구로 때림, 흉기 및 뾰족한 도구로 찌름 등) • 완력을 사용하여 신체를 위협하는 행위(강하게 흔듦, 신체부위 묶음, 벽에 밀어붙임, 떠밀고 잡음, 아동 던짐, 거꾸로 매닮, 물에 빠트림 등) • 신체에 유해한 물질로 신체에 가해지는 행위(화학물질 혹은 약물 등으로 신체에 상해를 입히는 행위, 화상을 입힘 등)
정서 학대	보호자를 포함한 성인이 아동에게 행하는 언어적 모욕, 정서적 위협, 감금이나 억제, 기타 가학적인 행위를 말하며, 언어적·정신적·심리적 학대	• 원망적/거부적/적대적 또는 경멸적인 언어폭력 등 • 잠을 재우지 않는 것 • 벌거벗겨 내쫓는 행위 • 형제나 친구 등과 비교, 차별, 편애하는 행위 • 가족 내에서 왕따 시키는 행위 • 아동이 가정폭력을 목격하도록 하는 행위 • 아동을 시설에 버리겠다고 위협하고 짐을 싸서 쫓아내는 행위 • 미성년자 출입금지 업소에 아동을 데리고 다니는 행위 • 아동의 정서발달 및 연령상 감당하기 어려운 것을 강요하는 행위(감금, 약취 및 유인, 아동 노동 착취) • 다른 아동을 학대하도록 강요하는 행위

유형	내용	구체적 행위
성 학대	보호자를 포함한 성인이 자신의 성적 충족을 목적으로 18세 미만의 아동에게 행하는 모든 성적 행위	• 자신의 성적 만족을 위해 아동을 관찰하거나 아동에게 성적인 노출을 하는 행위(옷을 벗기거나 벗겨서 관찰하는 등의 관음적 행위, 성관계 장면을 노출, 나체 및 성기 노출, 자위행위 노출 및 강요, 음란물을 노출하는 행위 등) • 아동을 성적으로 추행하는 행위(구강추행, 성기추행, 항문추행, 기타 신체부위를 성적으로 추행하는 행위 등) • 아동에게 유사성행위를 하는 행위(드라이성교 등) • 성교를 하는 행위(성기삽입, 구강성교, 항문성교) • 성매매를 시키거나 성매매를 매개하는 행위
방임	보호자가 아동에게 위험한 환경에 처하게 하거나 아동에게 필요한 의식주, 의무교육, 의료적 조치 등을 제공하지 않는 행위를 말하며, 유기란 보호자가 아동을 보호하지 않고 버리는 행위	• 물리적 방임 – 기본적인 의식주를 제공하지 않는 행위 – 불결한 환경이나 위험한 상태에 아동을 방치하는 행위 – 아동의 출생신고를 하지 않는 행위, 보호자가 아동을 가정 내에 두고 가출한 경우 – 보호자가 아동을 시설 근처에 두고 사라진 경우 – 보호자가 친족에게 연락하지 않고 무작정 아동을 친족 집 근처에 두고 사라진 경우 등 • 교육적 방임 – 보호자가 아동을 특별한 사유 없이 학교(의무교육)에 보내지 않거나 아동의 무단결석을 방치하는 행위 ※ 의무교육은 6년의 초등교육 및 3년의 중학교를 의미함(「교육기본법」 제8조 제1항) ※ 초등학교 및 중학교의 장은 해당 학교에 취학할 예정인 아동이나 취학 중인 학생이 ① 입학·재취학·전학 또는 편입학 기일 이후 2일 이내에 입학·재취학·전학 또는 편입학하지 아니한 경우, ② 정당한 사유 없이 계속하여 2일 이상 결석하는 경우, ③ 학생의 고용자에 의하여 의무교육을 받는 것이 방해당하는 때 지체 없이 그 보호자 또는 고용자에게 해당 아동이나 학생의 취학 또는 출석을 독촉하거나 의무교육을 받는 것을 방해하지 아니하도록 경고하여야 함(「초·중등교육법 시행령」 제25조) • 의료적 방임 – 아동에게 필요한 의료적 처치 및 개입을 하지 않는 행위 • 유기 – 아동을 보호하지 않고 버리는 행위 – 아동을 병원에 입원시키고 사라진 경우 – 시설 근처에 버리고 가는 행위

■ 아동학대의 징후

유형	신체적 징후	행동적 징후
신체 학대	• 설명하기 어려운 신체적 상흔 • 발생 및 회복에 시간차가 있는 상처 • 비슷한 크기의 반복적으로 긁힌 상처 • 사용된 도구의 모양이 그대로 나타난 상처 • 담뱃불 자국, 뜨거운 물에 잠겨 생긴 화상 자국, 회음부에 있는 화상 자국, 알고 있는 물체 모양(다리미 등)의 화상 자국, 회복 속도가 다양한 화상 자국 • 입, 입술, 치은, 눈, 외음부 상처 • 긁히거나 물린 자국에 의한 상처 • 손목이나 발목에 긁힌 상처, 영유아에게 발견된 붉게 긁힌 상처 • 성인에 의해 물린 상처 • 겨드랑이, 팔뚝 안쪽, 허벅지 안쪽 등 다치기 어려운 부위의 상처 • 대뇌출혈, 망막출혈, 양쪽 안구 손상, 머리카락이 뜯겨나간 두피 혈종 등을 동반한 복잡한 두부 손상 • 고막 천공이나 귓불이 찢겨진 상처와 같은 귀 손상 • 골격계 손상, 시간차가 있는 골절, 치유단계가 다른 여러 부위의 골절, 복합 및 나선형 골절, 척추 손상(특히, 여러 군데의 골절), 영유아의 긴뼈에서 나타나는 간단골절, 걷지 못하는 아이에게서 나타나는 대퇴골절, 골막하출혈의 방사선 사진, 골단 분리, 골막 변형, 골막 석회화 • 간혈종, 간열상, 십이지장 천공, 궤양 등과 같은 복부 손상 • 폐 좌상, 기흉, 흉막삼출과 같은 흉부 손상	• 어른과의 접촉회피 • 다른 아동이 울 때 공포 나타냄 • 공격적이거나 위축된 극단적 행동 • 부모에 대한 두려움 • 집에 가는 것을 두려워함 • 위험에 대한 지속적인 경계
정서 학대	• 발달지연 및 성장장애 • 신체발달저하	• 특정 물건을 계속 빨거나 물어뜯음 • 행동장애(반사회적, 파괴적 행동장애) • 신경성 기질 장애(놀이장애) • 정신신경성 반응(히스테리, 강박, 공포) • 언어장애 • 극단행동, 과잉행동, 자살시도 • 실수에 대한 과잉 반응 • 부모와의 접촉에 대한 두려움

유형	신체적 징후	행동적 징후
성 학대	• 신체적 지표 • 학령 전 아동의 성병 감염 • 임신 • 생식기의 증거 • 아동의 질에 있는 정액 • 찢기거나 손실된 처녀막 • 질에 생긴 상처나 긁힌 자국 • 질의 홍진(紅疹) • 배뇨곤란 • 요도염 • 생식기의 대상포진 • 항문증후 • 항문 괄약근의 손상 • 항문 주변의 멍이나 찰과상 • 항문 내장이 짧아지거나 뒤집힘 • 항문 입구에 생긴 열창 • 항문이 좁아짐 • 회음부의 동통과 가려움 • 변비 • 대변에 혈액이 나옴 • 구강증후 • 입천장의 손상 • 인두(咽頭)임질(pharyngeal gonorrhea)	• 성적 행동지표 • 나이에 맞지 않는 성적 행동 • 해박하고 조숙한 성지식 • 명백하게 성적인 묘사를 한 그림 • 타인과의 성적인 상호관계 • 동물이나 장난감을 대상으로 하는 성적인 상호관계 • 비(非)성적인 행동지표 • 위축, 환상, 유아적 행동(퇴행행동) • 자기 파괴적 위험을 무릅쓴 모험적 행동 • 충동성, 산만함 및 주의집중장애 • 혼자 남아 있기를 거부 또는 외톨이 • 특정 유형의 사람들이나 성에 대한 두려움 • 방화/동물에게 잔혹함(주로 남아의 특징) • 비행, 가출 • 약물 및 알코올 남용 • 자기 파괴적 행동(자살시도) • 범죄행위 • 우울, 불안, 사회관계의 단절 • 수면장애 • 유뇨증/유분증 • 섭식장애(폭식증/거식증) • 야뇨증 • 외상 후 스트레스 장애 • 저조한 학업수행
방임	• 발달지연 및 성장장애 • 비위생적인 신체상태 • 예방접종과 의학적 치료 불이행으로 인한 건강상태 불량 • 아동에게 악취가 지속적으로 나는 경우	• 계절에 맞지 않는 부적절한 옷차림 • 음식을 구걸하거나 훔침 • 비행 또는 도벽 • 학교에 일찍 등교하고 집에 늦게 귀가함 • 지속적인 피로 또는 불안정감 호소 • 수업 중 조는 태도 • 잦은 결석

■ 신고방법

언제?

- 아동의 울음소리, 비명, 신음 소리가 계속되는 경우
- 아동의 상처에 대한 보호자의 설명이 모순되는 경우
- 계절에 맞지 않거나 깨끗하지 않은 옷을 계속 입고 다니는 경우
- 뚜렷한 이유 없이 지각이나 결석이 잦은 경우
- 나이에 맞지 않는 성적 행동을 보이는 경우

무엇을?

- 신고자의 이름, 연락처
- 아동의 이름, 성별, 나이, 주소
- 학대행위자로 의심되는 사람의 이름, 성별, 나이, 주소
- 아동이 위험에 처해 있거나 학대를 받고 있다고 믿는 이유

※ 아동이나 학대행위자의 정보를 파악하지 못해도 신고는 가능하며, 가능한 한 많은 정보를 제공

어떻게?

전화: 국번 없이 112

방문: 관할 지역아동보호전문기관

강남구립 신한 마리오 어린이집
천주교서울대교구 유지재단

앞의 다양한 교육 기록과 함께 안전과 관련된 시설 보험증권을 점검해 놓는다. 교직원을 위한 국민연금, 건강보험, 고용보험, 산재보험의 4대 보험, 50인 이상 식사를 하는 집단 급식소 등록 기관은 가스사고 배상 책임 공제, 놀이시설이 어린이집 소유인 경우 놀이시설 책임 배상 공제, 차량을 운행하는 경우 자동차 보험, 모든 영유아에 관한 안전공제 등의 보험증서와 정보공시를 점검한다.

안전에 관한 항목은 원장과 교사에게 질문이 주어지는 면담이 많으므로 이 책의 제5장 3절의 면담 목록을 참고하여 답변을 준비하기 바란다.

CHAPTER 04

교직원

교직원 영역은 영유아를 위한 인적 환경을 평가하기 위해 원장의 리더십, 교직원의 근무환경, 교직원의 처우와 복지, 교직원의 전문성 제고의 4가지 평가지표로 구성되어 있다.

1 원장의 리더십

1) 전문성 향상의 노력

원장은 전문성, 자부심, 직무 만족도를 향상시켜 안정된 근무환경을 만들어야 하며, 원장의 리더십은 협력적인 조직문화 조성에 초점을 두고 갖춰져야 한다. 원장은 자신이 전문성 향상을 위해 어떤 노력을 해 왔는지 정리해 둔다. 각종 교육에 참여한 기록, 교직원 장학을 위해 노력한 기록 등을 찾아본다. 기관 운영에 관한 철학적 소신을 가지고 보육의 질을 높이기 위해 다양한 노력을 해야 하는 위치이므로 교직원 모두에게 원훈이나 운영방침을 알리고 노력하는 모습을 보이는 것이 좋다. 현재는 표준보육과정(누리과정)을 운영해야 하는 시대이기 때문에 국가수준의 운영방침에 준하여 운영방향을 정한다. 표준보육과정에서 참고할 목적과 구성방향, 추구하는 인간상은 다음과 같다. 이 내용 그대로 사용해도 무방할 것 같다.

〈목적〉

영유아의 심신의 건강과 전인적인 발달을 도와 행복을 도모하며 민주시민의 기초를 형성한다.

〈구성방향〉

- 영유아의 발달특성과 개인차를 고려하여 연령 및 수준별로 구성한다.
- 어린이집에서 편안하고 행복한 일상생활이 되도록 중점을 두어 구성한다
- 질서, 배려, 협력 등 기본생활습관과 바른 인성을 기르는 데 중점을 두어 구성한다.
- 자율성과 창의성을 기르는 데 중점을 두고 전인발달을 이루도록 구성한다.
- 사람과 자연을 존중하고 우리 문화를 이해하는 데 중점을 두어 구성한다.

〈추구하는 인간상〉

- 심신이 건강하고 행복한 사람
- 자율적이고 창의적인 사람
- 자신과 타인을 존중하고 배려하는 사람
- 자연과 우리 문화를 사랑하는 사람
- 다양성을 인정하는 민주적인 사람

2) 교직원 존중과 지원

원장은 교직원을 존중하는 말과 태도를 보이기 위해 노력해야 한다. 교사에게 반말을 하지 않고 '선생님'의 호칭으로 존중받고 있음을 느끼게 대한다.

원장은 교직원의 자기계발을 돕고 역량계발을 위한 교육기회 등을 안내하고 지원해야 한다. 어떤 지원을 했고 안내받은 사례는 무엇인지 교사회의를 통해 이야기를 나눠 보는 것이 좋겠다.

원장은 교직원과 연 1회 이상 면담을 실시해야 하며, 얼마나 정기적으로 하는지, 어떤 면담이 이루어지는지, 가장 최근의 면담 시기는 언제인지, 원장과의 면담을 도움이 되었는지에 대한 질문이 주어진다.

3) 민주적인 의견 수렴

의사결정 과정에서 교직원의 의견이 민주적으로 반영되는지 평가하기 위해 교사회의가 정기적으로 월 1회 이상 이루어지고 회의 관련 내용이 있는지 기록을 중심으로 충족된 내용을 점검한다. 회의록에서 지표의 많은 부분이 검토되므로 기록을 잘 남겨야 한다. 안건을 해결할 때 교직원의 의견을 듣고 반영한 사례가 있는지, 원장은 교사가 의견을 낼 때 경청하고 반영하는지, 반영한 사례가 있다면 무엇인지 면담한다. 우리의 경우 교실을 새롭게 꾸밀 때 도배지 희망 색상 논의, 매년 가족행사를 기획할 때 모두가 의견을 나눈 사례를 기억하여 답변하였다.

<table>
<tr><th colspan="13">교사회의록</th></tr>
<tr><td colspan="2">일시</td><td colspan="5">20○○년 11월 28일 화요일 PM 1:00</td><td colspan="2">회의 구분</td><td colspan="4">☐ 전체 ☐ 주임
☐ 영아 ☐ 유아</td></tr>
<tr><td colspan="13">원장: 김혜경 (인) 주임교사: 김○○ (인) 작성자: 김○○ (인)</td></tr>
<tr><td rowspan="3">공람</td><td rowspan="2">이름</td><td colspan="7">보육교사</td><td colspan="4">기타</td></tr>
<tr><td>김○○</td><td>안○○</td><td>김○○</td><td>유○○</td><td>김○○</td><td>이○○</td><td>이○○</td><td>방○○</td><td>신○○</td><td>유○○</td><td>김○○</td></tr>
<tr><td>날인</td><td></td><td></td><td></td><td></td><td></td><td></td><td></td><td></td><td></td><td></td><td></td></tr>
<tr><th colspan="3">회의 안건</th><th colspan="6">논의 내용(설명 · 결론 · 행동조치)</th><th colspan="2">책임자</th><th colspan="2">기한</th></tr>
<tr><td colspan="3">1. 각 반 동향보고</td><td colspan="6">가가반: 영아들의 장염 증세에 유의하고 있음
나나반: 조○○ 가족여행으로 결석
다다반: 정○○ 손가락 가정에서 다침
라라반: 박○○ 아빠 따라 고성 감
마마반: 정○○ 컨디션 나빠서 가정보육함</td><td colspan="2">각 반 교사</td><td colspan="2"></td></tr>
<tr><td colspan="2">2.
업무 지시
및 논의
·
각자의
업무 추진
현황 보고</td><td>어린이집
행사
관련 사항</td><td colspan="6">– 11월 29일(수) 유아반 김장체험학습 감
8시 반까지 등원 후 오전간식 먹고 9시 출발 예정
다다: 14명, 라라: 19명, 마마: 20명, 총 53명 예정
– 12월 1일(금) 마마반 지구마켓 바자회 예정
바자회 끝나고 나비플라자에서 미니콘서트 예정
– 12월 6일(수) 졸업여행 예정
장소: 이천자연나라
– 12월 20일(수) 나비들의 크리스마스 축제 예정
각 반 율동 자율로 정하고 다음 주 회의에서 협의
행사 준비 각자 업무 철저히 하기
– 12월 29일: 종무식. 20○○년 1월 2일: 시무식</td><td colspan="2">모든 교직원</td><td colspan="2"></td></tr>
</table>

회의 안건		논의 내용(설명 · 결론 · 행동조치)	책임자	기한
2. 업무 지시 및 논의 · 각자의 업무 추진 현황 보고	평가인증 관련 사항	- 각 반 겨울 환경은 데코팀과 협의하기 - 회계 철저하게 하기 - 신입원아 서류 정확하게 해서 받기 - 12월 26일~12월 29일 교직원 상담기간	모든 교직원	
	건강 · 위생 관련 사항	- 영유아에게 소매로 가리고 기침하는 교육하기	김○○ 모든 교직원	
	안전 관련 사항	- 다다반 사용하던 소독고 A/S 받음 → 안전한 부착은 강남구 기동보수반에 요청하기 - 영유아 공간에 위험한 물건 두지 않기	안○○ 모든 교직원	
3. 아동학대 예방 및 안전교육		- 교실에서 작고 위험한 물건 모두 제거하기 - 유아반은 원에서 생활하는 시간 중에 성교육 안전교육 실시하기	모든 교직원	
4. 외부교육 후 전달교육		- 이번 주는 없음		
5. 카카오톡 업무 교신	잠복결핵 검진 관련 시항	- 잠복결핵 검진대상: 원장님, 유 조리사, 김○○ 보육도우미, 신○○ 교사, 방○○ 교사 11월 27일부터 강남 ○○병원 방문하여 실시하고 영수증은 김○○ 교사에게 전달	김○○	
	20○○년도 신입원아 관련 사항	- 12월 1일(금)에 입소대기 순서대로 전화할 예정 입소 일주일 전 서류 철저하게 받기	김○○	
6. 비고		- 20○○학년도 오리엔테이션 2월 7일 수요일 예정 / 내년부터 2월 하순에 실시하자는 의견이 있었음(김○○, 정○○) - 입소대기자 연락 전에 재원생 재원 여부 파악하기	모든 교직원	

4) 근속기간

평가 직전 월까지 24개월 이상 근속한 교사가 전체의 50% 이상이 되어야 한다. 개원 2년 미만인 기관은 설립 시부터 현재까지 근무한 교사가 50% 이상이면 인정되고 출산전후휴가와 육아휴직인 교사도 근무교사로 인정한다. 교사가 3인 이하인 경우 2년 이상 근속교사가 1명 이상인 경우 인정한다.

2 교직원의 근무환경

1) 교사실과 개인사물함

영유아를 위한 물리적 환경과 함께 교사를 배려한 근무환경도 평가의 내용이 된다. 교사실과 개인사물함, 업무지원 자료 및 설비, 성인용 화장실 등을 평가한다. 자세한 내용은 책의 제1장 보육환경 부분을 참고한다.

교사실이 별도로 마련되어 있거나 교사의 휴식을 위한 공간과 설비가 마련되어 있어야 한다. 교사들이 함께 모여 회의를 하거나 활동자료를 준비할 수 있는 별도 공간을 마련하고 영유아 활동공간과 분리되어 실내에 교직원들이 사용하는 공간으로 업무지원 설비가 구비되어야 한다. 교사의 휴식을 위한 별도 공간에는 탁자나 휴식용 의자, 쿠션 등이 마련되어 있어야 한다.

교사가 일상적으로 사용하기 쉬운 장소에 개인사물함이 있어야 하며, 사물함을 공동으로 사용하거나 교재교구 등을 함께 보관하고 있으면 개인사물함으로 평정하지 않는다.

2) 업무지원을 위한 자료와 설비

교사용 참고자료를 총 30권 이상, 연령별과 영역별로 다양하게 구비하고 있어야 하는데 전문도서와 시청각 자료가 포함된다. 세트로 구성된 자료는 1권으로 평정한다.

자료실이나 교사실 등 교사가 쉽게 접근할 수 있는 장소에 보관하여 필요할 때 언제나 손쉽게 관리되고 있어야 한다.

기관 내에 교사가 개별 혹은 공동으로 사용할 수 있는 업무용 책상과 의자가 마련되어 있어야 하며 컴퓨터, 프린터, 스캐너, 복사기, 카메라, 캠코더, 빔 프로젝터 등 보육업무에 필요한 설비가 지원되어 실제로 사용하기 쉬운 교실이나 교사실, 자료실에 비치되어야 한다.

장애영유아를 위한 보육교사가 배치되어 있는 경우에 한하여 장애영유아의 장애 유형 및 발달 수준에 맞는 진단 평가 도구 및 자료가 3종 이상 구비되어 있어야 한다.

3) 성인 화장실

정원 20인 이하로 실내에 화장실이 1개인 소규모 기관을 제외하고 성인용 화장실이 별도로 마련되어 있어야 한다. 부모와 교직원 등이 편안하고 쾌적하게 사용할 수 있도록 성인용 화장실을 확보하거나 영유아용 화장실 내에 성인용 변기를 별도로 마련해야 한다.

3 교직원의 처우와 복지

1) 공정한 인사관리

임용된 모든 교직원의 근로계약을 서면으로 체결하여 상호 날인한 기록이 있어야 한다. 대표자와 원장이 동일하지 않은 경우 원장도 근로계약 체결 대상에 포함된다. 근로계약서에는 개별 교직원의 임금, 근로시간, 휴일, 연차 등의 내용이 명시되어야 한다. 근로계약에 대한 동의와 확인은 어떤 식으로 이루어지고 갱신 시기는 언제인지 면담한다. 취업규칙이 문서화되어 있고 교직원이 자유롭게 열람할 수 있게 접근 가능한 공간에 게시되어 있거나 회람하여 공지한 기록이 있어야 한다.

근로계약서를 작성하면서 아동학대 방지를 위해 체벌금지 서약서 등의 서류도 함께 작성하는 것이 좋다.

체벌금지 서약서

주　　소:
성　　명:
생 년 월 일:

본인은 ○○○어린이집에 근무함에 있어 규칙 및 명령 등을 준수함은 물론 아동학대에 대한 아동학대 및 처벌금지에 대한 서약을 합니다. 체벌하지 않는 교사로 최선을 다할 것이며, 고의 및 과실로 인하여 ○○○어린이집에 손해를 끼쳤을 때는 ○○○어린이집 규정에 의하여 배상과 인사규정에 의한 처벌도 감수할 것을 서약합니다.

년　월　일

서약인:　　　　(印)

○○○어린이집

2) 교직원의 보수

교직원의 임금, 경력, 시간외근무수당 등이 포함된 보수 관련 규정이 문서화되어 있고 이를 준수하고 있는지 평정하기 위해 근로계약서, 급여 명세서, 급여 이체 확인 서류 등을 확인한다.

3) 교직원의 복지

교직원의 복지를 위해 출산전후휴가, 연차, 포상휴가, 상여금, 명절 선물, 교직원 동호회 활동 지원 등을 실시한 기록이 있어야 한다.

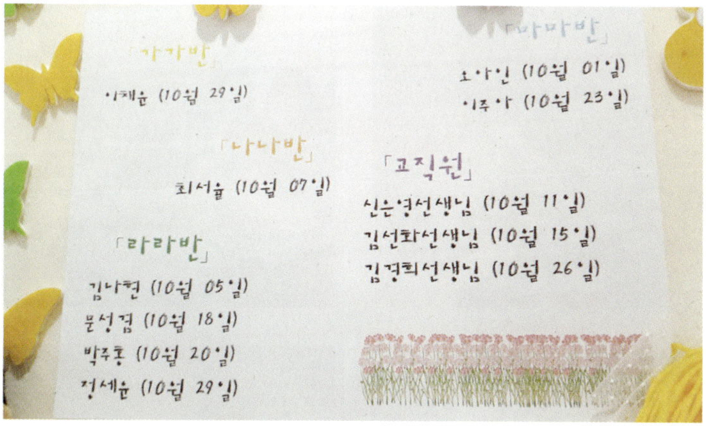

교직원의 생일도 함께 축하하는 게시판

우리의 경우, 교직원의 생일에 어린이집 상징이 담긴 카드를 선택하여 모두가 축하 메시지를 적고 생일을 맞은 교직원에게 전달한다. 어린이집 이름인 나비는 영유아에게는 '날아다니는 나비처럼 자유롭고 행복하게 자라자.'는 의미가 있고 교직원과 부모에게는 '나로부터 비롯되는 행복을 추구하며 살자.'는 의미가 있다. 센스 있는 조직활성화팀 교사들이 이 카드를 찾아 준비하였고 모든 교직원의 생일에 롤링페이퍼를 만든다. 카드와 함께 1인당 3만 원 이내의 선물을 본인이 선택하게 하여 구입 후 전달한다.

모두가 같은 것으로 받는 축하카드와 선물 전달 모습

다양한 분위기의 회식과 나들이

4 교직원의 전문성

1) 신규 교직원 오리엔테이션

정규 교직원을 포함한 대체교사, 실습생, 자원봉사자 등 모든 신규 교직원에게 오리엔테이션을 실시한 자료를 문서로 구비하고 운영일지 등에 기록을 관리해야 한다. 신규 인력 모두에게 기관의 운영철학과 보육목표, 비상사태 발생 시 대처방법, 아동학대 예방 등을 교육하고 각자 업무에 필요한 부분을 첨가하여 자료를 제작하면 된다. 그 사례는 다음과 같다.

신입교사 오리엔테이션

1. 오리엔테이션의 목표

신입 보육교사에게 새로 근무할 보육시설의 보육철학과 운영방침 등에 대해 체계적인 안내를 해 줌으로써 빠른 시간 내에 전문적인 보육교사 업무를 수행할 수 있도록 돕는다.

2. 어린이집 소개

- 어린이집의 보육철학 및 운영방침
- 어린이집 현황
- 보육프로그램의 특성

3. 오리엔테이션 일시 및 횟수

- 근무 시작 후 1~2주일 내 실시
- 총 1~3회 실시(근무상황에 따라 일시와 횟수 조정)

4. 오리엔테이션 내용 및 방법

내용	방법	담당자	자료
• 어린이집의 보육철학 및 운영방침 • 어린이집 현황 소개 • 보육교사의 업무 및 자세 • 운영규정 및 복무규정에 대한 이해 • 해당 반 영유아에 대한 이해	• 어린이집 운영 전반에 대한 숙지 및 보육프로그램에 대한 논의	시설장 주임교사	안내 소책자 참고
• 보육프로그램의 특성 – 표준보육과정에 대한 이해 – 보육목표의 이해 • 하루일과에 따른 교사의 역할	• 관련 도서 숙지 및 논의 • 토론 및 질의응답	주임교사	표준보육과정 관련 책자 참고
• 보육일지 및 영유아 관찰기록 작성법 • 해당 반 영유아에 대한 문서관리 – 입학원서, 생활기록부, 출석부 등	• 보육일지, 관찰기록 등의 작성방법 숙지 및 논의	주임교사	보육일지 및 관찰기록 등의 예시 참고
• 부모면담 기법 및 부모 관리 – 부모면담 계획 및 준비 – 부모면담 기법	• 부모면담을 위한 관련 자료 준비 및 상담 시 유의사항 설명 및 논의	시설장 주임교사	부모 면담자료 예시 참고
• 건강, 영양, 안전관리 – 건강검진 및 신체계측에 대한 안내 – 식단 작성 및 식습관지도 – 안전교육 및 긴급상황 시 대처방법	• 영유아의 건강과 안전에 관련된 지침, 긴급상황 시 교사지침 등에 대한 숙지 및 논의	주임교사	관련 자료 참고

ㅇㅇㅇ어린이집

신입교사 자료

조리사 오리엔테이션

1. 어린이집 소개
   - 어린이집의 보육철학 및 운영방침
   - 어린이집 현황
   - 아동학대 예방

2. 조리사의 준수사항 및 역할

1) 건강관리 사항

① 조리사는 반드시 연 1회 건강검진을 받도록 한다.

② 「식품위생법」, 「감염병 예방법」에 따라 집단 발생의 우려가 있는 감염병에 걸린 자는 조리에 종사할 수 없다.

2) 위생관리 사항

① 조리사는 항상 깨끗한 상태를 유지한다.

② 청소를 하거나 조리 외 다른 일을 할 때에는 별도의 앞치마를 착용한다.

③ 조리사는 위생복과 위생모를 착용하며, 위생복을 착용한 채 실외나 화장실에 가지 않는다.

④ 조리사는 손 청결에 주의하며, 항상 손을 씻도록 한다.

※ 손을 씻거나 소독하여야 할 경우

- 조리음식을 조리하거나 보관, 저장할 때
- 코를 풀고 나서
- 흡연하거나 오물을 만진 후
- 작업 전후 또는 작업이 바뀔 때마다
- 계란 등 식품을 취급한 후
- 조리실에 들어가기 전
- 화장실 이용 후
- 애완동물을 만졌을 경우
- 외출해서 돌아왔을 때
- 전화를 받은 후

3) 용모 관련 사항

① 흰색 위생복을 착용하며, 위생모는 머리카락이 보이지 않도록 착용한다.

② 반지나 시계 등 액세서리 착용, 눈화장이나 향수 사용 등의 진한 화장을 삼간다.

③ 습관적으로 신체의 일부를 만지지 않는다.

4) 조리실 위생관리 사항

① 조리실 내에는 조리실 종사자 이외에 외부인이 함부로 들어오지 못하게 한다.

② 냉장고, 조리대, 건조대, 조리도구 및 식기 등을 청결하고 위생적으로 관리한다.

③ 조리실 청결을 항상 유지하며, 환기, 청소, 소독 등을 정기적으로 실시한다.

- 매일 청소: 급식기기 및 배식 기구, 주방의 벽 및 바닥, 배수구, 식품보관소 등
- 주 1회 청소: 배기후드, 조명 및 환기 설비, 각종 기구 소독, 선반과 냉장고 내부/위
- 월 1회 청소: 유리창 청소, 방충망 청소, 창고 대청소 등

5) 급식설비와 식기류 위생관리 사항

① 칼, 도마, 수세미, 행주, 고무장갑, 식재료 바구니 등은 용도별로 구분하여 사용, 보관한다.

② 칼, 도마, 행주, 식재료 바구니 등은 바닥으로부터 60cm 이상의 높이에서 보관한다.

③ 칼, 도마, 행주, 고무장갑, 수세미 등은 소독하여 사용, 보관한다.

6) 식재료의 위생적 관리사항

① 모든 식재료는 신선한 것을 구입하여 사용한다.
② 유통기한이 표시된 모든 식재료는 표시된 유통일자를 준수한다.
③ 우유, 유제품은 매일 배달받도록 한다.
④ 식품검수 시 수량뿐만 아니라 식품의 신선도, 품질 등을 확인한다.
⑤ 각 제품별로 부착된 식품 표시 사항에 준하여 식품을 보관한다.
⑥ 식재료는 한꺼번에 많이 구입하지 않고 당일 소요되는 재료만 구입한다.
⑦ 배식은 위생적으로 실시하며, 먹고 남은 음식은 반드시 폐기한다.

7) 식품보관 시 유의사항

① 냉장, 냉동식품은 실온에 방치하지 않는다.
② 냉동육 등을 해동하기 위해서는 냉장온도(4℃ 이하)에서 서서히 녹인다.
③ 포장된 식품은 반드시 씻어서 표면을 깨끗이 한 후 냉장 또는 냉동 보관한다.
④ 캔 제품은 개봉 후 반드시 용기를 바꾼다.
⑤ 식품은 골판지 등의 종이 상자류에 담긴 상태 그대로 냉장고 또는 냉동고에 보관하지 않는다.
⑥ 남은 식재료는 공기에 노출되지 않도록 비닐 팩이나 밀폐용기에 잘 넣어 보관한다.
⑦ 고춧가루나 다진 마늘 등은 냉동실에 보관한다.
⑧ 식품보관 시 냉장고 상단은 조리된 식품을, 하단은 식재료를 보관하여 교차오염의 발생을 방지한다.

8) 보존식 관리사항

① 보존식이란 식중독 사건에 대비하여 어린이집에서 제공한 식사를 72시간 동안 보존하는 것이다.
② 보존식 관리를 위해서는 보존식 전용용기가 있어야 하며, 냉동고에 보관해야 한다.
③ 보존식은 배식 직전에 소독된 보존식 전용용기에 음식의 종류별로 100g 이상(단, 뚜껑에 음식이 닿지 않을 정도)을 담는다.
④ 보존식에 채취일자와 폐기일자를 기록하여 72시간 냉동 보관(−18℃ 이하)한다.
⑤ 음식 간에 혼합되지 않도록 주의한다.

9) 음식물 쓰레기 처리사항

① 잔반 수거통과 일반 쓰레기통을 분리하여 사용한다.
② 쓰레기통은 식품보관 장소와 떨어져 있어야 한다.
③ 잔반 수거통은 반드시 뚜껑을 사용하며, 냄새가 나거나 액체가 새지 않도록 한다.
④ 잔반 수거통의 2/3 이상 채워지지 않도록 하며, 쥐나 곤충이 접근하지 않도록 즉시 반출한다.

ㅇㅇㅇ어린이집

조리 인력 자료

자원봉사자 오리엔테이션

[사전교육]

1. 자원봉사자의 자세
   - 남은 시간을 소비하는 차원에서 벗어나 의미 있는 일을 한다는 책임 있는 자세가 필요하다.
   - 주어진 일만 한다는 소극적 자세보다 능동적으로 일에 임하는 자세가 필요하다.
   - 영유아와 함께 생활하는 중 어려운 상황이 발생했을 때는 반드시 교사의 자문을 구한다.

2. 어린이집 소개

3. 봉사활동 내용
   - 영유아와의 놀이
   - 이 닦기 보조
   - 낮잠 후 이불 정돈
   - 나들이 갈 때 안전 및 보호활동
   - 장난감 세척
   - 청소
   - 간식 준비, 식사 시 보조
   - 담임교사보조

4. 봉사활동의 진행방법과 역할분담

5. 활동 시 준수사항
   - 안전사고에 대한 세심한 주의가 필요하다.
   - 영유아의 행동 및 놀이를 관찰하여 놀이를 촉진할 수 있도록 돕는다.
   - 기관의 규칙을 이해하고 문제 발생 시 대처방법에 관해 교사의 도움을 받는다.
   - 영유아와의 상호작용 시 언어 사용에 세심한 주의를 한다.
   - 아동학대의 유형을 이해하고 예방한다.

ㅇㅇㅇ어린이집

자원봉사자 자료

차량 기사 오리엔테이션

1. 어린이집 소개
   - 어린이집의 보육철학 및 운영방침
   - 어린이집 현황
   - 아동학대 예방

2. 어린이집 차량기사의 준수사항

어린이 통학버스 관련 규정(「도로교통법」 제51조 및 제53조) 및 보육시설의 운영기준(「영유아보육법 시행규칙」 제23조)과 관련하여 어린이집에서 차량을 운행하는 경우 다음의 사항을 준수한다.

1) 차량은 11인승 이상 승합자동차에 한하며, 「도로교통법」 제48조 4의 규정에 의하여 미리 어린이통학버스로 관할 경찰서장에게 신고하고 신고필증을 교부받는다.
2) 운전기사는 채용 시 건강진단서를 제출한다.
3) 어린이집에서 운행 중인 모든 차량에는 차량 내에 안전수칙을 부착하고, 차량용 소화기 및 구급상자를 비치해야 하며, 차량안전점검표에 의한 안전점검을 실시한다.
4) 차량 운행 시 보육교사 등 영유아를 보호할 수 있는 사람이 동승하여야 하고, 36개월 미만 영아를 탑승시키는 때에는 보호자가 동반하거나 보호장구를 착용한다.
5) 교사와 영유아는 차량 운행시작 전 안전벨트를 착용한다.
6) 운전자는 영유아가 어린이통학버스를 타고 내리는 때에 영유아가 좌석에 앉은 것과 보도 또는 길 가장자리 구역 등 자동차로부터 안전한 장소에 도착한 것을 확인한 후 출발한다.
7) 운전자는 영유아가 어린이통학버스를 타고 내리는 때에 점멸등 등을 작동하여 영유아가 타고 있음을 확인시킨다.
8) 운전자는 음주, 휴대폰 또는 이어폰 사용 등 운전판단 능력에 영향을 미치는 행위를 하지 않는다.
9) 귀가 차량 운행 시 영유아를 안전하게 보호자에게 인도한다.

3. 차량 운행 시간

- ㅇㅇㅇ어린이집 차량 시간표 안내

ㅇㅇㅇ어린이집

차량 기사 자료

대체교사 오리엔테이션

1. 어린이집 소개
   - 어린이집의 보육철학 및 운영방침
   - 어린이집 현황
   - 보육프로그램 특성
   - 아동학대 예방

2. 대체교사 진행과정 안내

요일	전달내용	준비사항	협조내용
1일(월)			
2일(화)			
3일(수)			
4일(목)			
5일(금)			

3. 대체교사 유의사항

① 출퇴근 시간을 지킨다.
② 근무시간에 사전 허락 없이 외출하지 않는다.
③ 어린이집의 보육방침을 이해하고, 준수한다.
④ 잘 모르는 사항에 대해 부모가 물으면 반드시 교사에게 확인한 후 답변한다.
⑤ 용모는 항상 단정하게 하고 다닌다.
⑥ 영유아를 체벌하지 않는다.
⑦ 해당 반 영유아의 이름을 되도록 빨리 외운다.

○○○어린이집

대체교사 자료

다양한 인력에 대한 오리엔테이션 내용은 김혜경의 『영유아기관 운영과 관리』(창지사. 2016) 책을 참고한다.

신규 교직원에게 오리엔테이션을 실시할 때 모든 교직원의 업무분장 상태를 알려주고 자신의 업무를 잘 이해하도록 한다. 공동담임인 경우 같은 교실 내에서의 업무도 세분하여 분장하게 되면 갈등 없이 자신의 책임을 다하게 된다.

■ 교직원 개인 업무분장 사례

<table>
<tr><th>담당</th><th colspan="2">고유업무, 공동업무(위생 / 기타)</th><th>비고</th></tr>
<tr><td rowspan="2">김혜경
(원장)</td><td colspan="2">• 어린이집 운영관리 총괄</td><td rowspan="2">주요업무와 문서의 결재 주기 확인</td></tr>
<tr><td>• 일지 및 공동업무 서류 평가
• 부모칼럼
• 교직원 회의
• 운영위원 관리
• 구청 및 재단 관련 업무
• 운영 및 교육정보 수집
• 교직원 근무 평정</td><td>• 시설, 설비 관리 점검
• 화분 관리
• 전체 및 각 공간 게시판 점검
• 미세먼지 농도 알림 담당
• 계약서 관리
• 보육통합 관리</td></tr>
<tr><td rowspan="2">김○○
(주임 교사)</td><td colspan="2">• 학급 운영 계획 및 운영 • 교육활동 계획 및 실행 • 아동, 학부모 관리</td><td rowspan="2"></td></tr>
<tr><td>• 원장 부재 시 대리
• 영유아반 전체 운영관리(총괄)
• 전체 행사계획 및 일지 작성+ 이○○
• 행정 및 회계관리+ 김○○
① 수입지출결의서, 회계보고(매월)
② 특별활동비, 현장학습, 기본보육료, 공공사용료 정산(매월)
③ 보조금 신청 및 정산(누리보조금, 환경개선비)
④ 교직원 임면서류
⑤ 예·결산 & 연말정산
⑥ 급여관리 및 4대 보험 / 퇴직금 관리
⑦ 정보공시 관리
⑧ 맞춤보육 및 긴급 바우처 등록</td><td>• 교직원 교육파일 관리(신입, 재교육 / 법정의무교육)
• 신입교사 관리
• 자원봉사자 및 실습생 관리
• 가정통신문 관리
• 월별일정표 게시
• 당직표 관리
• 교직원 휴가 관리
• 영아반 교재교구+ 유○○
• 교사 도서+ 방○○
• 운영위원회</td></tr>
<tr><td rowspan="2">이○○
(교사)</td><td colspan="2">• 학급 운영 계획 및 운영 • 교육활동 계획 및 실행 • 아동, 학부모 관리</td><td rowspan="2"></td></tr>
<tr><td>• 유아반 도서(총괄)+ 김○○
• 누리 교재교구 관리
- 누리 도서 대장 및 대출 대장
• 소모품 관리 및 신청+ 이○○
- 교재실 재고: 소모품, 환경구성용품
- 수용비, 기타후생경비 물품 목록</td><td>• 현장학습(총괄)+ 김○○
• 특별활동
• 조직 활성화(친목 및 상조)
• 개인정보 관리(비상연락망 관리- 매월 1회 수정 보완, 어린이집 홈페이지 관리 및 정보공시, CCTV 점검)</td></tr>
<tr><td rowspan="2">김○○
(교사)</td><td colspan="2">• 학급 운영 계획 및 운영 • 교육활동 계획 및 실행 • 아동, 학부모 관리</td><td rowspan="2"></td></tr>
<tr><td>• 영양, 위생관리(총괄)+ 유○○
(식단표 관리 및 원산지 표기 식재료 발주 및 관리 등)
• 교사회의록 기록 및 관리하기</td><td>• 통합보육 및 운영일지 관리
• 교직원 출근부 및 외출부 관리
• 현관 및 전체 환경구성 및 게시판 관리+ 안○○
• 영아반 도서(총괄)+ 안○○</td></tr>
</table>

<table>
<tr><th>담당</th><th colspan="2">고유업무, 공동업무(위생 / 기타)</th><th>비고</th></tr>
<tr><td rowspan="2">이○○
(교사)</td><td colspan="2">• 학급 운영 계획 및 운영 • 교육활동 계획 및 실행 • 아동, 학부모 관리</td><td rowspan="2"></td></tr>
<tr><td>• 물품신청서 관리 및 구입+ 이○○
– 교재교구비 물품 목록
• 비품(교구성, 가전, 전자제품) 및 A/S 관리
• 어린이집 행사 및 부모교육 계획 및 관리(총괄)+ 김○○
• 유아반 교재교구(총괄)+ 방○○</td><td>• 교수자료 및 시청각자료 대장 관리</td></tr>
<tr><td rowspan="2">안○○
(교사)</td><td colspan="2">• 학급 운영 계획 및 운영 • 교육활동 계획 및 실행 • 아동, 학부모 관리</td><td rowspan="2"></td></tr>
<tr><td>• 전체 안전 및 소방관리(총괄)
– 전기, 가스 방역 건축, 석면, 공기질 측정 검사 대장 관리
– 소화기 관리
– 교직원, 아동 소방안전 교육/소방 훈련
– 일일 안전, 위생 체크리스트 관리
• 투약의뢰서 및 보고서 점검</td><td>• 현관 및 전체 환경구성 및 게시판 관리(총괄)+ 김○○
• 영아반 도서+ 김○○</td></tr>
<tr><td rowspan="2">김○○
(교사)</td><td colspan="2">• 학급 운영 계획 및 운영 • 교육활동 계획 및 실행 • 아동, 학부모 관리</td><td rowspan="2"></td></tr>
<tr><td>• 행정 및 회계관리+ 김○○
① 수입지출결의서, 회계보고(월별)
② 특별활동비, 현장학습, 기본보육료, 공공사용료 정산
③ 보조금 신청 및 정산(누리보조금, 환경개선비)
④ 교직원 임면서류
⑤ 예·결산 & 연말정산</td><td>⑥ 급여관리 및 4대 보험 / 퇴직금 관리
⑦ 정보공시 관리
⑧ 긴급바우처 등록
• 전화통화 관리(일지)
• 아동 입·퇴소 관리
• 유아반 도서+ 이○○
• 보육통합시스템 관리</td></tr>
<tr><td rowspan="2">유○○
(교사)</td><td colspan="2">• 학급 운영 계획 및 운영 • 교육활동 계획 및 실행 • 아동, 학부모 관리</td><td rowspan="2"></td></tr>
<tr><td>• 영아반 교재교구(총괄)+ 김○○
• 나비플라자 도서 및 교구 관리+ 신○○ (정리정돈 및 청결관리 포함)
• 생일판 관리
• 조직 활성화(친목 및 상조)</td><td>• 교사실 관리(총괄)(보육교직원 모두 협조)+ 방○○
– 청결, 정리정돈, 위생관리
– 물품 정리정돈 및 관리
• 창고관리 → 창고물품 목록표 부착</td></tr>
<tr><td rowspan="2">신○○
(누리
보조)</td><td colspan="2">• 영유아 보육 보조 • 보육공백 시 대체보육 • 행정사무 및 급식, 청소 등</td><td rowspan="2">– 공동구역 청결관리
* 주황화장실, 파랑화장실 체크리스트 담당</td></tr>
<tr><td>• 라라(오전 2시간), 마마반(오후 2시간) 일과보조(2H x 2)
• 주황, 파랑화장실 청결, 위생관리(총괄) (안전점검표 체크리스트)
• 나비플라자 도서 및 교구 관리(총괄)+ 유○○(정리정돈 및 청결관리 포함)</td><td>– 청결, 정리정돈, 위생관리
– 물품 정리정돈 및 관리</td></tr>
</table>

<table>
<tr><th>담당</th><th colspan="2">고유업무, 공동업무(위생 / 기타)</th><th>비고</th></tr>
<tr><td rowspan="2">유○○
(조리사)</td><td colspan="2">• 조리 및 급식 • 주방 청결 및 정리정돈</td><td rowspan="2"></td></tr>
<tr><td>• 주방서류 관리
• 주방 비품 대장 관리
• 주방 청결 및 물품 정리정돈
• 정수기 관리(하루 3회 소독 실시)
• 음식물 쓰레기 관리</td><td>• 성인 화장실 청결, 위생관리
– 롤 화장지, 티슈 채우기
– 수시로 수건 교체하기
• 매일 쓰레기 관리+ 주방 쓰레기 +(김○○)</td></tr>
<tr><td rowspan="2">김○○
(보육
도우미)</td><td colspan="2">• 급식, 청소, 화분 관리 등</td><td rowspan="2">* 나비플라자
☞ 체크리스트 담당</td></tr>
<tr><td>• 주방 보조
• 공유공간(나비플라자, 복도, 유희실, 외부계단 등) 청결관리
• 청소도구 관리(정리정돈)
• 창문 자국 및 먼지 제거(수시)
• 화분 및 수족관 관리(먹이 주기)
• 매일 쓰레기 관리+주방 쓰레기+(유○○)
• 나비플라자 정수기 매일 1회 세척 및 소독(컵 관리)</td><td>• 세탁실 청결 및 위생관리
• 세탁물 관리(오전/오후 2회)
• 각 화장실 화장지, 수건 점검(2회 이상), 세면대 물기 제거
• 신발장 및 내빈용 실내화 청결관리
• 우산꽂이 청결관리(격주 물 세척)
• 주황, 파랑화장실 청결, 위생관리 +신○○
(안전점검표 체크리스트)
• 다다반 양치지도
• 폐기물 관리</td></tr>
<tr><td>방○○
(보조
교사)</td><td>• 영아반 일과보조
• 공유공간 청소 및 청결관리
• 현관 출입 안내
• 교사 도서(총괄)</td><td>• 약장(약품) 및 사용대장 관리(신청 및 구매)
• 교사실 관리+ 유○○</td><td>* 성인 화장실 담당
☞ 체크리스트 담당</td></tr>
<tr><td>공동</td><td>• 파랑화장실: 유아반 교사(3명) 담당
• 주황화장실: 영아반 교사(4명) 담당
• 화장실 체크리스트 담당(신○○)
• 성인 화장실: 조리사(유○○) 담당
• 성인 화장실 체크리스트 담당(방○○)
• 세탁실 및 세탁물 관리+ 김○○ (보육도우미) 담당
☞ 세제로 청소하기
수시로 정리정돈하기
화장지 및 수건 교체하기</td><td>• 세탁물 널기 및 정리
– 오전/오후 당직자
• 담당 공간, 유지보수 및 보고
설비 고장이나 보수 필요한 곳, 위험물 제거 등 확인 후 보고하기
(주 담당자: 체크리스트 작성하기)</td><td></td></tr>
</table>

※ 주요 업무는 2인 이상이 공동관리하여 담당자 부재 시의 공백을 최소화한다.

우리 기관은 업무분장을 할 때 가능하면 각자의 특성을 살릴 수 있는 방안을 찾았다. 최근에 석사학위과정을 마쳐서 문장능력이 훌륭한 교사가 가정통신문을 만들고 서류 정리 책임을 담당한다. 미술학원을 운영하다 보육현장에 온 교사는 환경구성과 안전을 담당하고, 어머니께서 집단급식소 위생점검을 하시는 교사는 주방 관련 점검업무를 담당한다. 연령상 막내인 초임교사가 교사실 청소를 담당하고, 유아교육현장에 오기 전 장시간 총무과에서 일한 경력이 있는 교사가 회계업무를 담당한다. 출신 대학의 치어리더로 활동했던 교사가 연주활동을 지도하고, 부모교육 전문강사의 경력을 가진 교사는 엄마들의 목소리가 큰 학급을 담당한다. 앞으로도 적성을 살리고 희망업무를 조사하여 민주적인 방식으로 분장될 수 있도록 할 예정이다.

오랜 기간 식당 운영 경력의 조리사, 목사님 사모님으로 항상 선한 미소로 일하는 보육도우미, 개원 때부터 함께 한 분위기 메이커 누리교사, 교수님 추천으로 현장실습을 나왔다가 눌러앉은 보조교사 등 좋은 인력들 덕택에 늘 감사하다. 기관 운영의 핵심은 인사관리이며, 평가인증의 모든 과정에서도 교직원의 화합이 가장 중요하기 때문이다.

공동담임이나 공동업무를 담당할 때는 각자가 해야 할 일을 세밀하고 공정하게 나눈다. 사소한 갈등으로 인한 심리적 에너지 낭비를 막고 모두 즐겁게 지내기 위한 방안이 된다. 다음은 2명이 공동담임을 맡고 있는 만 1세 교실의 업무분장표이다.

<table>
<tr><td>반 명</td><td>가가반(만 1세)</td><td>교사</td><td>김○○, 안○○</td></tr>
<tr><td rowspan="2">구분</td><td colspan="3">교사의 역할</td></tr>
<tr><td>교사 1(주교사)</td><td colspan="2">교사 2(보조교사)</td></tr>
<tr><td rowspan="2">등원 및 맞이하기</td><td colspan="3">• 커튼 계폐 및 교실 환기 • 영아의 컨디션이나 기분상태 시진하며 맞이하기</td></tr>
<tr><td>• 수업계획 및 준비물 체크하기
• 영아 소지품 정리 도와주기(수첩, 투약 등)</td><td colspan="2">• 식수 준비하기
• 영아 소지품 정리 도와주기(수첩, 투약 등)
• 영아 투약하기(투약의뢰서 확인)</td></tr>
<tr><td>오전간식
(9:20~9:40)</td><td>• 안전하게 영아 인솔하여 화장실로 이동하기
• 화장실 및 손 씻기 지도 / 간식 지도하기</td><td colspan="2">• 뒤에 남아 있는 영아 지도하며 교실로 오기
• 간식 준비 및 정리하기</td></tr>
<tr><td>오전실내 자유놀이
(9:40~10:40)</td><td colspan="3">• 교육활동 진행하기 • 개별 활동 지도 및 지원하기
• 영아의 컨디션이나 건강상태 체크하며 적절한 도움 주기</td></tr>
<tr><td>정리정돈 및 기저귀 갈이 · 배변활동
(10:40~10:50)</td><td>• 정리정돈 지도하기
• 화장실 및 손 씻기 지도하기</td><td colspan="2">• 교실 마무리 점검하고 화장실로 이동하기</td></tr>
<tr><td rowspan="2">오전실외 자유놀이
(10:50~11:20)</td><td colspan="3">• 실외활동 시 안전지도하기
• 비상시, 신속히 대처하기(도움 요청 및 전화 연락)
• 실외활동 진행 및 지원하기</td></tr>
<tr><td>• 주 실외활동 진행 및 지원하기</td><td colspan="2">• 비상연락망, 비상약, 티슈, 휴대폰 챙기기</td></tr>
<tr><td rowspan="2">점심 및 조용한 놀이, 낮잠준비 및 낮잠
(11:20~15:20)</td><td colspan="3">• 점심지도 및 낮잠지도하기 • 화장실 및 양치지도하기 • 낮잠지도하기</td></tr>
<tr><td>• 편안하고 즐거운 식사 시간이 되도록 영아를 관찰하며 점심 지도하기
• 먼저 식사를 마친 영아들을 인솔하여 화장실로 이동 → 화장실 및 양치지도하기
• 조용한 음악이나 동화 들려주기
• 영아 개별 특성에 따른 낮잠 지도하기
• 등원하지 않은 영아가 있을 경우, 전화 연락하기</td><td colspan="2">• 점심준비 및 식사 자리 정리하기
• 마지막 남은 영아와 화장실 이동 및 양치지도 하기
• 낮잠준비 및 교실 정리하기
(커튼이나 실내 램프로 낮잠 분위기를 조성 / 영아매트, 이부자리 정리하기)
• 생활수첩 기록하기
• 출석부 관리하기
• 투약하기(투약의뢰서와 약 확인한 후 투약)</td></tr>
<tr><td>오후간식
(15:20~16:00)</td><td>• 간식지도 하기</td><td colspan="2">• 간식 준비 및 정리하기</td></tr>
</table>

<table>
<tr><th>구분</th><th>교사 1(주교사)</th><th>교사 2(보조교사)</th></tr>
<tr><td>오후자유놀이 및 실외놀이 (16:00~17:30)</td><td colspan="2">• 함께 교육활동에 참여하기
– 늦은 등원이나 관심이 있는 영아들과 계획된 놀이에 참여할 수 있도록 도움 주기</td></tr>
<tr><td>귀가 및 가정연계 (통합보육) (17:30~19:30)</td><td>• 영아의 용모지도하기
• 전달 및 공지사항 전달하기
• 교실 전체 전열기구 소등 및 뒷정리하기</td><td>• 소지품 챙기기 및 귀가지도하기
• 통합보육 교사에게 정확한 아동 인계하기</td></tr>
<tr><td>비고</td><td colspan="2">– 매주 금요일: 낮잠 후, 매트 커버와 이불, 베개를 개인 이불 가방에 넣어 가정으로 보내기
– 학급 관련 업무는 두 교사가 서로 협의하여 결정, 진행하고 내용은 공유함 (상황에 따라 융통성 있는 업무진행을 위해 서로의 의견을 나누는 정보 공유의 시간을 가짐)
– 교사 2(보조교사)는 주 중반이 되면: 다음 주 교육활동 계획 및 준비하는 시간을 가짐
* 매주 교사의 역할이 교체되어 이루어짐(상황에 따라 융통성 있게 변동 가능함)</td></tr>
</table>

2) 다양한 연수 기회 제공

원장과 교사가 정해진 기간 내에 직무교육을 이수하여 직무교육 수료증 사본 또는 이수확인증, 경력증명서 등의 증빙서류를 비치하고 있어야 한다. 원장과 종일제 보육교사는 보육, 아동발달 등에 관하여 1회 이상 재교육에 참여한 기록이 있어야 하며, 직무교육은 다양한 재교육으로 중복 인정이 되지 않는다. 현장평가월 기준 3개월 이내 실시 기록을 확인한다. 각 지역 육아종합센터 교육 등을 활용하여 실적을 갖춰 놓아야 한다.

다음은 우리 기관이 평가인증을 준비하면서 계획하고 실행했던 교사교육 내용이다. 각 기관의 실정에 맞게 참고하여 계획하고 실행해 보기 바란다.

월	어린이집 자체교육	평가인증 대비교육	법정의무교육	방법	비고
3월	하루일과에 따른 업무분장 (3/6) (담임교사 대상)	운영관리 (김○○) (3/21) (담임교사 대상)	신입교사교육(신입인력)– 유○○ 교사 개별 OT 실시함 어린이집의 운영철학 및 보육목표, 보육과정의 내용, 프로그램 특성, 직무에 관한 설명, 고용과 관련된 조건과 용어에 대한 설명, 영유아의 건강과 안전에 관련된 지침, 비상사태 발생 시 대처방법, 아동학대 예방 등 (교직원 4-4-1) 아동 성폭력과 아동학대예방교육 (3/28) (전체 교직원 대상) (교직원 외부 연수 후 4/2 교사회의 시간에 전달 교육함) (건강·안전 3-5-2-①)	강의 및 토의	
4월	교직원 MT(4/15) (주제: 평가인증 업무분장 및 각오 다지기) 적응프로그램 평가(회의록) 1학기 교직원 소방교육 부모와의 상호작용 (4/4) 고농도 미세먼지 대응(4/4) (전체 교직원 대상)	보육환경 (이○○) (4/18) (담임교사 대상)	교직원 사이버 안전교육 과정(4/5) (건강·안전 3-5-2-①) 교직원 직무스트레스(4/4, 4/25) (건강·안전 3-3-3-⑤) 아동학대예방교육(4/11) 교직원 성폭력/아동학대예방교육 (부모님과 함께하는 성폭력예방교육) (건강·안전 3-5-2-①) 교직원 건강·영양 교육(4/14) (건강·안전 3-3-3-②) (전체교직원 대상)	강의 및 토의	
5월	교사 개별면담(5/15~5/26) (담임교사 대상)	건강 (김○○) (5/16) (전체 교직원 대상)	교직원 인성교육–힐링 연수(5/15) 교직원 아동학대예방교육(5/19) (건강·안전 3-5-2-①) 직장 내 성희롱 예방교육(5/29) (전체 교직원 대상)	강의 및 토의	

월	어린이집 자체교육	평가인증 대비교육	법정의무교육	방법	비고
6월	영아반 장학(7/24~7/28) (담임교사 대상) (원장님 교사 장학 포함) (교직원 4-4-3)	안전 (안ㅇㅇ) (6/20) (전체 교직원 대상)	아동학대 예방교육(6/9) (건강·안전 3-5-2-①) 어린이집 영상 정보처리기기(CCTV) 교육 및 개인정보 보호교육(6/20) (전체 교직원 대상) 실습교사 오리엔테이션(6/26)-(실습생파일 첨부) 어린이집의 운영철학 및 보육목표, 보육과정의 내용, 프로그램 특성, 보육 실습생의 역할, 영유아의 건강과 안전에 대한 지침, 비상사태 발생 시 대처방법, 아동학대 예방 등	강의 및 토의	
7월 8월	사이버보수교육 수강(9/13) (김ㅇㅇ, 이ㅇㅇ, 이ㅇㅇ, 김ㅇㅇ) 2학기 교직원 소방교육 아동학대 신고 의무자교육 체크리스트(8/28) (전체 교직원 대상)	보육과정 운영 (김ㅇㅇ, 이ㅇㅇ) (7/18) (담임교사 대상)	산업안전교육(7/11) (전체 교직원 대상) 조리사 위생교육(7/31)(조리사)	강의 및 토의	
9월	20ㅇㅇ년 1학기 전반 행사 평가 및 하반기 상담 토의(9/1) (전체 교직원 대상) 교사 자율장학(9/26) 주제: 관찰자 면담 목록 (담임교사 대상) 유아반 장학(7/24~7/28) (담임교사 대상) (교직원 4-4-3) (원장님 교사 장학 포함) 아동권리 자가 체크리스트(9/12) (전체 교직원 대상)	보육활동과 상호작용 (유ㅇㅇ) (9/19) (전체 교직원 대상) (교직원 4-4-2)	신입교사교육(신입인력-보육도우미 개별 OT 실시함) 조리실 위생교육 / 업무분장표 어린이집의 운영철학 및 보육목표, 보육과정의 내용, 프로그램 특성, 직무에 관한 설명, 고용과 관련된 조건과 용어에 대한 설명, 영유아의 건강과 안전에 관련된 지침, 비상사태 발생 시 대처방법, 아동학대 예방 등 (교직원 4-4-1) 교직원 건강·영양 교육-푸드머스 강사교육 (전체 교직원 대상)(9/5) (건강·안전 3-3-3-②) 대체교사 오리엔테이션(9/11)	강의 및 토의	

월	어린이집 자체교육	평가인증 대비교육	법정의무교육	방법	비고
10월	훈육(10/17: 1차, 10/27: 2차) -교사재교육 (교직원 4-4-2) (전체 교직원 대상) 교직원 아동학대예방교육(10/18) (건강·안전 3-5-2-①) (전체 교직원 대상) 보육환경 점검 보육활동과 상호작용(10/10) (담임교사 대상) (교직원 4-4-2)	통합지표-건강·안전(10/17) (전체 교직원 대상)	자원봉사 오리엔테이션(10/16) 어린이집의 보육철학, 자원봉사자의 역할, 근무 내용, 영유아의 건강과 안전에 대한 지침, 비상사태 발생 시 대처방법, 아동학대 예방 등 (교직원 4-4-1)	원장 강의 및 토의	
11월	부모상담 (부모와 상호작용 기본원리) (담임교사 대상)			강의 및 토의 관찰 후 리포트 제출	
12월	교사교육 연간 평가 (전체 교직원 대상)			발표 및 토의	
1월	각 반 개선사항 및 토의 아동학대 신고자 의무교육(1/25) 장애인식 개선교육(1/10) (전체 교직원 대상)				
2월			응급처치 관련 교육 (건강·안전 3-5-2-④)(2/28) =강남구 보건소(전체 교직원 대상)	강의 및 실습	

3) 교수–학습방법에 대한 관찰과 지도

교사의 상호작용 및 교수-학습방법에 대한 관찰 및 지도를 위해 연 1회 이상 원장이나 경력교사, 외부 전문가가 보육교사의 보육과정 운영, 상호작용, 교수-학습방법에 대해 관찰한 후 이에 대해 지도하므로 교사의 직무능력 향상을 지원한 기록이 있어야 한다. 관찰 및 지도 관련 기록에는 일시, 관찰자, 보육 주제 및 실시된 보육활동, 관찰내용, 평가 및 지도내용이 필수기재사항이다. 현장평가월 기준 1년 이내 실시 기록을 확인한다.

■ 관찰과 지도 기록 양식

<table>
<tr><th></th><th colspan="3">교수법 관찰 및 지도</th></tr>
<tr><td>일시</td><td></td><td>관찰자</td><td></td></tr>
<tr><td>대상</td><td></td><td>관찰 장소</td><td></td></tr>
<tr><td>보육 주제 및
실시된 보육활동</td><td colspan="3"></td></tr>
<tr><td>관찰내용</td><td colspan="3">〈보육과정〉

〈상호작용〉

〈교수–학습방법〉</td></tr>
<tr><td>평가 및
지도내용</td><td colspan="3"></td></tr>
<tr><td>비고</td><td colspan="3"></td></tr>
</table>

4) 교사 근무평가

현장평가월 기준 1년 이내 교사별로 근무평가를 실시한 기록이 연 1회 이상 있어야 한다. 정기적이고 체계적으로 실시하는 근무평가의 내용에는 업무태도(근태), 교사로서의 전문성, 동료관계 등이 포함된 것이 바람직하다. 원장은 평가 전에 평가시기를 예고하고 평가를 위한 객관적인 자료를 토대로 평가하는 것이 바람직하다. 모든 교사가 평가 내용이나 방법에 대해 미리 알 수 있도록 공지해야 한다. 『평가인증 안내』 책자에서는 평가관리 서식에 업무태도, 전문성, 원아관리, 부모와의 관계, 동료관계 등의 항목을 예로 들면서 기관의 상황에 맞게 실시하도록 하고 있다. 저자의 기관에서는 자기관리, 대인관계, 근무태도를 중심으로 자신과 다른 동료를 모두 평가하고 있다. 다만, 평가점수 평균에 따라 1, 2, 3등에게 포상(휴가, 성과급, 선물 등)하고 점수는 공개하지 않는다.

항목		문항	평점	
자기관리	1	〈출/퇴근〉 3. 업무에 지장 없이 출근하여 맡은 일을 완벽하게 마무리하고 퇴근한다(출근부 기록 및 필요시 보고).	5	
		2. 출근하여 보육시간에 아침식사 또는 주로 개인업무에 시간을 할애하거나 지각을 한 적이 있다.	3	
		1. 지각하는 일이 빈번하며 업무지연으로 동료교사의 퇴근을 방해한 적이 있다.	1	
	2	〈옷차림〉 3. 일주일 내내 단정하고 깨끗한 용모로 근무한다.	5	
		2. 단정하지만 늘 같은 옷차림을 한다.	3	
		1. 단정하지 않은 옷차림을 한 적이 있다.(바닥에 끌리는 바지, 폭이 좁은 치마, 길이가 너무 길거나 짧은 치마, 짧은 반바지, 속이 훤히 비치거나 몸매가 드러나는 티셔츠, 운동복, 접어 신거나 빨지 않은 덧신, 냄새나는 옷, 더러워진 앞치마 등)	1	
	3	〈화장 및 액세서리〉 3. 화사한 화장, 단정한 손톱과 요란하지 않은 액세서리를 착용한다.(영아반의 경우 보육 시 빼놓는다.)	5	
		2. 짙은 화장 또는 흐트러진 모습으로 출근하거나 손톱을 길게 기른 적이 있으며, 교직원 신분에 부적절한 액세서리를 착용한 적이 있다.	3	
		1. 긴 손톱, 튀는 색상의 염색머리, 요란한 액세서리, 짙은 화장 또는 흐트러진 용모로 출근한다.	1	

항목		문항	평점
대인 관계	1	〈상하 관계〉	
		3. 상경하애의 정신으로 상사, 선배를 예우하며 예의 바른 자세로 대하고 후배를 사랑하며 협력하고 있으며 부여된 업무에 대해 긍정적이고 수용적으로 배우려는 자세를 갖고 임한다(해 보겠습니다, 배우는 기회가 되겠네요!, 함께 할까요? 등).	5
		2. 늘 수동적인 자세로 주어진 업무는 수행하나 어려움이 있어도 조력을 구하지 않는다.	3
		1. 개인적인 업무(일)만을 강조하고 주어진 업무에 불만을 표시하거나 공동업무, 공유공간 관리 및 청소, 수업 외의 일에 소홀한 적이 있다(이런 일까지 제가 해야 하나요? 등의 반응 혹은 관련 문서 제출의 기한 넘기기, 마음에 들지 않는 교직원 따돌리기, 업무 지시를 전달해 주지 않기).	1
	2	〈교직원 간 관계〉	
		3. 동료 교직원에게 늘 밝은 얼굴로 인사하고 존칭(성을 포함한 이름과 직책)을 사용하며 예의 바르고 친절한 태도로 서로를 도와준다(같이해 봐요, 알려 주시니 할 수 있을 것 같아요, 선생님이 도와주셔서 해냈어요).	5
		2. 동료 교직원에게 인사를 하지 않고 지나친 경우가 있으며, 존칭을 사용하지 않거나 험담한 적이 있고 도움을 주는 데 있어 불만을 표시한 적이 있다.	3
		1. 도움요청을 거부하고 싶을 때가 있고, 싫어하는 교직원이 있거나 나 자신이 그 대상인 것 같다.	1
	3	〈파트너 간 관계〉	
		3. 반 운영에 관한 것은 항상 편안하게 의논하여 결정하고 신입교사에 대한 배려가 있다. 업무상 외부로 나갈 때 등 서로를 배려하고 솔선수범하며 교실 내 분장된 업무를 성실하게 수행한다.	5
		2. 반 운영에 정해진 업무분장을 따르나 부모, 유아와의 관계에 있어 들은 내용을 전달하지 못하는 경우가 있으며, 문제해결을 위해 대화를 하는 일이 적다.	3
		1. 반 운영에 있어 의논 없이 혼자 결정하는 경우가 많으며, 불만이 있어도 대화를 나누지 않아 파트너(누리교사, 시니어강사, 보육도우미 포함)가 불편하다.	1
	4	〈외부인과의 관계〉	
		3. 외부인 방문 시 밝은 표정과 명랑한 목소리로 인사한 후 어디에서 무슨 일로 방문하였는지 정중히 묻는 등 예의 있게 대한다. 필요한 공간에 안내하고 차를 대접하는 등 친절하게 응대한다.	5
		2. 외부인 방문 시 인사를 하지만 손님을 혼자 두고 내 일을 한 적이 있다.	3
		1. 외부인 방문 시에도 바빠서 인사를 하지 않는다.	1

항목		문항	평점	
대인 관계	5	〈실습생과의 관계〉 3. 실습생(사전 관찰자 포함)을 대할 때에 존칭어를 사용하고 예우하는 등 교직원으로서의 품위를 지키고 바른 상호작용의 모범(눈높이 수업, 아동중심 철학에 입각한 대화)을 보인다.	5	
		2. 교실 내 일과 중에 실습생과 사적인 이야기를 나눈 적이 있으며, 개인적인 업무로 인해 실습생에게 과중한 업무를 부여한 적이 있다.	3	
		1. 실습생에게 반말을 사용하며 경시한다.	1	
	6	〈학부모 관계〉 3. 등·하원 시 항상 웃으며 인사한다. 모든 부모에게 성숙하고 유연하게 대처하며, 어린이집의 규칙에 대해 친절하게 이해할 수 있도록 돕고 결석생의 경우 반드시 전화로 확인한다.	5	
		2. 등·하원 시 유아들 앞에서 상담을 하는 경우가 있으며, 성급한 응대로 오해를 산 적이 있다.	3	
		1. 경직되고 권위적인 태도로 인사하며 원의 규칙만을 강조하거나 싫은 부모를 피한 적이 있다.	1	
	7	〈전화응대〉 3. 어린이집에서 전화를 받게 되었을 때 “안녕하십니까? 세곡나비어린이집 교사 ○○○입니다.”의 말로 친절하게 응대하며, 사적인 통화로 피해를 주지 않는다. 답변이 어려운 연락처를 받아 경우 원장님이나 담당자에게 문의하여 통화한다.	5	
		2. 어린이집에서 전화를 받으면 딱딱한 말투로 응대하거나 상대방이 전화를 끊기 전에 끊은 적이 있으며 사무실, 교사실, 화장실 등 공유공간에서 목소리 높여 개인적인 전화를 사용한 적이 있다.	3	
		1. 내 업무가 아니기 때문에 전화벨이 울려도 받지 않는다. 전화를 받아도 연락하지 않거나 메모를 남겨 두지 않는다.	1	
근무 태도	1	〈교실〉 3. 어린이집 내 안전규칙을 준수하고 눈높이에 맞춘 환경구성과 교수방법을 연구한다. 영유아만 두고 교실을 비우지 않으며, 잠시라도 비울 경우 다른 교직원에게 보육을 요청한다. 영유아의 바닥요나 이불, 베개를 밟고 다니지 않는다.	5	
		2. 영유아의 신변을 살피지 못하고(코가 나왔는지, 넘어져 다쳤는지, 옷을 바르게 입었는지 등) 교실에 영유아만 두고 나와 업무를 본 적이 있으며, 개인적인 업무를 보면서 영유아를 보육한 적이 있다.	3	
		1. 일과에 쫓겨 정해진 규칙(안전, 위생)을 따르지 않는 경우가 많고 일과 중 특히 오전 수업에 컴퓨터와 폰으로 개인업무를 본다.	1	

항목		문항	평점
근무 태도	2	〈실외〉 3. 실외놀이 시 뒤가 막힌 운동화를 준비하여 신으며, 전체의 움직임과 놀이를 잘 관찰하여 안전사고에 대비하며 놀이가 끝난 후 뒷정리를 잘한다. 2. 뒤가 막힌 신발을 신지만 구겨 신으며, 뒷정리를 소홀히 하거나 교사끼리 모여 이야기하느라 영유아를 방치한 일이 있다. 1. 늘 슬리퍼를 신으며, 놀잇감 없이 영유아만 방치하는 일이 많다.	5 3 1
	3	〈교사실〉 3. 공동자료 대출 시 반드시 대출기록을 하고 개인적인 일로 어린이집 내 물품을 사용하는 일이 없으며, 출입 시 잠금장치를 반드시 확인한다. 2. 음료나 음식 섭취 후 정리를 하지 않은 적이 있으며, 사전 동의 없이 공동자료 대출 및 어린이집 물품을 사용한 적이 있다. 1. 늘 교사실 물품과 공동자료, 출입문 관리를 소홀히 한다.	5 3 1
	4	〈나비플라자 및 유희실〉 3. 공유공간 사용시간을 준수하며 변경될 경우 해당 반에 미리 양해를 구하고 놀잇감 사용 후 제자리에 정리하며 안전관리를 철저히 한다. 2. 공유공간을 임의대로 사용하여 다른 반에 피해를 준 적이 있으며, 놀이 후 정리를 하지 않은 적이 있다. 1. 영유아만 공유공간에 둔 적이 있고 활동 후 교구를 정리하지 않거나 파손된 교구를 그대로 방치하는 일이 많다.	5 3 1
	5	〈파랑화장실 창고 및 성인 화장실 옆 창고〉 3. 쓰고 난 자료는 제자리에 정리하여 청결하게 관리하고 배정된 비품과 가전제품에 점검사항이 생기면 즉각 후속조치를 하거나 담당자에게 알려 준다. 2. 사용한 비품이나 교재교구를 제자리에 정리하지만 보수가 필요한 교구를 방치하거나 파손된 채 보관한 적이 있다. 1. 교재교구를 제자리에 정리하지 않은 경우가 많다.	5 3 1
	6	〈파랑 및 주황화장실〉 3. 위생상태를 항상 눈여겨보며 영유아의 변기 물 내리기, 주변에 떨어진 휴지 휴지통에 버리기, 세면대에 고인 물 처리 등을 지도하고 변기와 세면대, 칫솔살균기 등을 청결하게 관리한다. 필요한 물품(휴지, 물티슈, 비누, 수건)을 교체하고 변기 및 세면대를 청결하게 관리한다. 2. 위생점검 및 화장실 사용 시 뒤처리에 대한 기본생활습관 지도를 소홀히 하는 경우가 있다. 1. 화장실 물품관리 및 위생관리에 신경 쓰지 않는다.	5 3 1

항목		문항	평점	
근무 태도	7	〈성인 화장실〉		
		3. 화장실 사용 후 청결하게 뒤처리를 하며, 나올 때는 반드시 잠금장치를 잠근다.	5	
		2. 바쁠 때는 화장실 불을 켜 놓거나 문을 잠그지 못한 적이 있다.	3	
		1. 화장실을 더럽히거나 오염 상태를 보고도 신경 쓰지 않는다.	1	
	8	〈당직 근무 시〉		
		3. 당직 근무 시 등원하는 영유아를 반갑게 맞이하며 당직 후 뒷정리를 하고 퇴근 시 전등, 컴퓨터, 프린터, 코팅기, 기타 전자제품의 전원을 확인한다. 남자 소변기의 청결을 점검하고 환기가 필요한 곳의 실내문을 열어 둔다. 통합시간의 프로그램을 계획하여 기록한다.	5	
		2. 당직 근무 시 검색을 하거나 음식을 먹느라 맞이하기 및 귀가지도를 소홀히 한 적이 있다.	3	
		1. 당직 근무 시 영유아를 방치하고 업무를 본 적이 있다.	1	
	9	〈영유아관리-언어습관〉		
		3. 영유아에게 눈높이를 맞추어 바르고 긍정적인 언어 사용(개별적 관심, 인정하기, 발달에 적합하게 말하기, 전인발달 지원하는 말)으로 교직원의 품위를 지킨다.	5	
		2. 영유아에게 부정적인 언어(ㅇㅇ하면 이놈 한다, 망태 할아버지 잡아간다, 농생반에 보내 버린다. 너 이리로 와, 혼나 볼래? 선생님이 우스워? 야! 네!, 조용히 입 다물라고!)를 사용한 적이 있다.	3	
		1. 늘 눈높이를 맞추지 않고 이야기하며 부정적인 언어를 자주 사용한다.	1	
	10	〈일상생활 시〉		
		3. 무슨 일이든 긍정적이고 적극적인 자세로 행복한 직장을 만드는 일에 도움이 되고자 임하고 공사구분하며 사적인 상황을 앞세우지 않는다.	5	
		2. 내가 꼭 해야 할 일이 아니라고 생각하면 그대로 둔 적이 있으며(떨어진 휴지 줍기, 떨어진 부착물 방치하기, 오래된 게시물 그대로 두기 등), 개인적인 업무로 자리를 오랫동안 비운 적이 있다.	3	
		1. 업무진행에 비협조적이며 개인적인 일상을 강조하여 주변인에게 피해를 주는 일이 많다.	1	

교직원의 근태평가는 출석부, 근무상황부 등을 통해 기록을 남긴다. 근무상황부는 다음의 양식을 활용하거나 운영일지의 한 부분으로 포함하여 기록하기도 한다.

기간 또는 일시			사유 · 용무	연락처 (전화번호)	결재	
부터	까지	일수 (시간)			담당	원장

교사평가에 대한 다양한 사례는 김혜경의 『영유아기관 운영과 관리』(창지사. 2016), 김혜경 · 고미애의 『보육교사론』(창지사. 2014)의 책을 참고해 보기 바란다.

CHAPTER 05

관찰 당일 면담 목록

평가인증 과정에서는 대부분 문서와 관찰로 평가를 받지만 문서와 기록으로 판단이 안 되는 부분이 있는 경우 교직원 중에서 무작위로 선정된 대상에게 질문을 하고 그 답변으로 평가가 이루어진다. 어떤 항목은 원장과 교사로 그 대상이 구분되어 있다. 교직원 면담이 포함된 항목은 다음과 같다.

1 보육과정 및 상호작용

1) 표준보육과정(누리과정 포함)의 영역을 반영하여 실시하는 보육활동

영유아가 신체운동 · 건강(영아는 기본생활, 신체운동)영역, 의사소통영역, 사회관계영역, 예술경험영역, 자연탐구영역이 골고루 포함된 활동에 참여해야 하는데 관찰 당일 관련 활동이 이루어지지 않을 경우 일일 보육계획 혹은 주간 보육계획 기록 및 면담을 통해 확인하면서 오늘 계획한 활동은 무엇인가? 왜 이루어지지 않았는가?에 대한 면담이 이루어진다.

2) 놀이나 활동의 융통성 있는 운영

영유아의 관심과 흥미에 따라 놀이나 활동을 확장, 축소, 대체하여 운영하는지 혹은 그 영유아의 흥미, 놀이, 지속시간, 교실의 상황에 따라 융통성 있게 운영하는지 면담한다. 확장은 시간을 늘리거나 놀이 및 활동을 확장하는 것, 축소는 시간을 줄이거나 현재 하고 있는 놀이나 활동을 계획안보다 빨리 마무리하는 것, 대체는 원래의 계획안에 제시된 것과 다른 놀이나 활동을 제공하는 것을 의미한다. 확장, 축소, 대체하였다면 그 구체적 사례가 무엇이었는지 질문한다. 영유아의 건강상태, 날씨 등 필요에 따라 놀이나 활동을 융통성 있게 운영했는지에 대한 질문에는 황사, 미세먼지, 우천 등의 날씨에 대체활동을 계획하고 실행한 기록, 질병 등으로 바깥놀이가 불가능한 영유아가 실내에서 대체 활동을 했던 기록, 질병으로 바깥놀이가 불가능한 영유아는 성인의 도움을 받으며 휴식을 취한 기록을 찾아 구체적으로 설명하며 답변한다.

3) 보육과정 목표와 내용을 준거로 영유아의 발달특성과 변화 평가

영유아의 전반적인 발달 변화를 알 수 있도록 기록하고 있는 보육과정 평가기록 외에 영유아를 평가하기 위해 사용하는 방법과 종합적인 영유아 평가가 언제 어떻게 이루어지는지 질문한다. 각 기관에서 사용하고 있는 발달체크리스트, 포트폴리오에 남겨진 교사의 기록, 영역별 관찰기록을 토대로 분기별, 반기별로 종합평가를 하고 향후 지도계획을 찾아 원장의 결재를 거친 자료를 보여 줄 수 있다. 관찰일지는 유아는 월 1회 이상, 영아는 월 2회 이상 기록한다.

개별 영유아의 관찰기록 및 평가 자료를 부모와 어떤 방법으로 공유하는지에 대한 질문에도 같은 방식의 기록과 개별면담일지를 보여 주고 답변한다.

2 보육환경 및 운영관리

1) 신입 영유아 적응을 위한 지원

학기 초 또는 중간입소한 신입원아 부모를 대상으로 오리엔테이션을 실시하는지 여부와 어떤 방식으로 실시하는지, 부모의 문의사항이나 건의에 대한 질의응답도 충분히 다루는지 질문한다. 신입원아 적응 절차에 대한 안내문, 최소한 5일 이상의 적응 과정에 대한 관찰기록, 적응 과정 해당 영유아에 대한 운영일지 기록 등의 서류로 답변한다.

2) 부모와 상호 협의하여 어린이집 개방

영유아의 부모가 희망할 경우 자녀의 교실을 참관할 수 있는가? 교실 참관을 원하는 부모를 위해 어떤 절차와 방법을 마련하고 있는가? 교실 참관을 위한 구체적인 절차와 방법에 대해 사전에 부모에게 공지하거나 안내하고 있는가? 부모의 교실 참관은 어떤 방법으로 이루어지고 있는가?에 대한 질문에는 참관 안내문, 운영방침을 안내한 문서의 내용을 중심으로 답변한다(제2장 운영관리 부분 어린이집 개방 안내문 내용 확인).

3) 영유아와 가족의 문제를 파악하고 지원

현재 재원하고 있는 영유아나 가족의 문제에 대해 알고 있는 사례가 있는가? 영유아나 가족에 대한 문제를 어떤 방법으로 파악하고 있는가? 영유아나 가족문제가 있어서 지역사회의 전문기관, 주민센터, 구청 또는 전문가 등에게 도움을 받고 있는 경우 어떤 도움을 받고 있는지에 대해 파악하고 있는가? 영유아나 가족문제가 있을 때 활용할 수 있는 지역사회의 전문기관이나 전문가 정보를 알고 있는가?에 대한 질문에는 관찰, 개별면담, 가정통신문 등에 기록된 내용을 중심으로 답변한다.

3 건강 · 안전

1) 식품 알레르기 질환에 대한 지침과 실행

어린이집 식품 알레르기 질환에 대한 지침의 내용을 알고 있는가? 지침의 내용을 부모나 보호자에게 어떤 방법으로 안내하였는가? 재원 중인 영유아 중에 식품 알레르기 질환이 있다면 어떤 종류이며, 해당 영유아를 어떻게 지원하고 있는가?에 대한 질문에는 관련 문서가 갖추어져 있는지 확인하고 답변한다. 오리엔테이션 자료, 운영방침, 가정통신문 등에 관련 내용이 있어야 하며, 영유아별 식품 알레르기 질환을 조사한 기록이 있어야 한다. 알레르기 질환 해당 영유아를 고려하여 별도의 급간식이 제공되었다는 내용과 사실이 있어야 한다. 보육일지나 알림장에도 기록해 두는 것이 좋다.

2) 1회 조리된 음식의 당일 소모와 재배식 금지

당일 급간식의 배식을 완료한 후 남은 음식을 어떻게 처리하는가? 전날 조리된 음식이 재배식된 경우가 있는가?에 대한 질문이다. 조리된 음식은 당일 소모를 원칙으로 하고 전량 폐기해야 하므로 교직원 모두가 이 지침을 숙지하고 있어야 한다. 냉장고에는 당일 식재료와 보존식을 제외한 음식 재료가 없어야 한다. 유통기한이 긴 마른 음식이나 재료는 반드시 입고일과 유통기한을 표기하여 냉장고 사용법에 맞게 보관해야 한다.

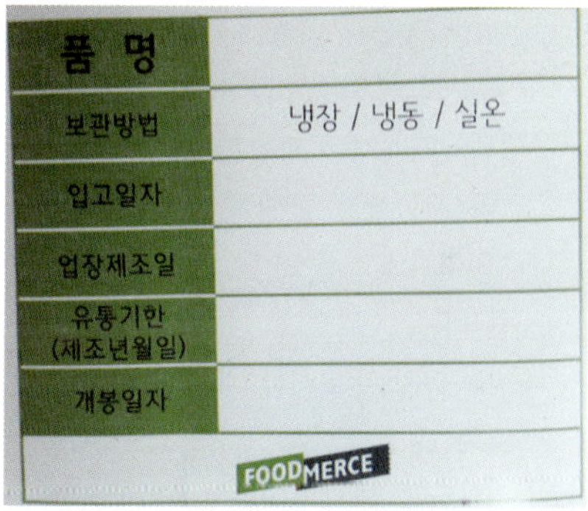

식재료 업체에서 제공하는 소형 스티커

3) 일과 중 영유아의 건강상태를 주의 깊게 살피고 적절히 조치하는 교사

아픈 영유아가 발생하거나 다쳤을 경우 보호자에게 어떻게 알리는가? 영유아가 다쳤을 경우 어떻게 조치하는가?에 대한 질문에는 각 기관의 지침을 숙지하고 답변한다. 아래의 내용을 참고하여 각 기관의 오리엔테이션에 알리고 조치한다.

- 아픈 영유아는 정도에 따라 교실 내에서 휴식하거나 양호공간을 이용할 수 있습니다.
- 특이한 체질이나 알레르기 등의 증상이 있는 경우에는 미리 알려 주십시오.
- 전염성 질환의 위험이 있는 경우에는 격리되어 휴식을 취하도록 하고 보호자에게 연락을 드려 귀가 조치합니다.
- 의사의 검진 결과 전염성 질환에 걸린 경우 완쾌될 때까지 등원할 수 없으며, 집단보육 상황이므로 등원 시 전염성이 없고 완쾌되었다는 의사의 소견서나 진단서 제출 후에 등원할 수 있습니다.
- 어린이집에서는 의사의 처방 없이 해열제 등을 임의로 투여할 수 없습니다. 반드시 처방된 약을 투약할 수 있도록 협조해 주시기 바랍니다.
- 투약의뢰 관련 기록이 없는 경우에는 약을 투약하지 않습니다.
- 투약의뢰서는 지정된 양식으로 정확하게 기록하여 주시기 바랍니다.
- 비상시 사고 발생에 대비하여 응급처치동의서를 작성하여 주시기 바랍니다. 응급처치동의서의 비상연락망이 변경되었을 경우에는 반드시 어린이집으로 알려 주시기 바랍니다.
- 응급처치동의서는 자필로 기재하시고 서명해 주시기 바랍니다.

출처: 강남구립 가로수어린이집 운영안내서 (2017).

4) 실내 및 실외활동을 위해 용도별로 구비된 비상약품과 유효기간의 관리

어린이집 내에 견학, 산책 등의 실외활동 시 지참할 비상약품을 별도로 구비하고 있는가? 실외활동 시 비상약품을 지참하는가?의 질문에 대해 응급사고 발생에 대비하여 구급함에 비상약품이 구비되어 있으며, 모든 약품이 유효기간 내에 있음을 알고 활용한다고 대답한다. 바깥놀이 시 교사는 비상약품을 소지하고 나간다.

5) 영유아 및 교직원 대상 다양한 건강 및 영양교육 실시

일과 내에서 영유아에게 건강 · 영양 교육의 기회를 제공하는가? 일과 중 자연스럽게 관련 교육을 실시하기 위해 어떤 방법을 사용하는가? 영아반에게 개별 또는 소집단으로 건강, 영양 교육 경험을 제공하는가?의 질문이 주어진다. 보육활동 내에서 손 씻기 지도, 이 닦기 지도, 음식 모형을 통한 새로운 음식 탐색 등의 활동이 자연스럽게 제공되어야 한다.

교사가 최근 1년 이내에 건강 · 영양 교육에 참여한 경험이 있는가? 구체적으로 어떤 내용이었나? 건강 · 영양 교육을 받고 영유아 보육과정 운영이나 일상생활 지도에 어떻게 적용해 보았는가?의 질문에는 현장평가일 기준 1년 이내 실시 기록된 내용을 중심으로 어린이집 자체교육, 외부 집합교육, 온라인 교육 등을 답변한다. 이 면담에는 원장과 교사뿐만 아니라 조리원도 포함된다.

6) 영유아 및 교직원에 대한 감염병 관리수칙 수립과 실천

부모가 감염병에 걸린 경우 영유아를 등원시킬 때 어떻게 대처하는가? 영유아가 감염병에 걸렸다고 의심되는 경우에는 어떻게 대처하는가? 교사 자신이 감염병에 걸린 경우 어떻게 대처하는가?에 대한 질문에는 영유아에게 자주 발생하는 감염병의 증상, 등원하지 않아야 하는 감염병의 종류와 기간, 영유아나 교직원이 감염병에 걸렸을 경우의 대처방법이 담긴 관리수칙 문서 내용을 숙지하고 답변하도록 내용을 공유한다. 이 책의 제3장 건강상태에 대한 주의와 지원 부분을 참고한다.

7) 교직원의 직무스트레스 예방관리 서비스 안내 및 제공

어린이집은 교직원의 스트레스를 완화하고 신체 및 정신건강을 유지할 수 있는 기회를 어떻게 제공하는가? 어린이집은 교직원의 보육업무로 인한 직무스트레스를 효과적으로 해결하기 위하여 유관기관에서 제공되는 서비스를 적극적으로 안내하는가?에 대한 질문에는 정신건강 관련 교육 참여, 직원 회식, MT(Membership training), 힐링(Healing) 연수와 관련된 기록과 함께 답변을 준비한다. 어린이집 자체에서 실시한 관련 교육이나 정신건강증진센터, 근로자건강센터, 육아종합지원센터, 한국보육진흥원, 지자체 기관이나 연합회에서 실시한 교육도 해당된다.

8) 영유아 인계과정에 대한 규정과 안전한 실행 여부

하원 차량 운행 시 보호자가 지정된 장소에 나와 있지 않으면 어떻게 조치하는가? 보호자가 영유아를 혼자 하원시켜 달라고 요청하는 경우에 어떻게 하는가? 영유아가 혼자 등원하는 사례가 있는가?에 대한 질문에는 신입원아 오리엔테이션 자료나 귀가동의서 내에 있는 영유아 인계과정에 등 · 하원 차량 이용 유의사항, 지정된 보호자에 인계, 부모 희망에 따라 영유아 혼자 귀가 불가 등의 내용이 포함되어 있고 이러한 내용으로 답변한다.

9) 차량 운행 안전

차량 운행 시 성인 동승 여부, 동승 성인과 차량 기사가 안전하게 영유아를 보호하는지 관찰하는 과정에서 관찰이 어려운 경우 운전자가 음주 상태로 운전을 하거나 운전 중에 휴대 전화를 사용하는 것을 본 적이 있는가? 만약, 발견되면 어린이집에서는 어떻게 조치할 것인가? 차량에 동승한 성인은 영유아가 차량에 타고 내릴 때 어떻게 도와주는가?에 대한 질문이 있을 수 있다. 평가인증 안내에 제시되어 있는 '차량안전수칙'을 참고하여 교사가 동승하고 안전띠 착용지도, 안전한 승하차, 보호자에게 직접 인계, 차량 운행 종료 후 내부 확인 등을 실시하고 있음을 답한다. 차량 안전수칙에는 운전자 준수사항, 동승교사 준수사항, 영유아 준수사항이 포함되어 있다. 출력하여 차량 내에 게시하는 것이 좋다.

10) 교직원 대상 안전교육의 정기적 실시

언제, 어떤 내용의 안전교육을 받았는가? 영유아 학대 예방교육을 받은 후 영유아를 대하는 것에 어떤 변화가 있었는가?에 대한 질문에는 연간 안전계획에 따라 모든 교직원이 안전교육과 영유아 학대 예방 교육을 각각 연 1회 이상 받은 기록을 토대로 교육 이후의 자신의 변화에 대해 답변한다.

11) 안전관리 시설 및 설비 사용법 숙지

지금 이 장소에서 가장 가까운 소화기는 어디에 비치되어 있는가? 소화기는 어떻게 사용하는가? 비상구는 어디에 있으며 어떻게 여는가? 비상시에 영유아용 미끄럼대는 어떻게 사용하는가? 평소 이를 위해 어떤 훈련을 하는가?에 대한 질문에 답변하기 위해 각 기관의 소화기 위치를 확인하고 바람의 방향을 등지고 분사시키는 요령을 공유한다. 재난대피 훈련 시 영유아용 미끄럼대를 사용한 사실, 대피 후 전체가 만나는 장소, 대피훈련을 위해 전 교직원이 내용을 숙지하여 월 1회 이상 진행함을 공유한다.

12) 비상시 교직원 대처방안과 업무분장의 체계적 수립과 자신의 역할 숙지

비상사태를 대비하여 분장된 업무 중 자신의 역할은 무엇인가? 특히, 화재 발생 시 자신이 해야 할 역할은 무엇인가?에 대한 질문에는 업무분장표와 별도로 화재나 재난, 안전사고 등에 효과적인 대처를 위해 교직원의 역할을 구분하여 별도 작성해 둔 비상시 역할분담표에 기재된 내용을 숙지하고 있어야 한다. 화재 시 통보연락팀, 피난유도팀, 응급구조팀, 소화팀 중 자신의 역할이 어느 팀과 관련이 있는지 확인해 놓는다.

제주 가마어린이집 자위소방대 게시자료

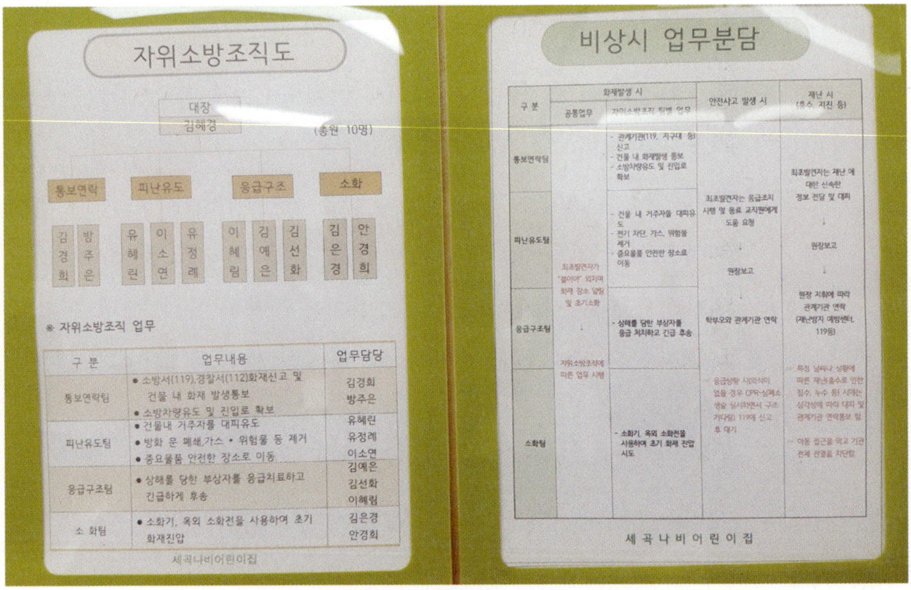

세곡나비어린이집에 게시된 비상시 역할분담표

13) 심폐소생술 관련 교육 참여

교육받은 내용 중 가장 유용한 정보는 무엇인가? 응급처치 시 반드시 지켜야 할 원칙은 무엇인가? 영유아 질식 시 심폐소생술을 어떻게 실시하는가?에 대한 질문에는 관련 이수증이나 자격증을 보여 주고 실시 방법을 답한다. 환자의 어깨를 두드려 의식을 확인한 후, 한 사람을 지정해 119에 신고하도록 부탁한다. 깍지 낀 손으로 삼십 번씩 가슴을 압박한 후 호흡을 확인한다. 영아는 손가락 두 개로 압박한다.

14) 영유아 학대 예방지침 준수(필수!)

영유아 학대 예방지침은 면담이 필수이기 때문에 영유아 학대의 정의와 유형, 신고 의무 등이 포함된 영유아 학대 예방지침이 있어야 하며, 어떠한 경우에도 교직원이 영유아를 체벌하지 않는다는 답변을 해야 한다. 질문의 내용이 많아 지침을 다 같이 공유하는 시간을 가지고 숙지하는 것이 좋다.

질문은 다음과 같다. 영유아 학대 예방지침의 주요 내용은 무엇인가? 영유아 학대 신고가 의무인 것을 알고 있는가? 영유아 학대 신고 전화 번호(국번 없이 112)는 무엇인가? 멍, 상처 등 신체적 상흔, 무단결석, 명확한 사유 없이 퇴소 신청 등 영유아 학대가 의심되는 상황이 발생하면 어떻게 대처하는가? 영유아를 학대로부터 보호하기 위한 자신의 역할 범위는 어디까지인가? 영유아를 학대로부터 보호했던 경험이 있는가?

이 책의 제3장 3절 건강상태에 대한 주의와 지원 부분에 제시된 매뉴얼을 숙지한다.

4 교직원

1) 원장 자신의 전문성 향상을 위한 노력

원장은 어린이집의 질적 수준 향상을 위하여 어떤 노력을 해 왔는가?의 질문에 대해 교직원이 어떤 대답을 할지 묻고 협의해 본다. 원장에게는 지난 1년 동안 원장으로서의 전문성을 향상하기 위해 어떤 노력을 하였는가? 어떤 철학을 가지고 어린이집을 운영하고 있는가?에 대한 질문이 주어진다. 리더십과 관련된 도서와 자료를 보여 주고 답변한 사례는 다음과 같다.

■ 보육철학 및 목표

* 보육철학

세곡나비어린이집은 건강하고 안전한 최상의 보육환경과 체계적이고 다양한 양질의 보육 프로그램을 제공한다. 이를 통해, 영유아에게는 균형 있는 성장과 전인적 발달을 도우며, 창의적이고 행복한 어린이로 자라도록 한다. 부모에게는 육아와 교육문제를 해결하여 안정되게 업무에 전념할 수 있도록 한다. 운영과정에서는 '영유아의 행복'을 최우선으로 추구한다.

* 보육목표

세곡나비어린이집 보육프로그램은 국가 수준의 **'표준보육과정'**을 기본으로 하여 6개 영역의 보육목표를 포함하여 설정한다.

- 기본생활영역: 건강한 일상생활을 하며 안전한 생활습관의 기초를 마련한다.
- 신체운동영역: 자신의 신체를 긍정적으로 인식하고 기본 운동능력을 기른다. 신체활동에 참여함으로써 기본적 운동수행능력의 발달을 꾀하여 기초 체력을 기른다.
- 의사소통영역: 듣고 말하는 것을 즐거워하고 상황에 따라 적절한 언어로 표현하며 주변의 문해환경에 흥미를 가진다.
- 사회관계영역: 자신을 타인과 구별되는 독립된 존재로서 인식하고 분화된 자신의 기본 정서를 인식하며 이를 표현한다. 또한, 타인의 정서를 이해하며 타인 및 양육자와 지속적인 상호작용을 통해 애착을 형성한다.
- 예술경험영역: 자신의 신체와 감각 자극에 호기심을 보이고 소리나 간단한 노래를 즐겨 듣고 점차 소리나 몸 움직임 등의 복잡한 반응을 즐기며 주변 사물이나 자연물에 관심을 보인다.
- 자연탐구영역: 주변 사물과 사람, 사건, 자연현상에 호기심을 가지고 다양한 감각과 조작으로 반복하여 탐색하며, 일상생활에서 수학적·과학적 경험을 한다.

2) 교직원을 존중하고 발전을 위해 지원하며 면담을 실시하는 원장

교사에게 주어지는 질문은 교사로서 존중받고 있다고 느끼는가? 원장은 교직원을 존중하는 말과 태도로 대하는가? 교직원의 자기계발을 돕고 직무능력 향상을 위해 세미나, 연수와 같은 교육기회를 안내받은 사례가 있는가? 가장 최근에 원장과 개별면담을 한 시기는 언제인가? 원장과의 면담은 어떠한 측면에서 도움이 되었는가?이다. 원장에게 주어지는 질문은 교직원의 자기계발이나 직무능력 향상을 돕기 위한 지원을 한 적이 있다면 어떤 지원을 하였는가?이다. 교사와 원장에게 공통으로 주어지는 질문은 교직원과 면담을 얼마나 정기적으로 하는가? 주로 어떤 내용의 면담이 이루어지는가?이다.

여러 가지 질문에 대해 바람직한 답변을 하기 위해서는 교사에게 '김ㅇㅇ 선생님' 등의 개별적인 호칭을 사용하고 반말을 하지 않아야 한다. 교사를 반 이름(예: 초록! 햇살! 잎새!)으로 부르거나 성을 빼고 이름만 부르는 문화는 없어져야 한다. 최소한 연 1회 이상 영유아의 지도, 교사의 자기계발, 상호작용과 교수법 지도 등의 내용으로 면담을 실시하고 기록을 남겨 둔다.

3) 정기적인 교사회의를 통한 교직원 의견의 민주적 수렴

교사에게 주어지는 질문은 원장은 안건이나 사안을 결정할 때 교사의 의견을 경청하는가?이며, 원장에게 주어지는 질문은 교사회의 등에서 의사결정을 해야 하는 안건이 있다면 어떤 방식으로 결정하는지, 안건을 해결할 때 교사의 의견을 듣고 반영한 사례가 있는가?이다. 원장과 교사에게 공통으로 주어지는 질문은 교사회의에서 주로 어떠한 내용이 논의되는가? 최근 교사회의에서 논의된 내용은 무엇인가?이다.

민주적으로 의견을 수렴하며 다양한 토의가 이루어진 회의록을 중심으로 답변을 준비한다. 회의록의 양식과 기록의 사례는 이 책 제4장의 민주적인 의견 수렴을 참고한다.

4) 교직원 복지를 위한 노력

교직원의 복지를 위해 실시하고 있는 제도가 있다면 어떤 제도인가? 어린이집의 복지 혜택이 전체 교직원에게 제공되고 있는가?의 질문이 주어진다. 연차, 명절 선물, 교직원 동호회, 건강검진비 지원, 보수교육비 지원, 성과급 등의 지급 기록 등을 중심으로 교직원의 복지를 위해 노력한 근거들에 대해 답변한다. 근로계약서에 관한 질문도 있으므로 다시 한번 내용을 살펴보고 작성 절차와 보관 장소(자유열람 장소에 항상 게시 혹은 회람 후 내용 공지) 등에 대해서도 공유한다.

교직원 생일축하

5) 신규 교직원 업무 관련 오리엔테이션

신규 교직원을 위한 오리엔테이션 실시 여부를 질문한다. 신입교사, 대체교사, 기타 교직원, 실습생, 자원봉사자를 대상으로 한 오리엔테이션 자료와 실시 기록(운영일지)이 있다는 내용을 답변한다(김혜경. 보육교사론. 창지사. 2016 참조). 해당 연도의 신규 교직원에게 답변의 방식을 알려 준다. 기관의 현황, 아동학대 예방 관련, 자신의 직무에 대한 안내가 포함되어야 한다.

6) 교사의 전문성 제고를 위한 다양한 연구 기회

원장에게는 연간 교사교육 계획 수립 시 어떤 점을 고려하는가?의 질문이 주어지고 공통으로 가장 최근에 직무교육을 받은 시기는 언제인가? 어떤 직무교육을 이수하였는가? 가장 최근에 참석한 재교육은 언제이며 어떤 내용이었는가?의 질문이 주어진다. 교사회의에서 어떤 교육을 받고 싶은지 조사한 기록, 신입교사와 경력교사를 구분하여 편성한 내용, 연간 법정교육을 각 월별로 배치하여 실시한 기록 등을 토대로 답변한다.

7) 교사의 교수–학습방법에 대한 관찰과 지도 실시

상호작용 및 교수-학습방법 관찰에 대한 계획이 수립되어 있는가? 상호작용 및 교수-학습방법 관찰과 지도는 어떤 방법으로 이루어지고 있는가? 상호작용 및 교수-학습방법 관찰 후에 관찰내용에 대한 토의 및 지도 시간이 있는가? 상호작용 및 교수-학습방법 관찰 시 어떤 내용을 지도받았는가?의 질문에 대해 각 교사별로 행해진 기록을 중심으로 답변한다. 최소 연 1회 이상 기록에는 일시, 관찰자, 보육주제 및 실시된 보육활동, 평가 및 지도내용이 모두 포함되어 있어야 한다. 원장과 경력교사를 중심으로 주기적으로 멘토링을 실시하고 멘토와 멘티가 교수-학습방법을 분석하고 수정 보완하는 단계의 진행이 좋다. 이 책의 제4장 4절 교직원의 전문성 부분에서 교수-학습방법에 대한 관찰과 지도를 참고한다.

8) 교사에 대한 근무평가 실시

교사에 대한 근무평가가 어떤 방법으로 이루어지고 있는가? 언제 평가가 이루어지는가? 평가결과는 어떻게 활용하는가? 평가결과를 활용한 구체적 사례가 있는가?의 질문에는 현장평가월 기준 1년 이내 실시 기록에 준해 답변한다.

평가는 연말 혹은 반기별, 분기별로 이루어질 수 있으며, 모든 교사가 사전에 평가 내용이나 방법을 미리 알 수 있어야 하며 근무태도, 교사로서의 전문성, 동료관계, 기관에 대한 공헌점 등이 포함된다. 평가 전에 평가 시기를 알리고 객관적인 자료로 실시한다.

평가 내용에 따라 성과급이나 포상휴가가 주어지기도 한다. 이 책의 제4장 4절 교직원의 전문성 부분에서 교사 근무평가를 참고한다.

아동학대 관련 질문은 필수로 주어지므로 이 책의 제3장 자료를 활용하여 자율장학을 실시하는 것도 좋다.

CHAPTER 06

평가인증에 필요한 문서

대부분의 기관은 평가 절차에서 점검하는 서류와 함께 운영에 필요한 문서를 작성한다(문서와 서류는 같은 뜻. document or papers). 교직원이 분장된 담당업무에 따라 문서를 관리하고 주기나 상황에 따라 갱신하는 역할을 수행한다. 각 문서는 담당자가 있으며, 적정 주기에 따라 원장의 결재와 결제를 받아 정리하여 보관한다. '결재'는 검토하거나 승인하는 일을, '결제'는 대금으로 거래관계를 처리하는 일을 의미한다.

현장평가 주간은 현장평가월 일주일 전에 확인이 가능하기 때문에 해당 월이 되기 전에 여러 가지 문서가 완성되어 있어야 한다. 문서 양식은 해당 연도의 『보육사업 안내』의 부록에 제시된 양식을 참고하고 더 필요한 문서 양식은 『평가인증 안내』 책자의 문구를 담아 작성한다.

자체점검보고서 제출 기간에는 영역별로 최종 점검을 마치고 평가 항목별로 자체점검을 통해 영역별 특장점 및 개선노력을 작성하여 제출하여야 한다. 자체점검보고서 작성이 끝나면 당일 평가받을 문서를 모두 완성하여 영역별 인덱스[1]를 붙여 순서대로 준비하여 놓는다.

1 현장평가 당일 준비 서류

현장평가 주간에는 견학 등 행사 없이 일상적 일과가 진행되어야 하며, 평가 당일에는 영유아 정원의 1/4 이상이 현원으로 재원하고 현원의 2/3 이상이 출석하여야 한다. 현원과 출석 기준이 충족되지 않으면 현장평가가 중단되고 불인증처리가 된다.

1) index 목록, 제목, 조항 등을 차례대로 써서 찾아보기 쉽게 해 놓은 것

당일 준비해야 할 서류는 다음과 같다.

- 반별 출력한 원아 명단 : 관찰자가 도착하여 직접 출력
- 실제 인가받은 공간과 동일한 실내외 배치도
- 활동에 따른 시간이 명시된 일일보육계획안 혹은 하루일과표
- 원장과 보육교사의 자격증 사본
- 임면대장, 시스템에서 출력한 임면사항 관련 서류
- 직무 및 승급교육 대상자 확인을 위한 모든 교직원의 경력 증명서
- 보건복지부 장관이 정하는 직무 및 승급교육 수료증
- 평가인증 지표 각 영역 개요에서 제시하고 있는 관련 문서
- 필요한 경우 재정 관련 서류 등 관련 증빙서류
- 평가 시 참고자료로 활용할 수 있는 자체점검보고서

하루일과 전반에 걸쳐 관찰, 문서 검토, 면담 등의 방법을 통해 진행하는 평가 과정에서 미임용 교직원을 확인하며, 타 기관에 임용 중인 교직원은 관찰 기관에 근무하거나 지원활동을 할 수 없다. 기관은 원활한 현장평가가 이루어지도록 적극적으로 협조해야 하며, 원장과 현장 관찰자는 상호 확인 항목에 대해 확인한다. 현장평가 상호 확인서에는 영유아 정원과 현원, 출석 현황, 교실 정보, 어린이집 운영기준, 평가인증 관련 문서 구비 등의 항목이 포함된다.

1년을 단위로 이루어지는 항목의 경우 전년도 기록도 확인하며 보육일지는 현장 관찰월 이전 1개월부터, 그 외의 기록은 현장관찰월 이전 3개월부터 기록을 확인한다.

평가인증 각 영역에 필요한 문서는 그 내용이 방대하여 2절로 별도 정리하였다.

2 영역별 문서

서류를 보관할 때 영역별 파일 색상을 통일하여 꽂아 놓으면 찾기 쉽고 정돈된 느낌을 준다.

책에 소개한 문서의 목록은 1, 2, 3, 4 영역별 필요 문서와 함께 평가일에 참고 가능한 문서, 운영관리에 필요한 문서 등으로 유목화하였다.

1. 보육과정 및 상호작용		
서류명	담당	비고
보육일지 연간, 월간(또는 주간), 일일보육계획안(보육일지, 계획, 실행, 평가 내용 포함 1-6-4 / 월간평가) (보육계획 수립 및 실행 기록 1-1-1-⑤ / 1-2-1-④ 실내외 공간 청결 및 안전 기록 3-1-1-④, 건강 증진을 위한 교육 및 관리 기록 3-3-2-②)		
관찰일지 관찰일지(1-6-1) 및 영유아 발달평가(1-6-2) (관찰기록물과 수집결과물 포함-사진) 평가기록을 부모면담에 활용한 자료 신입적응프로그램 및 신입적응관찰일지(운영관리 2-3-3) 신체계측(3-3-3-①과 중복)		
특별활동(일상생활 1-7-1) (운영지침과 동의서)		

2. 보육환경 및 운영관리		
서류명	담당	비고
놀이터 관련 서류 개인파일(입소신청서, 생활기록부(운영관리 2-3-2) 응급처치동의서(건강·안전 3-3-3-①), 귀가동의서(건강·안전 3-4-1-①/②), 건강검진서(건강·안전 3-3-3-①), 예방접종증명서, 구강검진서, 맞벌이서류(입소증빙서류) 부모개별면담(2-4-3), (1-6-3) 신체계측 기록(3-3-3-①과 중복)		
어린이집 운영안내 및 신입부모를 위한 오리엔테이션 어린이집 운영안내 및 신입부모를 위한 오리엔테이션 및 운영안내서(2-3-1) 내 운영계획안내 및 맞춤반 종일반 이용안내(2-5-1) 신입 영유아 적응안내(2-3-3), 개방 안내문 및 참관신청서(2-4-1)		
기관 운영 시스템으로 확인하는 정원, 현원, 교직원 현황, 예·결산서		
가정과의 소통 가족문제해결 및 전문기관정보(2-4-4) 부모 만족도 조사(2-4-3) 부모칼럼/부모 문자 내용/가정통신문 내 기록 지역주민연계 연 1회 이상 기록(2-4-5), 영유아 교직원 건강영양교육(3-3-3-②와 중복) 식품 알레르기 안내(3-2-1-⑤와 중복) 연간 부모교육 계획과 실행기록 참관 안내문 문자 내용 출력 파일		
종일반 및 맞춤보육 종일반 및 맞춤보육/영유아 출석부 어린이집 운영계획-종일보육 수요조사서(2-5-1) 맞춤보육 수요조사서(2-5-2)		
통합보육일지 종일반 영유아 활동 계획안(2-5-2)		
원장 부모개별면담		
CCTV 및 개인정보 관리		
입소대기 신청명부 및 이용아동 연명부 및 퇴소원아		
운영위원회 토요보육 수요자 없음(3-2-1-①) 예·결산서(2-3-4) 맞춤반 아동 이용시간(2-5-1)		
정원, 현원, 교직원 현황, 예·결산서	시스템상 확인	

3. 건강 · 안전		
서류명	담당	비고
영양 및 건강 영유아를 위한 급간식 위생 체크리스트 및 식단표(급간식 3-2-1-①) 식품 알레르기 지침, 조사서, 실행기록(3-2-1-⑤) 검수확인서(3-2-1) 및 염도 체크		
안전 · 소방 · 위생 점검체크리스트		
감염병 예방 및 관리대책 **아프거나 다친 영유아에 대한 지침** 감염병 예방 및 관리대책(건강 · 안전 3-3-3-④) 아프거나 다친 영유아에 대한 지침(건강 · 안전 3-3-2-①) 영유아건강교육 실행 기록(3-3-3) 신체계측기록(생활기록부와 관찰일지에도 가능)		
비상대피훈련 및 안전교육 소방대피훈련(건강 · 안전 3-5-1-②) 및 영유아 안전교육(건강 · 안전 3-5-1-①)(일지기록)		
투약의뢰서(건강 · 안전 3-3-2-③)		
영유아 안전사고 및 관리대책 영유아 사고보고 및 비상시 대처방안에 따른 업무분담 및 비상연락망(건강 · 안전 3-5-2-③) 학대예방지침과 대응매뉴얼(3-5-2)		
교직원 건강 및 영양교육 보육교직원의 건강관리(건강 · 안전 3-3-3-③) 교직원 건강 및 영양교육(건강 · 안전 3-3-3-②)		
옥외놀이터와 놀이기구		
방역일지 및 수질 · 공기질 측정검사 (실내외 공간 청결 및 안전 3-1-1-④) 보험가입 확인 자료(3-5-3)		
폐기물관리대장		

4. 교직원		
서류명	담당	비고
교사회의록 및 업무분담 교사회의록(4-1-3) 교직원 업무분담 원장의 노력 관련 자료(4-1-1) 교직원 면담자료(4-1-2)		
교직원 근로관리 교직원 채용 관리(3-2) 근로계약서 및 취업규칙(4-3-1) 퇴직자서류		
교사교육(4-4-2) 교사교육 연간 교육계획과 실행 법정교육파일 및 외부 연수 (연수대장, 보고서, 계획안) 명절 선물, 친목활동 지원 등 교직원 복지제도 관련 기록(4-3-3) 교직원 안전교육(건강·안전 3-5-2-①) 응급처치 관련 교육(안전교육 및 사고 대책 3-5-2-④) 교직원 아동학대예방교육(건강·안전 3-5-2-①) 직무스트레스(건강·안전 3-3-3-⑤) 신규 교직원 오리엔테이션(4-4-1) 급여 명세서와 이체 확인 서류(4-3-2)		
교사개별면담 및 교사장학 교직원 교수-학습방법에 대한 관찰(4-4-3) 교직원 근무평가(4-4-4)		
교직원 근무상황부 교직원 및 특별활동 강사 근무상황표(출근부) 교직원 연차관리(4-3-3)		
실습생 및 자원봉사 관리대장		

5. 회계관리		
서류명	담당	비고
예산서		
결산서		
현금출납부		
총계정원장		
급여대장 및 시간외근무수당(4-3-2)		
보육료대장		
수입결의서		
지출결의서		
정부보조금명세서		

6. 기타		
서류명	담당	비고
기타 동의서 기타 동의서(재원신청서, 휴가집중기간 등원 여부, 토요보육, 시간연장신청서)		
상장모음		
교직원 단체사진		
연합회 회의록		
원장교육		
거래처 관리대장(보험, 계약, 사업자등록)		
문서발송대장 및 문서수신대장		
공사관리대장		
각종계약서		

7. 비품 및 자료관리		
서류명	담당	비고
비품대장(신청서, 목록대장, 폐기대장)		
교재교구대장		
영유아 · 교사 도서대장		
물품신청 및 관리대장		

위와 같이 문서를 갖추고 주기별로 검토하여 관리한다. 각 지표의 항목 순서에 따라 분류한 문서들을 한 가지 지표에 한 가지 색상의 파일로 정리하여 찾아보기 쉽게 보관한다. 보다 구체적인 문서관리 업무를 이해하고 싶으면 2016년도에 창지사에서 발행된 김혜경의 『영유아기관의 운영과 관리』의 책에서 월별 체크포인트, 하루일과에서의 역할 등을 찾아 학습해 보기 바란다.

김혜경(2016) / 창지사

인증 지표 각 영역을 색상으로 구분하여 유목화하고 차례로 정리한 모습

CHAPTER 07

준비와 협력과정

평가인증 과정을 거쳐야 하는 시기가 되면 교직원들은 긴장이 많아진다. 자신 때문에 낮은 점수를 받을까 봐 걱정이 되어 고민하다가 사직서를 들고 상담하는 교사도 있고, 이 기간에는 청소와 정리정돈으로 너무 힘들다는 것을 알게 된 보육도우미가 도망가는 사례도 많다. 가뜩이나 구하기 힘든 기타 교직원(정교사 외의 직책을 가진 교직원)을 찾아 임용해야 하는 일도 더해지는 셈이다.

우리나라의 국가수준 기관이라면 평가를 받아야 한다는 사실을 받아들이고 협력하려는 자세를 갖추는 일이 준비과정의 가장 중요하고 기초적인 일인 것 같다. 업무과부하로 인한 스트레스를 잘 처리할 수 있어야 하며, 민감한 협력의 과정에 자칫 관계가 흐트러질 수 있으므로 서로를 존중하고 배려하는 분위기를 만들어야 한다. 오랫동안 함께 근무하여 서로 잘 아는 관계일수록 직장 내 예의를 지키고 존칭을 사용하는 것이 필요하다. 서로의 호칭은 '김ㅇㅇ 선생님', '박ㅇㅇ 선생님'으로 성과 이름을 모두 사용하는 존칭을 주고받아야 한다.

1 각오 다지기와 업무분장

교직원 모두가 협력적으로 일하기 위해서는 정서적 갈등 없이 편해야 한다. 이와 함께 좋은 점수를 받기 위한 실력 향상에 매진해야 한다. 우리는 한국보육진흥원(참여 → 온라인 교육 → 통합지표 온라인 교육 영상, 지표교육 PPT)이나 알짜닷컴, 키드키즈 등의 평가인증 관련 자료와 동영상을 함께 시청하면서 최근의 인증과정 분위기를 익히고 각자 잘할 수 있는 업무를 선택하여 분장하는 것으로 준비를 시작하였다. 정서적 안정을 통한 협력과 실력 향상을 위해 노력한 사례는 사진의 내용과 같다.

외갓집 체험마을과 김유정 문학관으로 MT를 다녀온 추억의 사진

11월 인증과정을 앞두고 4월에 떠난 기차여행과 칼퇴근 부적

소속감을 위해 유니폼을 착용한 사례

최대한 구체적으로 업무분장을 하고 치밀하게 일해 보지만 현재의 인력으로는 야근을 피할 수 없다. 아무리 힘들어도 서로 협력하고 단합하기 위한 방식으로 유니폼을 활용해 볼 수 있다. 티셔츠, 바지, 모자, 신발 등 매년 복리후생비 예산을 잘 활용하여 한 가지씩 마련해 착용해 보기 바란다. 기관의 행사에 유니폼을 착용하면 일사불란하게 진행하는 느낌을 준다. 우리는 검은색 후드 티에 청바지, 검은색 운동화로 동일한 복장을 갖춰 입고 MT를 떠난 적이 있는데 정읍역에서 무리 지어 움직이는 12명을 마치 조폭 집단 바라보듯 하는 시선을 느끼고 낄낄거리던 추억도 있다.

사전에 여행이나 MT를 통해 정서적 유대를 다짐과 동시에 인증이라는 거대 과업이 끝나고 다시 함께할 일정을 찾아보기도 하고 원장이 제공한 다음과 같은 글을 함께 읽으면서 즐거운 미래 시간을 기다리기도 했다.

벚꽃은 봄에만 볼 수 있다. 일본벚꽃회는 109군데를 명소로 추천한다.
한 해에 한 곳씩만 다니면 총 109년이 걸린다.
절대 가능할 리가 없다. 단순 계산을 하면 한 해에 2.7개 이상의 장소를 돌아다녀야 한다.
내 계획을 실현할 수 없다는 사실을 깨닫자 인생이 유한하다는 사실이 절실하게 다가왔다.

출처: 노다 유시나리 (2017). 나는 오늘도 칼퇴근. pp. 86-88.

현재 원장은 한적한 식물원을 가고 싶어 하고 교사 일부는 개인 부담을 해서라도 제주도에 다녀오고 싶다, 여수 밤바다를 보러 가고 싶다 등등 의견이 많다. 우리 교직원들의 희망사항을 모두 충족시켜 줄 수 있었으면 좋겠다.

인증 지표를 다 같이 읽고 공유하는 자율장학과 동시에 자신의 담당업무에 관련된 강의주제를 찾아 육아종합지원센터를 중심으로 평가인증에 관한 외부교육에 참여하였다.

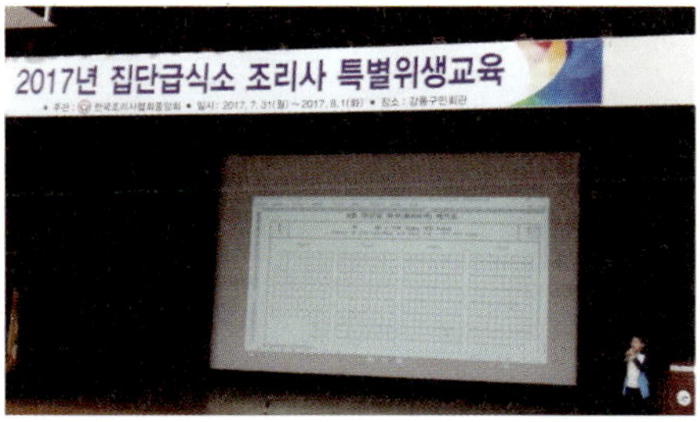

각자 맡은 업무 관련 외부교육 참여

2 보육환경과 문서 상호 점검

아무리 열심히 내 영역과 공간을 살펴도 번잡한 하루일과를 끌어가면서 진행하기 때문에 놓치는 부분이 많다. 자신의 업무를 대략 완성하고 나면 상호 점검과정을 통해 놓친 부분을 찾아보는 과정도 필요하다. 시간의 여유를 가지고 6개월 전부터 다 같이 지표를 함께 읽어 보는 시간으로 인증 준비를 시작했다.

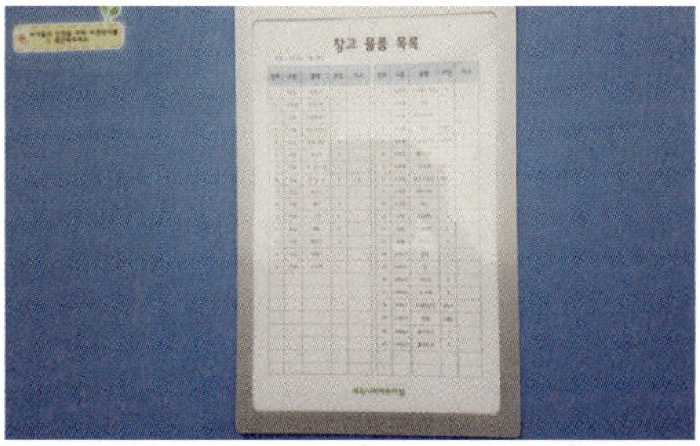

교재교구를 모아 연령별로 나누고 정리하면서 문서작업까지 동시에 하는 모습

3 경험자의 조언 듣기

평가인증 당일이나 준비에 대해서는 최근에 이 과정을 경험한 경험자의 조언을 들어 보면 미처 생각지도 못했던 부분에서 도움을 받을 수 있다. 인증에 대해서는 수많은 '카더라' 통신이 돌아다닌다. 냉장고 안에 당일 아침 간식 후 남은 우유가 있어서 비위생적인 기관으로 매도되었다, 지표에 있는 상호작용이 나올 때까지 관찰자가 교사를 따라다녀서 너무 스트레스를 받아 쓰러졌다, 지표 관련 서류가 모두 나올 때까지 찾느라 관찰자가 밤 7시 넘어서까지 있었다, 관찰자가 너무 고압적인 태도를 보여 원장과 다투다 중간에 가 버렸다, 교사 면담과정에서 원장에 대해 잘못된 정보로 답변하여 관찰자 방문 후 그 교사가 해임되었다, 인증 준비하다 원장과 교사가 암에 걸린 기관이 있다, 낮은 등급이 나온 곳에서 원인 제공 교직원을 모두 해임했다…. 등등.

평가인증 제도가 도입된 지 10년도 더 지났고 이제 자연스러운 과정으로 자리 잡았음에도 현장은 여전히 관찰자 방문 자체를 겁내고 심한 스트레스를 받는다. 현재의 인력과 시스템으로 너무 힘든 과정임을 인정하지만 어차피 거쳐야 할 절차라면 보다 의욕적인 협력과정을 거쳐 보람을 느낄 수 있도록 임해야 할 것이다. 카더라 통신에 의존하지 않고 정체불명의 엉터리 연구소에서 제공하는 컨설팅 등에 현혹되지 않았으면 좋겠다.

평가인증 과정을 지나온 원장들로부터 관찰 주간 직전에 수도꼭지가 떨어져 나갔다, 온수 보일러가 고장 났다 등의 경험을 들었는데 우리도 관찰 주간 전주 수요일에 칫솔살균기 한 대가 고장 나 작동을 멈췄고 급하게 새 제품으로 교체하는 일이 있었다. 살균기의 전등이나 여러 곳의 배터리 등을 미리 구입하여 혹시라도 발생할 수 있는 고장에 대비하였다. 지표를 세밀하게 공부하다 보면 기존의 문서를 다시 작성해야 하는 경우도 발생하여 A4용지도 충분하게 준비하는 것이 좋다.

원장은 지역사회 내에서 서로 도움을 주고받을 수 있는 기관과 교류를 가지고 서로 지지하면서 운영할 필요가 있다. 저자는 가까운 위치의 원장들과 소모임 연구 과정을 통해 변경된 지표나 지침에 대해 스터디를 하면서 우리 분야의 변화에 대해 정보를 공유한다. 서로의 기관을 돌아보면서 조언해 줄 수 있는 인맥을 만들었으면 한다.

보육현장 연구를 위한 소모임 스터디

상호 컨설팅을 해 준 후 찍은 한 컷

우리가 늘 살고 있는 익숙한 공간에서는 보완점이 잘 보이지 않지만 타 기관의 미비점은 즉시 눈에 보인다. 동료 원장은 원장실 양호공간의 배치라도 바꿔 주라고 조언한다.

우리는 적용 지표는 다르지만, 관찰자 방문 직전 월에 '거사'를 치른 기관에서 다음과 같은 조언을 들었다. 최근에 평가인증 과정에 참여해 본 원장의 눈에는 보이는 부분이 많다.

〈M어린이집 O 원장님의 조언〉

- 연결되는 항목의 서류를 점검한다.
- 다친 영유아의 처리 절차가 운영방침에 있는지, 해당 영유아를 치료한 기록이 있는지, 부모에게 전달은 어떻게 했는지, 안전공제회 비용처리가 있었다면 어떤 내용으로 입력을 했는지 기록과 면담과 보육통합시스템을 연결하여 점검한다. 보수교육, 승급교육 수료를 확인하면서 경력증명서를 세밀하게 확인하므로 준비하라.

- 교사 1인씩 면담이 있으므로 각 지표별로 면담이 포함된 부분은 공유하여 답변을 준비해야 한다.
- 영유아 개인 서류에 부모의 날인을 확인한다.
- 교실 면적 확인은 인가받은 도면을 확인하므로 준비해 둔다.
- 인근놀이터의 경우 관찰자가 해당 놀이터 정보를 출력하여 직접 방문을 통해 확인하므로 점검해 둬야 한다.
- 반별 정원을 확인하므로 교실 앞 사진과 문서를 개인별로 확인해 둬야 한다.
- 관찰일지는 체크리스트만으로는 안 되므로 지도계획이 별도로 세워진 기록이 있는지 점검하고 보완해야 한다.
- 부모상담 연 2회를 모두 확인하고 전화일지의 상담 내용도 확인한다.
- 가정통신문에 공지된 교사 휴가 내용과 휴가대장과 비교하므로 누락되지 않게 기록해야 한다.

〈Y 어린이집 B 원장님 조언〉

- 평소 성실하여 믿었던 교사의 일지와 문서에서 누락이 발견되어 그동안 열심히 한 부분이 어이없이 느껴진다. 모든 교사를 관리하고 지도해야 한다.
- 일과 중간에 화장실 다녀온 유아 7명이 손을 씻지 않아 지적사항이 되었다. 일상생활 지도에 소홀하지 않아야 한다.
- 유희실 출입구와 놀이기구 쪽의 청결이 문제 되었다. 평소 공유공간 관리를 잘해야 한다.
- 15일 이상 해외 체류로 결석한 원아의 관찰일지가 없었는데 결석으로 기록하지 않은 사항도 지적되었다.
- 평소 실력 있고 수업을 잘 끌어가는 교사의 반에서 실외놀이 시간 부족이 지적되었다.
- 식품의 유통기한은 지나칠 만큼 샅샅이 보므로 평소에 관리를 잘 해야 한다.
- 교사들과 면담하는 관찰자의 자세가 좀 고압적이었다.

- 급여대장의 법정 수당, 운영규정, 각종 회계 증빙서류, 모든 인사 서류를 자세히 살폈다.
- 인증 지표에는 '필요시 회계서류를 볼 수 있다'는 설명은 있지만 지표상 점검 서류가 아님에도 모두 꺼내 세세히 보고 갔다.
- 관찰 일정 이후 어린이집에서 관찰자를 평가하는 절차가 있는데 좋은 평가를 해 줄 수 없을 것 같다. 평가 과정이 좀 기분 나빴다.

어린이집 인력들의 조언과 함께 관련된 전문기관의 도움도 받아 본다. 각 지자체가 무료로 실시하는 회계컨설팅, 육아종합지원센터에서 해 주는 평가인증컨설팅, 급식 업체의 주방 위생 교육 등도 받아 보면 보완해야 할 점이 나온다. 부모 모니터링단이나 보건소의 위생점검도 보완의 기회로 활용한다.

우리의 경우 개원 후 3년 차 안주하려던 시점에 받았던 부모 모니터링단의 결과에서 다소 충격을 받았다. 아침에 원장 포함 세 사람의 교직원이 함께 확인한 약품상사에서 유통기한이 지난 연고가 나왔기 때문이다. 그동안 보건소의 집단급식소 위생점검이나 여타의 점검 인력, 부모 모니터링단은 늘 '너무 모범적으로 잘하고 있다.' 혹은 '이런 기관의 다니는 아이들과 보내는 부모들은 행복하겠다'는 말을 남기고 갔기 때문에 이렇게 많은 사항이 문제가 될지 몰랐다. 주방에 관련된 내용이 많아 급식 배송업체에 조리 인력 교육을 신청하여 꼼꼼하게 공부하는 기회도 마련하였다. 다시 한번 모든 업무를 꼼꼼하게 살피는 계기가 되었다. 가끔 관청의 지도점검 지적사항이나 부모의 민원은 기관의 운영관리를 더 단단하게 만드는 계기가 될 수도 있다. 우리가 다시 점검한 세부 내용은 다음과 같다.

■ 9월 11일 부모 모니터링 지적사항 결과 요약

- 각 반 비상 손전등 사용 불가 → 배터리 확인 및 성능 점검 후 필요시 구입
- 라라반 8월 식단 게시 → 지난 게시물 모두 점검 후 제거
- 의료기관 기록 부재: 가가반 주○○, 나나반 신○○
- 응급처치동의서 날인 미비: 가가반 이○○
- 특별활동동의서 부재: 라라반 박○○, 정○○
- 약품 유통기한 지난 연고
- 늘어진 전선의 안전문제: 나나반, 가가반, 나비플라자 전선 박스 근처, 정수기 근처
- 주방
  - 입고날짜 기록 위반: 팽이버섯, 시리얼, 애호박
  - 사용 후 폐기 위반: 냉장고 속 슬라이스 된 지난 목요일 식재료 고구마
  - 냉장고 사용법 위배된 고춧가루 등 보관방법

CHAPTER 08

현장관찰 당일을 위한 준비

1 전반적인 준비

현장관찰을 통보받은 주간에는 견학이나 행사가 없는 일상적 일과가 진행되어야 한다. 관찰 당일 준비해야 할 서류를 최종적으로 확인하여 찾아보기 쉽게 지표 순서대로 배열해 놓는다. 원장은 관찰자와 면담과 협의 시간을 갖게 되고 교사도 면담 대상이 되므로 평가 당일에는 외부 전화를 누가 받을 것인지 시간대별로 담당을 정해 놓는 것이 좋다.

현장관찰일에는 정원의 1/4 이상이 재원하고 현원의 2/3가 출석해야 하므로 사전에 가정통신문이나 문자를 통해 출석에 관한 부모의 협조를 구한다. 다음의 문장을 참고하여 기관에 맞게 활용한다.

> 11월 4주(11월 20일~11월 24일)에는 보건복지부 평가인증 현장평가 기간입니다. 다음 안내사항을 참고해 주시기 바랍니다.
>
> 평가인증 제도란 어린이집이 영유아에게 양질의 보육서비스를 제공하고 있는지 스스로 점검하고 개선한 후 국가수준의 현장관찰을 통해 인증을 부여받는 제도입니다. 평가인증을 통과하면 국가의 여러 가지 지원을 받게 됩니다. 우리 어린이집의 현장평가가 잘 진행될 수 있도록 부모님께서 도와주시기 바랍니다.
>
> ① 늦어도 오전 9시 30분까지 영유아가 등원할 수 있도록 해 주세요.
> ② 가방 안에 음식물(과자, 젤리, 사탕) 등을 가져오지 마세요.
> ③ 등·하원 시 출석부에 시간을 꼼꼼히 기재해 주세요.
> ④ 등·하원 보호자는 반드시 지정된 성인이어야 합니다.
> ⑤ 양방향 소통 항목의 점수를 위해 알림장을 확인하고 기록해 주세요.

교직원의 용모도 점검한다. 수업에 적합한 복장, 단정한 헤어스타일, 조리원의 위생복과 위생모, 마스크와 위생화 등의 상태를 점검해 놓는다. 등원시간에 경쾌한 음악을 틀어 기관 전체의 분위기를 활기차게 연출해도 좋다.

예정된 주간의 금요일까지 기다리지 않게 주초에 진행되면 좋겠다는 우리의 희망사항대로 월요일에 관찰자가 나타났다. 교사들이 주로 이용하는 사이트의 평가인증 관찰기간 후기에는 관찰자가 너무 무서웠다, 고압적인 자세에 원장님이 화가 많이 나셨다, 면담이 너무 길어서 죽는 줄 알았다 등의 글이 있었는데 우리 기관에 나온 관찰자들은 후덕한 인상에 매너도 참 좋았다. 월요일 아침부터 나와 부담스럽지 않느냐는 질문으로 첫인사가 시작되고 명찰을 보이면서 추○○, 호○○이라는 자신의 이름을 말한 후 하루의 일정을 안내하였다. 관찰과 면담, 서류 확인 등이 진행될 것임을 알린 뒤 영아반과 유아반을 각각 추첨을 통해 주로 관찰할 반을 선정하였다.

원장실을 관찰자들에게 온전히 내주고 교사실에서 진행되는 일정을 지켜보며, 오전간식, 점심, 오후간식을 식단 그대로 대접하며 하루를 보냈다. 2017년 7월에 배부된『제3차 어린이집 평가인증 설명회 -통합지표-』67쪽에 제시된 적정 온도와 습도에 관한 설명에 따라 실내온도를 모두 20°C에 맞춰 놓았다가 좀 서늘한 하루를 보내야 했다. 이 책자에서는 실내온도를 18°C 이상 28°C 이하로 유지하도록 하고 있으며, 난방온도는 18~20°C, 냉방온도는 26°C~28°C로 제시하고 있는데 11월 하순의 날씨에도 좀 추웠다. 영유아들을 위해 난방온도를 조정해 주면 좋겠다는 건의를 했다.

오후에 원장과 교사 3인(원장이 선정한 대표교사 1인, 영아반과 유아반 관찰대상 교실의 교사 2명)의 면담이 이루어졌다. 우리 교사들은 모두 '취업규칙이 쉽게 볼 수 있는 장소에 없는데 내용을 잘 알고 있느냐'는 질문을 받았는데 '자세히 읽고 동의서를 작성하였으며, 원장실에 보관된 장의 위치를 동일하게 알려 주고 수시로 볼 수 있다'고 답변하였다. 사실은 아침에 교사실에 갖다 두겠다는 메모를 놓쳤는데 그 부분을 잡아내어 질문하는 관찰자들은 프로다웠고 대상 교사들의 지혜로운 답변 덕택에 면담이 수월하게 진행되었다.

바깥놀이에서 '빛'과 관련된 주제 활동으로 그림자놀이를 하는 과정에서 평소 얌전하던 두 아이가 심하게 부딪혀 코피를 쏟는 바람에 전화를 받은 아이 엄마가 달려오는 돌발상황도 있었다. 까다로운 엄마였다면 일과 중에 일어난 일이어서 항의를 할 수도 있었겠지만 무난하게 협조하고 병원에 데려가 줬다.

짧은 시간에 각 교실을 둘러보고 주제 관련 교구와 기록물이 많은데 월요일에 이렇게 많은 이유가 있는지, 오늘 수업을 위해 특별히 준비한 자료는 무엇인지 등을 질문하였고 우리 선생님들은 새로운 주제가 시작되기 전주부터 친밀감과 흥미 유도를 위해 미리 몇 가지를 제시하기 시작한다는 답변을 하고 자신이 준비한 수업 자료에 대해 안내하였다.

3인의 교사 모두에게 교직원 복지에 대한 부분, 교수법과 상호작용에 대한 장학 부분, 아동학대 관련 질문을 하였다. 모두 일치된 답변으로 면담과정을 잘 치른 교사들은 자신의 '성공적인' 역할에 대해 뿌듯해하고 마무리되었다.

전혀 예상하지 못했던 곳에서, 특히 안전 부분에서 지적사항이 많다는 풍문에 정말 철저하게 여러 차례 상호 점검을 해 가며, 안전관리를 했음에도 교실 한 곳에서 칼날이 드러난 테이프 커터가 발견되었다. 오래전에 치워 주면 좋겠다고 조언했던 물건이었는데 미술영역 교구장 안쪽에서 발견되었다. 주말에도 혼자 나와 교실구성을 하고 청소하며 최선을 다하던 교사의 공간이어서 너무나 안타까웠지만 변명의 여지가 없었다. 건강 · 안전 영역의 3-1-3의 항목은 4개 중 3개만 충족되어도 Y로 평정된다고 위로를 했지만 해당 교사는 긴 시간 의기소침한 모습으로 지냈다.

예전에 저자가 실시했던 한 연구에서 교사의 이직은 평가인증 과정 직후가 가장 많은 것으로 조사되었다. 자신 때문에 점수에 영향을 미친 불명예를 견디지 못한다는 이유였다. 평소에 성실하고 성품이 좋은 교사라면 잘 위로해 주면서 불편한 감정을 털어 내도록 도와줘야 할 것 같다. 평가인증 지표를 그룹으로, 개인으로 읽고 또 읽으며 준비를 해도 놓치는 부분이 있다. 나 역시 관찰자들이 바깥놀이에 따라 나간 시간에 원장실 냉장고 문에 안전장치를 달거나 현관의 미끄럼 방지 테이프가 들떠 있는 것을 발견하고 접착제로 붙이며 돌아다녔다. 원장에게도 많은 준비가 필요한 과정이지만 보육활동을 진행하면서 문서작업과 청결관리까지 해내는 교사들에게는 무조건 고생했다는 격려를 해야 할 것이다.

하루의 일정이 진행된 이후 총 6장의 문서에 날인을 하는 것으로 모든 일정이 끝난다. 우리 어린이집의 경우 오전 9시 반 경에 관찰자들이 방문하여 오후 4시 반 경에 빠져나갔다.

오랜 준비 끝에 관찰 당일이 지나고 난 후 각 기관의 반응은 여러 유형으로 나타난다. 그날 하루를 위해 긴 시간 노력했고 긴장이 풀린 후의 여러 감정이 혼합되기 때문이다. 허탈해서 눈물을 보이는 원장, 당일 관찰자의 태도에 대해 한국보육진흥원에 항의 전화를 하는 원장, 확인서에 기재된 지적사항에 대해 관련 업무 해당 교직원을 심하게 꾸짖는 원장, 모두 데리고 나가 회식을 하는 원장 등 다양하지만 우리의 경우 모두 너무 피곤해 서로에게 수고했다 말하고 귀가했다.

정말 열심히 준비하고 마친 일정이라 우리 교사들은 환호성을 질렀다. 예정된 주간 중 첫날에 마쳐서 더 좋았다. 자신이 답변을 잘 했다고 믿는 교사가 커피를 쏘고 원장은 A등급을 받으면 다음 회식에 A+ 소고기를 쏘겠다는 약속을 남겼다. 3년 전 인증을 마친 후에 근처 한우식당에 간 기억이 났기 때문이지만, 기나긴 여정을 마친 당일은 모두 피곤하여 일단 퇴근해 쉬기로 했다.

2 공간별 준비

평소에도 최상의 상태를 유지하는 것이 좋고 많은 현장에서 노력 중이지만 관찰 당일에는 최적의 상태를 유지하여 좋은 평가점수를 받아야 하므로 각 공간의 이모저모를 최종 점검할 때 다음의 사항을 참고한다. 각 공간에 익숙한 담당자가 혼자 관리하다 보면 놓치는 부분이 있으므로 팀을 구성하거나 다 함께 관리하는 과정도 필요하다. 담임교사들이 교실에서 나올 수 있는 시간에 틈틈이 함께 작업하여 환경을 관리한다. 다음은 교사들이 카톡방을 통해 환경구성 협의를 하는 사례이다.

■ 공동구역 안전 점검 및 환경구성

> 10월 16일(월) ~ 10월 20일(금)에는 공동구역 안전 점검 및 환경구성을 할 예정입니다. 낮잠시간 1시에 교사실에 모여 주세요. 김○○ 선생님은 마마반, 신○○ 선생님은 라라반, 방○○ 선생님은 다다반에서 낮잠시간 보육을 책임져 주시면 좋겠습니다.

각 공간별 참고사항은 다음과 같다.

1) 교실

평가지표에서 많은 부분을 차지하는 공간인 교실은 보육과정, 보육환경, 상호작용 지표에서 요구하는 사항을 정리하여 상호 점검한다. 책의 앞부분에 중복된 부분이 있지만 최종 점검과정에서 다시 정리한 자료는 다음과 같다.

〈영아반 준비물〉

가족사진과 영상, 가족이 녹음한 동화나 노래, 가족과 주말에 찍은 사진, 가족이 영아를 그린 그림이나 함께 그린 그림, 같은 반 친구들과 함께 찍은 사진, 기저귀 갈이대와 거울, 음률활동용 거울 및 악기와 사물, 1세는 있다와 없다를 구분하는 구체물, 1개와 여러 개 수량을 구분하기 위한 구체물, 2세는 3개 가량을 세어 볼 수 있는 구체물(3개 정도씩 구비된 놀잇감으로 활동 가능)

* 삼킬 위험이 있는 직경 3.5cm 이내의 물건은 제거하고 역할 및 쌓기놀이 영역에 제시된 매니큐어나 립스틱에 내용물이 없어야 한다.

〈유아반 준비물〉

흥미영역별 기본교구, 수업 주제 관련 교구 및 게시물, 관찰용 동식물, 가족사진이나 주제 관련 화보, 동화 들려주기용 다양한 인형(막대인형, 손인형, 손가락인형 등), 주변 상가 홍보 전단지, 식단표, 우리 동네 카펫 혹은 도로 카펫, 음률활동용 거울 및 악기와 사물, 자연물(잎사귀, 돌, 열매 등)과 폐품(휴지심, 작은 상자, 포켓패드 비닐 등)이 포함된 다양한 미술재료와 도구(안전가위, 찍기 틀 등), 감각자료, 돋보기

〈휴식영역과 사물함〉

교실에는 각 학급 모두 휴식할 수 있는 공간과 함께 영유아의 옷이나 개인 소지품을 정리하거나 영유아가 만든 작품을 보관할 수 있는 공간이 영유아의 수에 맞게 마련되어 있어야 하며, 개별 물건에 모두 이름이나 표식이 있어야 한다.

〈흥미영역〉

다음과 같은 연령별 흥미영역 구성이 필요하다. 청결해야 하는 것은 환경구성의 기본이다. 영유아의 개별 물건에는 이름이 있는지 확인한다. 쌍둥이도 개별 물건과 개별공간을 제공해야 한다. 영유아의 사물함 내부도 청결하게 잘 정리해 준다.

흥미영역의 활동자료는 영아의 경우 영역별로 각 3종 이상, 유아의 경우 영역별로 각 4종 이상 구비되어 있어야 한다. 계획안의 주제와 관련된 활동자료는 0~1세의 경우 2개 이상, 2세의 경우 4개 이상, 3~5세의 경우 5개 이상 다양하게 준비해야 한다. 언어영역의 경우 듣기, 말하기, 읽기, 쓰기와 관련된 자료가 각 1종 이상 포함하여 총 5종 이상이 있어야 한다.

- 0세: 신체영역, 언어영역, 감각·탐색영역
- 1세: 신체영역, 언어영역, 감각·탐색영역, 역할 및 쌓기놀이 영역
- 2세: 신체영역, 언어영역, 감각·탐색영역, 역할 및 쌓기놀이 영역, 미술영역
- 3~5세: 언어영역, 미술영역, 음률영역, 수·조작영역, 과학영역, 역할놀이 영역, 쌓기놀이 영역

흥미영역의 최소 공간은 0~1세는 1~2명 이상, 만 2세는 2~3명 이상, 만 3~5세는 3~4명 이상이 놀이할 수 있는 크기로 구성되어야 하며, 영유아의 이동 통로를 충분히 확보해야 한다. 각 영역에서 놀이하는 영유아 수의 1.5배 내외의 놀잇감이 준비되고 영유아가 좋아하는 품목은 갈등을 줄이기 위해 동일한 것으로 여러 개 마련해 둔다.

흥미영역의 활동은 모든 영유아가 고루게 참여하도록 유도하고 표준보육과정의 목표영역에 따라 상호작용이 이루어지도록 한다.

바깥놀이 활동은 0세의 경우 주 3회 이상 30분 이상, 1세는 매일 30분 이상, 2세와 유아는 매일 1시간 이상 운영하여야 하며, 바깥놀이 공간에서도 다양한 활동을 준비하여 놀이하게 하고 날씨와 계절의 요인으로 바깥놀이가 불가한 상황에서는 실체활동으로 대체한 기록을 남겨야 한다.

〈일상생활을 위한 공간〉

쾌적한 낮잠을 위해 블라인드 조정으로 자연채광 조절이 가능하고 끈 처리가 안전한지 확인한다.

적절한 온도와 습도가 유지되는지 확인한다. 평가인증 지표에서는 난방온도는 18~20℃, 냉방온도 26~28℃, 습도는 30~80%로 제시하고 있다.

편안한 낮잠을 위해 들려 줄 음악과 잠들지 않는 아이들을 위한 조용한 놀잇감이 준비되어 있는지 살핀다.

배변 실수에 대비한 여벌 침구를 청결하게 보관한다.

전선이나 블라인드 줄이 늘어지지 않았는지 살피고 안전조치한다.

교실 내 모든 물품에서 파손, 균열, 오염, 돌출, 녹, 날카로움이 발견되지 않아야 한다.

모든 놀잇감과 보관장, 바구니, 침구 등을 청결하게 관리하고 보육일지 등에 기록한다.

교실 내 게시물은 투명 시트지를 먼저 붙인 후 그 위에 게시하여 벽지 손상을 방지한다.

각 교실 입구의 게시판에는 주간보육계획안, 전체 원아의 사진과 명단, 가정통신문 등이 있어야 한다. 지난 게시물은 제거한다.

영유아의 개인 소지품이나 작품을 보관하는 사물함이나 개별공간이 스스로 사용 가능한 위치에서 보관하고 꺼내는 활동이 이루어져야 한다.

각 교실에 필요한 사항을 정리해서 유인물로 나눠 주고 열흘 정도의 시간 동안 자신의 공간을 정리하고 상호 검토를 해 준 후 원장의 점검을 최종적으로 받아 지적되고 개선한 사항은 다음과 같았다.

(1) 1세반 교실

- '움직이는 것'이라는 주제를 드러내기 위해 자동차를 전시하고 바퀴로 하는 활동 보완
- 신체영역의 통로 확보와 교구 재배치
- 장에 게시된 동작 자료를 일렬로 정돈하기
- 신체영역 탁자를 역할 및 쌓기놀이 영역으로 이동
- 목욕실 사용하지 않는 빈 바구니들 제거
- 라면, 과자 등이 들어 있는 교사 개인장 정리하고 유통기한 확인

(2) 2세반 교실

- '여러 가지 색'을 주제를 드러내기 위해 나뭇잎 관찰 활동에 '살펴보아요'보다는 '나뭇잎은 무슨 색일까요?'로 접근하기
- 가습기 주변 전선을 정리하고 주변 바닥 청결하게 관리
- 감각 · 탐색영역 쟁반 먼지 제거
- 언어영역 캐노피 먼지 제거
- 미술영역에 여러 가지 재질의 종이와 자연물 보충
- 교실의 모든 거울 닦기
- 교사 사물함 정리하고 칫솔은 교직원용 칫솔살균기에 걸기

(3) 3세반 교실

- '돌과 물' 주제 수업을 위해 관련 음악 보완
- 유아의 공간에 흩어져 있는 티슈박스, 필통, 알림장, 교사의 문서 등 모두 제거
- 교구 바구니 안쪽 먼지와 오염을 제거하고 가능하면 막히지 않은 형태의 바구니로 교체
- 공기청정기와 선풍기 위 먼지 제거
- 안전거울 얼룩 지우기
- 수 · 조작영역의 지나치게 작은 사이즈의 교구 제거
- 교사 사물함 내 문서와 개인 화장품 등을 분류하여 정리
- 붙박이장 외부 오염 제거로 청결관리
- 미술영역 옆 쓰레기통 청결 유지

(4) 4세반 교실

- '바람'을 주제로 수업준비 보완
- 미술영역 통로 확보하고 책상 재배열
- 붙박이장 커튼용 벨크로 다시 붙여서 정리
- 교구장 주변 교사 물건 제거
- 휴식영역 벽면 오염 제거하고 주제 관련 자료 게시
- 붙박이장 물건들 유목화하여 전체 정리
- 유아용 개인사물함 이름표 보완

(5) 5세반 교실

- '빛과 우리 생활'을 드러내기 위해 교구창고에서 '빛그림' 자료 찾아서 제시
- 교실에 부착되어 있는 구름 모양 수면등도 주제에 맞게 활용 가능
- 과학영역에 물고기나 곤충 등 관찰물 보충
- 과학영역 전선 고정하여 안전 유의
- 보조교사 사물함에 과자 유통기한 확인하고 제거
- 역할놀이 영역 화장대 거울 닦기
- 역할영역에 과다한 수량으로 배치된 방석을 2세 반에 나눠 주기

(6) 화장실

- 선크림과 강철수세미로 세면대 배관 일부 녹 제거
- 수건 정리 방법 협의 후 집게 2개로 고정 / 종이 수건과 병행 사용
- 세면대의 물비누 부족분 하루 2번 이상 주기적으로 보완

(7) 유희실

- 머리카락이 엉켜 붙어 있는 매트의 벨크로 떼어 내고 다시 붙이기
  (최종적으로는 매트를 버리고 '파손, 오염으로 인한 폐기' 처리하여 기록함)
- 책꽂이 뒤편 먼지 제거
- 노후화된 안전거울의 얼룩이 제거되지 않아 거울지를 덧붙여 사용
- 유희실에서 플라자로 이동하는 동선 제한을 위한 펜스 고정

(8) 현관 입구

- 펜스의 안전을 위해 배치했던 화분을 치우고 유아들의 작품 게시

외부 어린이들이 매달리는 현관 입구 펜스의 안전을 위해 유아들의 작품 게시

2) 원장실과 양호공간

- 모든 서랍 속 물건을 꺼내어 정리
- 냉장고 내외부를 청결하게 닦고 손님용 음료의 유통기한 확인
- 양호공간의 이불과 매트의 청결을 점검하고 유아용 책과 놀잇감을 새롭게 배치
- 약품 보관장 모든 약품의 유통기한 재확인
- 전선 정리와 책 정리 등 다시 점검
- 컴퓨터 등 전자제품 근처 먼지 제거
- 시계 위, 선풍기 덮개 위 먼지 확인
- 인증 지표 순서에 따라 서류 배열 정리
- 인접해 있는 보일러실 바닥과 출입문을 닦음
- 관찰자 식사 장소 확보

원장실 한 편의 양호공간

양호실이 없는 대부분의 기관은 원장실을 양호공간으로 활용하는 경우가 많아 약품상자와 사용 기록지, 아픈 영유아가 쉴 수 있는 부분의 확보가 필요하다. 공간이 좁아 냉장고 위에 약품 냉장고를 비치하였다. 아픈 영유아가 쉴 수 있는 간이침대나

매트도 구비되어야 한다.

원장실은 관찰자 방문 당일 업무를 보는 공간으로 하루종일 제공해야 하므로 평가업무에 적합한 배치인지 점검해 본다. 영역별 문서를 찾아보기 쉽게 비치해 주고 영유아의 활동 소음을 최대한 차단한다.

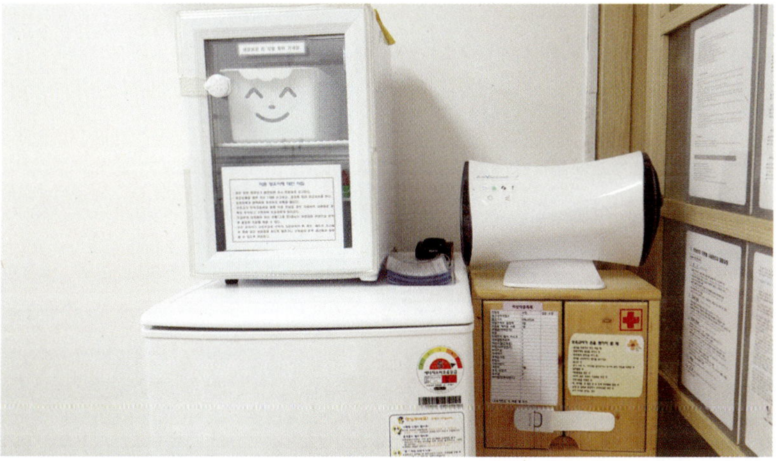

양호공간 옆 약품 냉장고와 약품상자 / 다친 영유아, 아픈 영유아를 위한 지침 게시

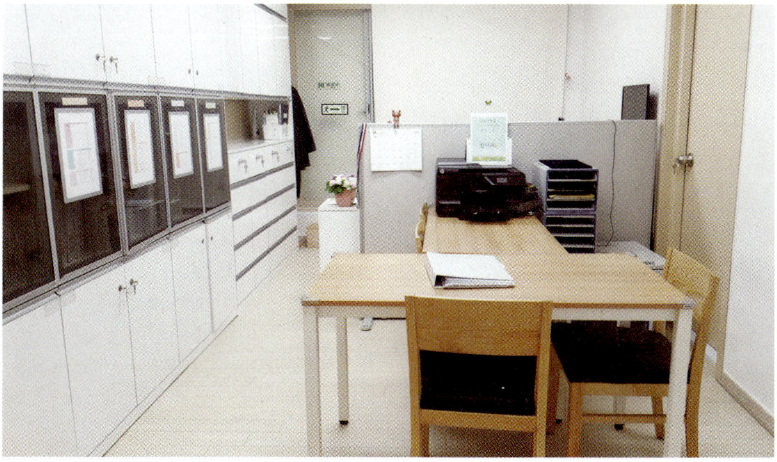

왼쪽 장에 자료 순서대로 문서를 정리하고 관찰자를 위한 공간 준비

3) 교사실과 성인공간

- 업무용 가전이나 설비의 위치 및 정상 작동 여부 점검
- 공유 컴퓨터 밑 전선 다시 정리
- 30권 이상의 교사용 도서를 연령이나 영역으로 분류하여 책 키 높이에 따라 재정리
- 교사 개인사물함 청결 확인
- 교사 휴식용 방석 세탁
- 커피메이커 주변 청소
- 보관장 모든 표식과 내부 물품 재확인
- 영유아 출입을 방지하는 시건장치 작동 안전 점검

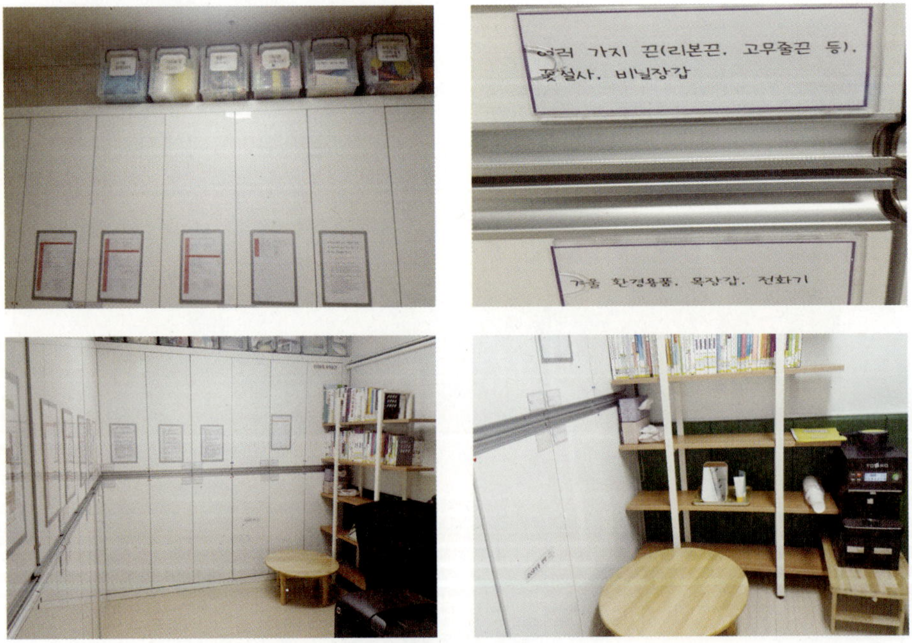

교사실 정리 모습과 분류 표식

4) 현관

- 현관은 기관의 첫인상을 좌우하는 곳이므로 환영의 분위기와 전문적인 느낌이 들도록 점검
- 신발장 내부의 청결을 살피고 오래되어 신지 않는 슬리퍼, 냄새나는 신발 제거
- 현관 내외의 게시물과 자료 확인하고 날짜가 지났거나 계절이 맞지 않는 것 제거
- 부모 대기 의자, 우산꽂이 청결 점검
- 투약의뢰서나 출석부 기재용 볼펜의 상태, 유실물 박스 점검
- 방문자를 위한 손세정제 분사 상태나 용기의 청결상태 확인
- 영유아를 반갑게 맞이하고 눈을 맞추며 미소와 함께 자연스러운 인사
- 등 · 하원 시간에는 시진과 촉진을 통해 영유아의 건강상태를 살피는 습관들이기

5) 화장실

- 화장실과 세면대 바닥, 세면대 근처의 손을 닦는 수건은 항상 건조한 상태 유지
- 세면대 물의 온도는 화상 방지를 위해 온도 조절로 안전하게 유지
- 쓰레기통이나 변기, 그 주변의 청결관리
- 사용한 기저귀나 물휴지를 즉각 버리고 뚜껑이 있는 쓰레기통 비치로 악취 방지
- 영유아와 교직원의 칫솔과 치약의 위생관리
- 양치컵 겹치지 않게 놓기
- 살균기의 전등 정상 작동 점검
- 사용한 지 오래되었거나 방치된 교직원용 칫솔이나 양치컵은 공지 후 모두 폐기
- 자칫 관리가 소홀해지기 쉬운 살균기 외부 청결관리

〈성인용 화장실〉

- 화장실의 바닥, 세면대 주위, 수건 등을 청결하게 유지
- 세면대 주변에 손 씻기에 관한 정보 게시
- 여유가 있다면 교사들이 자신의 용모를 돌아볼 수 있는 전신거울 제공
- 영유아들의 출입방지를 위한 시건장치 부착하고 잠궈 두기
- 각 화장실에 있는 청결관리 체크리스트의 날짜의 기입 내용 확인

6) 바깥놀이터

- 기관의 바깥놀이터는 영유아용 놀이기구 3종 이상 구비
- 다양한 활동을 위해 두 가지 이상 활동 영역 구성
- 대체놀이터인 경우에는 이젤, 책 등 이동 가능한 자료를 활용하여 활동 영역 구성 가능

7) 조리공간

- 성인이 사용하는 곳이므로 영유아가 출입할 수 없도록 하는 펜스나 장치 구비
- 조리원의 위생과 배식과정, 조리과정의 위생, 유통기한 준수 점검
- 배달된 식재료는 밀봉된 상태로 실온 · 냉장 · 냉동 보관방법 준수
- 바닥, 개수대, 조리대, 수납장, 가스 후드, 주방가전, 천장, 창문, 방충망 청결 확인
- 파손이나 균열, 날카로움이나 돌출, 녹 제거
- 모든 수납공간 정리정돈 점검
- 먹다 남은 우유나 물은 냉장고에 남기지 않고 폐기
- 당일 배식에 필요한 식재료와 보존식 외에는 조리공간에 보관 금지
- 조리 인력의 용모와 복장 점검
- 칼이나 도마와 같은 조리도구의 구분과 살균
- 행주나 수세미 등의 소독과 건조한 상태의 구분 보관
- 청결관리 점검표의 기재 내용 확인
- 정수기 관리표 점검

모든 공간에서 안전을 위한 시건장치의 배터리, 각종 기기의 전원 확인과 작동 여부, 콘센트 안전캡 여부, 전등 · 전선의 안전한 처리, 여유분의 화장지 및 수건 등이 갖춰져 있는지 최종 확인한다.

교사들의 복장과 용모, 외부인과 마주쳤을 때 미소짓고 가볍게 목례하는 예의 등을 다시 한번 주지시킨다.

영유아의 출입을 막는 시건장치

칫솔살균기와 콘센트 덮개

수건과 화장지의 여유분 정리 공간

모든 교직원이 청결관리 업무에서 구체적으로 자신의 역할을 부여받고 함께 관리해야 한다. 교실 내 보육활동만으로도 번잡하고 힘든 교사들이 모든 것을 알아서 해주리라는 기대는 하지 않는 것이 좋다. 업무분장표에 각자의 업무가 명시되어 있지만 때로는 상황에 따라 구체적인 업무를 알려 주는 일도 필요하다.

〈교사 단체 카톡에서 환경 정비를 위해 의견을 나누는 사례〉

> 10월 10일(화) ~13일(금)에는 낮잠시간을 이용하여 보일러실, 파랑화장실, 주황화장실, 유희실, 나비플라자 등등 공동 공간 정리정돈작업을 하겠습니다. 1시에 교사실로 모여 주세요. 김○○ 선생님은 마마반, 신○○ 선생님은 라라반, 방○○ 선생님은 다다반에서 낮잠시간 보육을 책임져 주세요 ^^

매주 회의마다 인증 준비를 위해 해야 할 일을 확인하고 공유해도 일정기간이 지나면 처음 들은 것처럼 반응하는 교직원도 있다. 평소에도 종일보육에 문서작업, 청결관리까지 해 가며 정신이 없는데 인증 준비 시점에는 정말 '혼이 비정상' 상태로 바빠 몇 가지 업무를 놓치는 것은 당연한 현상일지도 모른다. 한 가지씩, 한 사람씩, 하나의 업무를 정리해 줄 필요가 있다. 모든 준비업무를 조합하여 끌고 가는 원장이나 주임교사도 뇌 구조가 복잡해지는 건 어쩔 수가 없다. 단순한 업무는 미루지 말고 즉각 해결하는 것이 좋겠다. 이럴 때는 카톡을 이용해 본다. 낮잠시간은 휴대폰 사용을 허용하고 사이버 회의실에서 업무 지시와 의견 수렴에 활용하였다. 막바지 준비기간에는 교실 내 휴대폰과 노트북 사용을 허용하였음을 고백한다. 준비하는 기간 내내 영유아에게 미안한 건 교직원 모두의 심리상태였음을 부인할 수 없다.

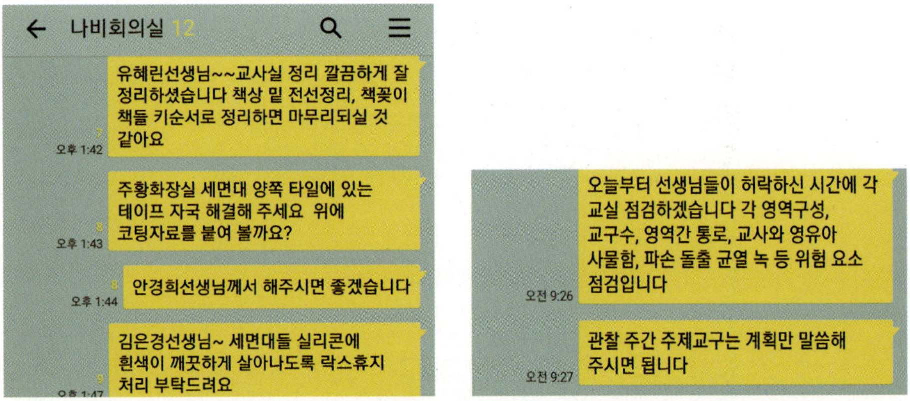

관찰 주간이 임박하여 마지막 점검과정에서 구체적으로 업무 지시를 주는 사례

epilogue

그럼에도 불구하고 나의 리더십

1 그 자체는 참 좋은 원장의 자리

- 원장은 유아교육전공자의 꿈이고 종착역이다.

어린 시절 엄마가 원장이던 기관에서 3년을 함께 보냈고 정서적으로 몹시 친밀한 아들은 "엄마는 영유아[1]들하고 있을 때 가장 즐거워 보여요. 아이들 웃긴 이야기 들려줄 때 정말 예뻐."라고 말하곤 한다. 맞다. 이 일은 저자가 중학생일 때부터 하고 싶었던 일이고 나이 들어서도 쭉 영유아들하고 살고 싶었기 때문에 재미있고 보람이 있다. 그럼에도 불구하고, 나는 현재의 기관에서 벌써 두 번이나 현장에 돌아온 것을 몹시 후회했다.

원장에 관한 여러 도서를 집필하고, 현장에서 뭐든 긍정적으로 돌파하며 살아보지만 큰 난관에 부딪힌 경우가 두 번 있었다. 희망하던 지역에서 어린이집을 개원하게 되어 너무 기뻤던 건 잠시, 예기치 못한 스트레스로 정말 힘들었다. 아파트 단지 내 건물이 입주민들의 재산이기 때문에 국공립의 운영형식을 받아들일 수 없다는 딴지[2]를 걸어오면서 시작되는 방해요인들이 무서웠다. 개원 이후 자리를 잡아가는 과정에서도 주민인 몇 부모의 갑질[3]은 도가 지나쳤다. 유아교육기관에서 너무 흔히 보는 기존의 식상한 것들을 타파해 가면서 멋진 기관을 만들어 보고자 신나게 드나들던 때였다. 바로 옆 단지에서 동시에 개원 준비를 하던 곳도 마찬가지였다. 새로운 작업으로 건물을 채워 나가던 일은 일시적으로 중지되었고 근처에도 가지 말라는 조언에 두 기관은 한동안 문이 굳게 닫혀 있었다. 다행히 잘 해결되어 지금은 두 곳 모두 별 탈 없이 운영되고 있다. 초기에 부정적이던 가정의 자녀들은 모두 퇴소하였고 후회하고 있다는 소식을 듣는다. 옆 단지 원장님과 가끔 옛날이야기를 나누

1) 오랫동안 엄마와 대화한 결과 영유아라는 단어를 일상적으로 사용한다.
2) 어떤 일에 이의나 의문을 제기하거나 그 일에 반대하는 것
3) 상대적으로 우위에 있는 자가 상대방에게 오만무례하게 행동하거나 이래라저래라 하며 제멋대로 구는 행동

며 웃기도 한다.

또 다른 난관은 개원 이후 안정되어 가는 시점에 즐겁게 추석행사를 하던 날에 시작되었다. 교사와 유아 1명이 복도에서 부딪힌 작은 사건으로 억지를 부리는 부모에게 4개월을 시달렸다. 교사의 사소한 실수를 빌미로 원장까지 심하게 괴롭혔을 때 현장으로 돌아온 건 어리석은 짓이었다는 생각을 했다. 하지만 곧 아이들과 섞였고 잘 살아가고 있다. 억지를 부리며 소리 지르던 부모의 표정에 몸서리쳤고 원망을 넘어 저주까지 했음을 고백한다. 약한 사람은 복수하고 강한 사람은 용서한다고 했던가…. 시간이 지나면서 그들에게 연민까지 갖게 되었다. 결국, 교사에게서 합의금을 받아가고 나서야 사그라지던 그 눈빛에, 오로지 돈을 목적으로 연극을 하던 사람들이 오죽하면 그랬을까라는 생각까지 들었다. 그 일은 프롤로그에서 소개한 『보육의 회복: 원장의 시선』 책에 자세히 기술되어 있다. 그 부모와 통화하던 전화벨 소리가 얼마나 싫던지 새 휴대폰으로 다시 바꾸기까지 했던 기억이 있다.

- 시련은 있지만 못 해낼 일도 없다.

추리소설의 대가, 위대한 작가이지만 저주받은 천재로 평가받는 에드거 앨런 포(Edgar Allan Poe, 1809~1849)는 "시련이 없는 자에게는 축복이 없다."라고 했다(출처: 뮤지컬 「에드거 앨런 포」. 2017. 11. 18. 광림아트센터 공연 중에서). 살아가면서 겪어야 할 일은 겪는다. 비온 뒤의 땅은 더 단단해진다더니 이 두 가지 일을 겪고 나서 앞으로 현장에서 내가 이겨 내지 못할 일은 없다는 내성도 생겼다. 세상의 모든 일은 일어나고 흘러가고 지나간다. 2013년 개봉했던 『창문 넘어 도망친 100세 노인』이라는 영화에서는 주인공 할아버지가 "일어날 일은 일어난다."라는 어머니의 교훈을 되새기며 회고를 시작하는 장면이 있는데 별 의미 없이 봤었다. 시련을 겪은 이후 2017년에 다시 봤을 때는 그 대사가 확 다가왔다.

견딜 수 있는 일만 내게 닥친다는 생각으로 풀면 못 해낼 일이 없다고 생각한다. 삶은 기쁨과 슬픔이 공존한다는 아이러니를 갖는다. 힘들 때 이 자리를 버리고 도망치지 않았고 나만의 색을 입혀 놓은 공간에서 일하고 있음을 감사한다. 우리 집 서

재보다 작고 소박한 원장실이 참 좋다. 떠날 때라고 판단되면 미련 없이 다른 길을 가겠지만.

2 긍정 주문을 위한 기록

- 긍정은 삶을 행복하게 한다.

지금은 매일 '내가 이곳의 원장이어서 좋은 점'을 생각하며 긍정의 힘으로 살아가고 있다. 이 정도면 정말 행복한 거다. 앞으로도 원장이라는 직책을 수행해 나갈 때 크고 작은 역경이 있겠지만 자기합리화, 자기최면 과정을 동원해서라도 잘 살아내고 싶다. 마크 멘슨(Mark Manson, 1984~)은 자기계발서 『신경끄기의 기술』에서 "외부 환경과 상관없이 내 인생에서 일어나는 일은 100% 내 책임"이라고 주장한다. 그 이유는 내 인생에 더 큰 책임감을 가질수록, 내 인생에 더 큰 영향력을 행사할 수 있기 때문이라고 한다. 인간은 많은 고통을 겪으며 살아가므로 그중 내가 감당할 수 있는 고통이 무엇인지 선택한 후 다른 모든 일에 신경을 끄고 그 일에만 집중하라고 말한다. 성공을 꿈꾸면서 고통을 감수하지 않겠다는 건 허황된 것이라고 하면서 성공은 진심으로 하고 싶은 일을 하며 사는 것이라고 정의한다(정리 참조: 조선닷컴 2017. 11. 16.).

부끄럽지만 내가 이곳의 원장이어서 좋은 점을 솔직하게 소개한다. 이 책을 읽는 원장님들도 응용하여 행복을 찾는 데 도움이 되면 좋겠다.

- 영유아를 좋아하는 사람만이 웃을 수 있는 즐거운 사건이 늘 있는 직장이다.

다른 분야 사람들에게는 다소 유치할 수 있지만 우리는 영유아들 덕택에 재미있다. 최근에도 나를 웃게 해 준 사례가 많다. 만 3세 초기에 원장선생님과 결혼하겠다던 남자아이는 시간이 흐르면서 생각이 자꾸 바뀐다. 어느 날 너무나 심각한 얼굴을 하고 원장실 앞에 서 있던 아이는 할머니가 혼자 계시니 할머니와 결혼을 해 드려야 할 것 같다고 했다가 얼마 지나지 않아 엄마가 너무 좋아서 엄마와 결혼해야겠다고 상담을 했다. 만 4세 중반이 되어서는 "가족끼리는 결혼할 수 없다는 것을 여섯 살이 되어 알았어요. 원장선생님은 왜 그걸 가르쳐 주지 않았어요?"라고 따져 물었다. 그러고 나서는 생각을 너무 많이 해야 해서 결혼에 대해서는 어른이 된 다음에 생각해야겠다고 결론을 지었다. 네 생각이 소중하기 때문에 들어준 거다, 어른이 되어서 누구랑 결혼할지 그때도 원장선생님께 알려 주라고 했더니 마음이 편해졌다며 미소를 지었다.

또 한 녀석[4]은 늘 내 수호천사가 되어 준다. 신입원아 시절, 적응을 못 해 매일 엉엉 울던 아이를 한동안 원장실에서 살뜰하게 보살펴 줬더니만 적응프로그램이 끝난 후 만날 때마다 마치 처음 사랑에 빠진 것 같은 시선으로 너무나 반갑게 아는 척을 해 준다. 아직 남의 눈치를 보거나 상대의 입장을 고려하지 못하는 어린아이들이 원장을 부를 때 엉겁결에 "할머니!"라고 하는 경우가 점점 많아진다. 엊그제도 한 아이가 할머니라는 호칭으로 원장을 부르자 "야! 왜 원장님한테 할머니라고 해?" 하면서 화가 난 얼굴을 한다. 상대 아이는 "그럼 이모라고 할까?"라고 하자 누나라고 하란다. 바로 옆에서 개구쟁이 여자아이가 곧바로 "언니!"라고 부르며 낄낄댄다. 이런…. 나는 여섯 살 아이들, 즉 만 4세 동생들이 있다. 얼마나 기분 좋은지 남들은 모를 거다. 천직으로 여기는 현장에서만 맛볼 수 있는 즐거움이다.

6남매 중 한 아이, 엄마의 관심과 사랑에 목말라 늘 침울한 만 3세 여자아이에게 어린이집에 오면 원장선생님을 엄마라고 생각하라고 했더니 마주칠 때마다 큰 소리로 엄마라고 부르면서 환해진다. 우리의 작은 관심과 사랑으로 우울하고 문제가 있던 아이들이 변하고 걸음걸이가 경쾌해지는 것을 보면서 갖는 행복과 보람이 정말 크다. 앞으로 놓인 인생이 어떻게 풀어질지 모르겠으나 귀여운 영유아들과 함께하는 일을 계속하고 싶다.

---

4) 어린 남자아이를 귀엽게 이르는 말

- 작고 소박한 기관에서 대장으로 사는 것이 적성에 맞다.

이곳에 오기 전 러브콜을 받았던 화려한 직장 중 하나를 선택했더라면 실적을 내기 위한 스트레스, 청문회에서 모든 게 탈탈 털리는 수모, 고액 연봉에 상응하는 빡센[5] 업무, 새로운 동료들과의 경쟁관계 등에서 헤어나지 못하고 짧게 일하다 또 뛰쳐나왔을 것이다. 잠시 대학으로 다시 가고 싶은 생각을 한 적이 있지만 강의평가에 충격받아 몸져누운 사람, 연구실적과 학생 취업 실적에 갈등하는 사람, 대학 특성화 사업으로 야근을 밥 먹듯이 하는 사람, 연구와 강의가 적성에 안 맞는 사람을 보면서 멈췄다. 대한민국 전체가 평가제도에 시달리는 현재, 심한 업무 강도에 건강을 상하기도 하는 사람들을 보면서 교수에 대한 환상을 버렸다. 젊은 세대와 교감해야 하는 강의계획서와 수업, 형식적인 틀에 맞춰야 하는 논문 작성도 갈수록 자신이 없다. 이솝우화의 신포도[6]로 치부하고 나니 아무런 미련도 없다. 젊은 날 10여 년을 전임교수로 재직한 이후 10여 년의 겸임교수 생활을 통해 대학의 문화를 충분히 즐겼다. 나의 다소 사차원적인 뇌 구조와 정서에는 어린 천사들과 사는 직업이 가장 좋다고 생각한다. 그래서 내게 기쁨과 행복을 주는 영유아를 위해 모든 운영에서 '아동중심' 철학을 잃지 않기 위해 노력해야 한다는 다짐을 한다.

- 하루 종일 무료할 틈이 없는 일정은 갱년기 우울증이나 부정적인 감정에 빠질 수 없게 한다.

자신의 아이가 왕따를 당한 것 같으니 CCTV 영상을 모두 보여 달라는 아빠, 영아반 교사의 핫팬츠[7]가 눈에 거슬린다며 민원을 넣는 엄마, 평범한 아이를 자신의 판단으로 너무 똑똑하니 월반시켜 달라는 부모, 어린이집 계단 청소가 안 되어 있다고 불러내는 행인, 끊임없이 팩스로 들어오는 홍보 전단, 각종 조사요구 자료 제출 등등

5) 몹시 힘든 정도로 어렵고 고된

6) 달콤한 포도를 먹고 싶지만 손에 닿지 않으니 시어 터진 포도라고 자신을 위로하며 코웃음치는 여우의 행동은 정신 건강에 좋다고 본다.

7) 길이가 아주 짧고 몸에 꼭 맞는 바지

많은 일과 사람들로 번잡한 날이 많다. 현관에서 가장 먼 곳이 원장실이라 들락거리는 과정에 운동부족이 해소된다. 내가 건강하게 오래 살면 어린이집 원장 일을 한 덕택이려니 할 것이다. 무엇보다 어린 천사들과 살고 있다는 점에서 행복하다. 담임교사의 눈을 피해 원장실에 놀러 와 키득거리고 가는 아이들, 재롱을 떠는 아이들 덕택에 저절로 젊어진다.

원장에게 활력을 주는 천사들

- 집과 직장이 가까워 출퇴근 스트레스가 없고 대기질이 좋다.

내가 일하는 곳은 차를 타고 짧은 시간 이동하는 거리이면서 재원 영유아의 가족과는 마주치지 않는 만큼의 가까운 거리여서 좋다. 다리를 건너 강북으로 가야 할 때는 집에 들러 차를 세워 두고 갈 수 있다. 폭설이 내린 날도 걱정이 되지 않는다. 짧은 시간 지하철을 타거나 여차하면 걸어도 된다. 더구나 대기질까지 좋은 동네에서 일하고 있다. 행정구역은 강남구이지만 서울의 남쪽 끝자락이다. 최근에는 서울시의 까다로운 절차를 통해 '맑은 공기 우수시설' 인증도 받아 실내까지 쾌적하다. 나이가 들면 한적한 곳에서 어린 천사들과 살고 싶다던 내 꿈대로 살고 있는 셈이다. 변두리임에도 영유아들이 넘쳐 원아모집에 고생하지 않아도 되는 점이 더 좋다.

3 여전히 발전하는 부분

- 민원이 지나가면 나 자신과 교직원들이 단단해지는 것을 본다.

관리감독 기관에 전화로 항의하는 부모, 문서로 제출하는 부모, 심지어 고소를 하는 부모를 겪어 보았지만 착하기 그지없는 우리 교직원들은 모두 무혐의 결과를 받았다. 크고 작은 민원을 겪다 보면 교직원끼리 서로 배려하는 문화도 만들어진다. 당당하게 맞서서 해결하며 살면 된다. 거센 바람을 피하지 않고 풍차처럼 맞서 에너지를 만드는 내 모습을 형상화해 본다. 힘이 세진다.

과부하와 스트레스를 극복하는 기초는 기관 내 멤버끼리 배려하고 화목하게 지내는 것이다. 원장은 그 방향을 잡아 주고 끌어 주는 구심점이 되어야 한다. 파벌을 만드는 사람이 있다면 과감히 내보내야 한다는 주장도 이러한 생각에 기인한다. 모두 편안하고 즐겁게 살 수 있는 분위기 조성은 원장의 주요 의무이다.

- 겸손과 열정과 즐거움을 배우고 누린다.

과거의 화려한 경력이나 학력에 상관없이 내가 주도하여 제공하는 서비스에 대해 사소한 불만에도 고객은 폭발한다는 것을 경험하면서 겸손해진다. 프롤로그에서 밝힌 '자백'의 심정과 상충되지만 잘 조화를 이루면 된다고 본다. 20년 전 삼성어린이집에서 원장 일을 처음 시작할 때부터 깨달은 것이다. 일부의 엄마들은 교수였고 박사인 내게 존경 어린 시선을 보내기는커녕, 이전 원장과 비교하며 부족한 부분을 지적하기 시작했다. 당시 명문대 출신 교사들의 사소한 실수에도 '어떻게 내 아이에게 그럴 수 있느냐'며 항의하던 엄마들 덕택에 세밀하게 업무분장을 하며 서비스 수준을 조정하던 과정에서부터 겸손과 열정이 시작되었다. '부모는 후져도 죄 없는 영유아는 사랑하자'는 성숙한 생각도 하게 되었다. 어린 영유아들을 위한 헌신을 통해, 변화되는 과정을 지켜보는 일은 정말 즐거운 일이다. 이 일이 즐겁다는 것은 적성에 맞는다는 의미이기도 하다.

인간의 유통기한이라는 환갑을 향해 달리는 시점에 영유아와 함께 살며 귀엽고 싱싱한 에너지를 받는 삶은 분명 행복하다. 나이가 주는 원숙함, 경력이 주는 안정감, 여러 일에 대해 쉽게 흔들리지 않고 대처해 가는 정서 등에도 감사가 나온다.

- 글쓰기나 강의소재가 무궁무진하고 즐길 거리가 있다.

기관에서 발생하는 크고 작은 일을 해결해 나가는 과정과 경험이 글로 펼쳐져 더욱 좋다. 글쓰기를 즐기는 내게 영유아교육 현장은 글감이 널려 있어서 너무 좋다. 현장을 분석하여 전국의 동료에게 도움을 주는 저서들을 집필할 수 있어서 보람을 느낀다. 보육 관련 단체나 기관의 초청강의에, 탁상공론이 아닌 실감 나는 소재가 된다. 이러한 과정에서 현장을 더 많이 알게 되고 발전하는 기쁨이 있다.

여러 일을 해결해 보다 수고한 나 자신에게 화사한 스카프, 향기로운 꽃다발, 평소에는 용기가 없어 못 입는 꽃무늬 원피스, 원장실에 둘 카디건, 보정 속옷, 회의에 들고 갈 가방 등을 선물한다. 나쁜 일에는 위로, 좋은 일에는 축하의 의미를 부여하며 소소한 선물을 고르는 재미도 괜찮다. 셀프 격려를 통해 이 직업을 더 사랑하고자 노력한다. 원장의 용모에 대해 많은 의견이 있지만 내 마음대로 차리고 다닌다. 예전에 일했던 삼성어린이집에서는 무채색 정장과 깔끔한 장신구를 권하고 한 민간연구소 강의에서는 신혼여행 복장처럼 가장 화사하고 화려한 모습으로 이미지 메이킹을 하라고 했다. 그러나 '기관의 특성에 적합한'이 정답일 것이다. 여전히 내 옷장은 블랙, 네이비, 그레이 등의 색상으로 가득 차 있다. 올 블랙으로 차려입은 날은 저자 자신이 '까치나 까마귀 혹은 김밥' 같다는 생각이 들어 화려한 스카프나 장신구를 동원하기도 한다. 이왕이면 우리의 영유아들이 좋아할 아이템으로 골라 본다.

- 영유아교육 현장의 내적 갈등은 극복할 수 있는 수준이다.

사회생활을 하는 사람들은 모든 직업에서 내적 갈등이 있을 것이다. 저자 역시 유아교육이라는 전공 하나로 여러 가지 직업을 섭렵하며 많은 경험을 했다. 교수 시절 학생들이나 다른 동료와의 교류는 행복했지만 학교는 집과 거리가 너무 멀었고, 배

은망덕으로 속썩이는 후배 때문에 수시로 골치가 아팠다. 언론사 임원이었던 시절에는 회장님의 전격적인 지원에도 불구하고 종교방송국에서 영유아 관련사업을 중점으로 해야 하는지 늘 검토하는 임원회의가 스트레스였다. 유명 사단법인에서의 시절은 화려한 직책명을 가졌을 뿐 유아교육전공자로서의 정체성이나 존재감에 대해 늘 고민해야 했다.

어린이집 원장 역시 낮은 사회 · 경제적 지위, 관리감독청과의 관계, 사소한 불편도 참지 못하는 극소수 부모 때문에 여러 내적 갈등을 겪지만 그 힘듦을 녹여 주는 영유아의 미소가 있다. 원장의 리더십을 통해 발전해 가는 교직원의 모습도 인생 선배인 원장에게 기쁨을 준다. 원장의 회복 탄력성을 위해 정말 좋은 요인이라고 생각한다.

4 다채로운 일상의 활력

- 다채로운 현장학습과 행사가 활력을 준다.

저자는 이 두 가지 활동이 교육과정의 일환으로 실시되어야 한다는 관점을 가지고 있기 때문에 다른 기관에 비해 그 횟수나 규모가 적고 작지만 이 기회를 통해 훌쩍 자라 있는 영유아들을 보면서 즐거워진다. 세계 명작을 소재로 하는 여러 공연을 보면서 유년시절의 정서로 돌아가 추억에 잠긴다. 자연으로 떠난 소풍에서 재충전이 된다. 현장학습을 위한 프로그램이 좋아 감탄할 때가 많다. 여러 나라를 다녀 보면 우리나라 유아교육 수준이 정말 높다는 것을 알게 된다. 아직 불합리한 점도 있고 처우도 개선되어야 할 과제가 있지만 이 업종에서 일하는 사실에 자부심도 있다.

행사의 준비와 진행에 교사들은 고생하지만 특별활동이나 특성화 교육 업체의 도움을 받을 수 있다는 점에서 위로가 된다. 특별활동도 현장학습처럼 많은 프로그램이 매력적으로 개발되어 있다. 정보의 홍수 속에서 영유아에게 초점이 맞춰진 좋은 프로그램을 선별해 내는 실력도 원장에게 필요하다. 우리가 끊임없이 연구하고 공부해야 하는 이유이다.

영유아와의 현장학습

가족행사의 환호성

아이들의 옷에 글씨와 꽃으로
감사표시를 보내온 스승의 날

5 사람들과 함께하는 보람

- 같은 일을 하는 사람들과 교류하며 살 수 있어서 좋다.

우리 주변에는 대부분 너무나 순수하고 맑은 사람들이 원장으로 일하고 있다. 지역 연합회의 원장, 연구 소모임 원장, 교수 시절부터 알던 원장, 원장이라는 같은 직업을 가지고 있는 많은 제자와 교류하면서 한 분야에 대해 공유하고 공감하며 살 수 있어서 좋다.

영유아와 함께하는 순수한 직업을 가졌음에도 권모술수에 능해 지나치게 정치적인 원장도 있고 부정한 방법으로 사익을 취해 모두의 명예를 실추시키는 부도덕한 원장도 아주 극소수로 존재하지만 대부분의 원장은 어린 영혼들에게 사랑을 주고자 이 길을 선택한 사람이다. 나 역시 그 순수한 동기를 잃지 않고 초심으로 살아가기 위해 노력한다.

끝까지 해 보자. 단, 어린 영유아들이 더 이상 예쁘지 않으면 전업을 생각해 보라. 유아교육기관을 음식점으로 용도 변경하면 좋다. 유희실은 단체 손님, 영아반은 가족 손님 공간으로 활용하여 성공한 사례도 있다. 딸 같은 엄마들의 만행이 지겨워 그만하고 싶다며, 유치원을 갈비집으로 바꿔 사장님으로 살다가 돈은 많이 벌지만 아이들과의 활력이 그립다며 다시 우리의 현장으로 돌아온 사람도 있다.

- 부모의 문제를 해결해 주면서 보람을 느낀다.

자녀문제로 기관에 항의하고 괴롭히는 사람은 뭔가 하자가 있다. 자신의 콤플렉스를 쏟아 내고 투사할 대상이 필요한 사람이 대부분이다. 부부 사이가 좋고 아이가 똑똑해서 기쁨을 주거나 자신의 현재가 행복한 사람은 자기 가정의 울타리에서 문제를 해결한다. 그것도 아주 현명하게 풀어 가며 기관에 협조를 요청하기도 한다. 문제가 있어 보이는 가정에 상담을 해 주고 밝아진 모습으로 원장님의 조언이 도움이 되었다, 행복하게 살고 싶다고 말하는 엄마의 어깨를 토닥일 때 또 다른 기쁨이 있다.

EBS 라디오 멘토 부모 제작팀(2010) / 경향미디어

김혜경(2012) / 공동체

앞으로 나는 '외할머니 컨셉'[8]으로 살고자 한다. 매일 기관에서 장시간 머무는 영유아들에게 마음 넉

8) '콘셉트(concept)'의 비표준어

넉한 할머니처럼 사랑을 더 줘야겠다. 극소수를 빼고 대부분 착하고 예쁜 엄마들에게도 마음을 더 활짝 열고 조언을 구할 대상이 되어 주고 싶다. 딸이 없는 내게도 뿌듯한 역할일 것 같다. 이러한 역할을 하고 싶다면 앞의 책을 참고하기 바란다.

- 한 해가 지나갈 때 잘 자라 있는 영유아의 모습과 함께 성숙해져 있는 나를 본다.

송년회나 졸업식 같은 행사를 마치고 지나온 1년을 평가하면서 나 자신의 인생도 돌아보게 된다. 스커트가 짧고 표정이 기분 나쁘다는 엉뚱한 민원으로 상처받은 교사를 포함해 각자 맡은 업무에 큰 사고 없이 잘 살아 준 교직원들에게 감사한 마음이 든다. 한 공간에서 잘 자라 준 영유아들을 모두 쓰다듬어주고 싶어진다. 송년행사와 졸업식을 통해 1년을 돌아보는 시간에는 즐거운 추억에도 불구하고 매년 새로운 눈물이 흐른다.

송년행사 후 단체사진

졸업행사

- 고뇌하는 원장에게 도움말을 줄 수 있다.

매년 어린이집이나 유치원 원장의 자살 뉴스를 접하곤 한다. 민원에 시달리다가, 공무원의 지도점검에 상처를 받아서, 재정의 어려움으로 등등 그 이유를 유추하는 기사를 볼 때 참 마음이 아프다. 삼성어린이집 원장 출신들끼리의 오랜 모임을 통해 가깝게 지내던 동료 한 사람도 어린이집 개원작업을 하다 차가운 강물에 뛰어들어 세상을 버렸다. 힘들게 박사학위를 취득하고 대학에서 짧게 근무한 후 현장에 다시 돌아와 새 출발을 하는 과정에 있다가 저지른 일이다. 우리 가슴에 아픈 트라우마[9]를 남긴 사건이었다. 지난해 송년모임에서도 벌써 8년이 지났다며 안타까움을 나누고 헤어졌다.

평가인증 관찰자가 다녀간 주간에 마음의 여유가 생겨 영화관에서 본「러빙 빈센트」에서는 이런 대사가 나온다. "아무리 강한 사람이라도 삶을 살다 보면 무너질 수 있다…."

하나의 역경을 딛고 일어서면 또 다른 힘이 생긴다. 이 시간에도 기관을 운영하면서 번민하는 원장이 있을 것이다. 꼭 이겨내고 즐겁게 운영해 가기를 기원해 본다.

6 행복하게 걸어가고 싶은 길

힘든 부분도 있지만 내가 걸어가는 길에서 함께하는 사람들과 행복해지고 싶다. 이 책의 집필을 마치면서 행복하게 살아가야 할 책임감에 대해 다시 한번 다짐해 본다. 평가인증 관찰 당일 일정이 끝나면 허탈해서 우는 원장, 긴장이 풀려 아픈 원장, 다음 날 바로 휴가 쓰고 여행가는 원장, 당일 저녁 회식하자고 모든 교직원을 데리고 나가는 원장 등 마무리에서도 다양한 원장의 모습을 본다. 어떤 사항을 선택하든 교

9) trauma 재해를 당한 뒤에 생기는 비정상적인 심리적 반응

직원의 의견을 충분히 수렴하여 진행하기 바란다. 원장 리더십의 중요한 요소는 교직원의 의견을 민주적으로 수렴하는 것이니까.

평가인증을 준비하는 과정에서 필요에 따라 무서운 얼굴을 하고 지시적으로 일을 해야 하는 경우도 있었지만 항상 잘 따라 준 교직원들에게 감사하는 마음이 크다. 그들에게 감사한 만큼 나는 원장이라는 직업인으로 다음과 같이 살고 싶다.

- 교직원이 원장의 운영방향과 강조점을 잘 알도록 이끈다.
- 독재자가 아닌 모습으로 조직적인 지휘체계를 세우고 책임을 위임한다.
- 교직원 상호 간에 친절과 미소가 있는 기관을 만든다.
- 교직원의 발전을 위해 연구나 교육에 대한 지원을 제공한다.
- 교직원과 격의 없는 모임의 기회를 마련하고 어울린다. 단, 지나치게 긴 시간은 피한다.
- 교직원의 적성에 맞는 업무를 분장해 준다.
- 교직원에 대한 칭찬이나 훈계는 이해 가능한 방식을 동원한다.
- 교직원 간 발생할 수 있는 갈등을 알고 중재를 시도한다.
- 각 교직원의 업무 수행상 애로사항을 파악하고 해소에 노력한다.
- 교직원과 부모 사이에서 합리적 평형 유지에 노력한다.
- 지휘나 명령에 저항하는 교직원을 관리할 실력과 카리스마를 갖는다.
- 출퇴근 시 영유아, 부모, 교직원과 상호 존경 어린 인사를 교환한다.

위와 관련된 내용은 저자의 전작인 『원장 리더십: 영유아교육기관장의 자기경영』에 자세히 기술되어 있다.

작은 기관에서 원장이라는 직책을 통해 영유아와 교사, 교직원, 지역사회 사람들에게 뭔가 해 줄 수 있는 위치에 있을 때 최선을 제공하자는 생각으로 살고 있다. 역시 사랑은 받을 때보다 줄 때 더 좋다. 앞으로 걸어가는 길에서도 내 곁의 사람들을 사랑하며 살아가고 싶다.

내게 '원장'이라는 호칭을 부르며 함께 살고 있고 살아왔고 살아갈 모든 사람에게 축복과 행운이 함께하기를 기원해 본다.

영유아의 가족에게서 선물로 받은 네잎 클로버.
「김영란법」[10]이 무섭지 않다.

10) 공직자 등에 대한 부정 청탁 및 공직자 등의 금품 등의 수수(收受)를 금지하는 법률. 공직자 등의 공정한 직무 수행을 보장하고 공공 기관에 대한 국민의 신뢰를 확보하는 것을 목적으로 2016년 9월 28일에 시행되었다. 정식 명칭은 「부정 청탁 및 금품 등 수수의 금지에 관한 법률」이다. 국공립어린이집 원장은 이 법의 적용대상이다.

부록

부록 어린이집 현장점검 체크리스트(어린이집용)

이 체크리스트는 장소, 기록, 면담으로 세분하여 점검기준을 설명하고 있다. 평가인증을 준비하는 과정뿐만 아니라 운영관리 과정에서 환경구성, 업무분장, 문서의 관리계획에 많은 도움을 준다.

'한국보육진흥원' 홈페이지에서 '평가인증'을 검색하여 찾을 수 있고 각 지역의 육아종합지원센터 홈페이지에서도 다운받아 사용할 수 있다.

이 책을 완성한 직후 각 사이트에 탑재되었다. 이 체크리스트가 있었다면 좀 더 수월하게 평가인증 과정을 준비했을 것이다. 꼭 활용해 보기 바란다.

▶ 장소별 관찰사항 점검

구분	영역	항목별 점검기준	점검 결과				비고
			양호	보완 중	컨설팅 요청	미해당 지표	
현관, 계단	3-1-1-①	• 현관의 바닥과 벽, 천장, 현관 출입문 등이 전반적으로 청결					
		• 계단의 바닥과 난간 등이 청결					
	3-1-2-①	• 실내현관문) 개폐장치 설치 및 관리					
		• 모든 출입문 문턱의 안전 여부(영유아가 걸려 넘어지지 않도록 마감됨)					
		• 실내계단) 미끄럼 방지를 위한 안전조치					
복도, 실내 공간	2-1-2	1 • 영유아를 위한 별도의 공간을 두 군데 이상 마련 – 식당, 양호공간, 도서공간, 유희실 등(설비 및 비품 비치) – 유희실: 대근육활동용 놀이기구, 놀잇감 – 도서공간: 책꽂이, 의자(소파, 매트, 쿠션), 책 – 양호공간: 비상약품, 간이침대(매트) 또는 소파 ※ 원장실을 양호공간으로 사용 가능 ※ 정원 20인 이하 어린이집은 거실을 유희실로 사용 가능					
	2-1-3	1 • 실내 공간 설비 및 가구 등이 영유아 신체 크기에 적합					
		3 • (장애아전문) 실내외 설비 및 가구 등이 장애영유아의 특성에 적절 – 계단 외에 엘리베이터 또는 경사로 설치(이동이 불편한 영유아) – 점자 유도블록, 핸드 레일 등 설치(시각장애 영유아)					
	3-1-1-①	• 복도의 바닥, 벽, 기둥 등이 청결					
		• 유희실의 가구, 활동자료장, 에어컨, 공통 매트, 쿠션 등이 청결					
		• 실내 공간의 바닥과 벽, 천장, 기둥, 출입문, 책상과 의자, 창문 등이 청결					
		• 실내 공간의 에어컨, 선풍기, 가습기, 공기청정기 등 가전제품이 청결					
		• 청소에 사용되는 청소도구와 보관함, 휴지통 등이 청결					
		• 실내 공간에서 해충(바퀴벌레 등)이 발견되지 않음					
	3-1-1-②	• 실내 공간에 비치된 신체놀이기구(예: 이동식 놀이기구)에 찌든 때가 없고 청결					
		• 놀잇감 보관함이나 바구니 청결					

구분	영역	항목별 점검기준	점검 결과				비고
			양호	보완 중	컨설팅 요청	미해당 지표	
복도, 실내 공간	3-1-1-⑤	• 보육실 내 적정 온도와 습도 유지(창문 개폐, 냉·난방기 사용)					
		• 자연채광, 인공조명, 블라인드 등으로 적절한 밝기 유지 – 과도한 썬팅지(한지) 부착 금지 : 창문의 2/3 이상 불투명 썬팅지 부착 금지 – 가구나 적재물 등으로 자연채광을 가리지 않음					
		• 조명시설이 충분하고 제대로 작동(적절 밝기 유지, 전등 교체)					
	3-1-2-①	• 모든 출입문) 손 끼임 방지 부착, 모든 출입문 문턱의 안전 여부					
		• 창문) 2층 이상 창문보호대 설치(방충망은 창문보호대에 포함되지 않음) – 창문 하단의 높이가 바닥으로부터 120cm 이하인 모든 실내 창문 해당 – 창문 아래에 영유아가 딛고 올라갈 수 있는 가구가 있는 경우 창문보호대 설치					
		• 천장, 바닥, 벽면) 균열, 돌출 등이 없고 고르게 설치					
	3-1-2-②	• 모든 전기콘센트(이동식 콘센트 포함)는 영유아 손에 닿지 않는 곳에 설치 또는 안전덮개로 덮여져 있음					
		• 전선줄, 블라인드 줄 등은 영유아 손이 닿지 않는 위치이고, 영유아가 잡아당기거나 걸려 넘어지지 않도록 관리					
		• 컴퓨터 주변 등의 전선줄 관리, 선풍기 전선이 벽면에 늘어지지 않도록 관리					
	3-1-2-③	• 벽면 게시판, 선반의 안전 고정					
		• 선풍기 안전덮개 및 안전 설치, 에어컨 안전 설치					
		• 온열기, 돌출형 라디에이터(안전덮개 설치), 화기시설 등에 영유아가 접근하지 않도록 되어 있거나 보호장치가 있음					
		• 파손된 가구가 없고, 모서리가 날카롭지 않거나 모서리 보호대 설치					
		• 공기청정기, 제습기, 가습기 등 가전제품은 파손된 곳이 없고 안전하게 설치					
		• 유희실, 실내놀이터) 고정식 놀이기구, 고정식 미끄럼틀, 볼풀장 등은 안전하게 설치되어 있고 파손된 곳이 없음					
	3-1-2-④	• 복도 등 실내 공간의 세면대나 정수기 등의 온수조절 안전장치					
	3-1-2-⑤	• 보일러실, 덤웨이터 등) 영유아가 출입하지 못하도록 관리					

구분	영역		항목별 점검기준	점검 결과				비고
				양호	보완 중	컨설팅 요청	미해당 지표	
복도, 실내 공간	3-1-3-②		• 실내 공간의 모든 놀잇감 및 보관함, 이동식 놀이기구가 파손되지 않고 거친 표면, 날카로운 모서리 등 위험 부분이 없음					
			• 깨지거나 베일 수 있는 재질로 된 놀잇감이 없음					
	3-1-3-④		• 모든 위험한 물건은 영유아 손이 닿지 않는 곳에 보관(경유아 손이 닿는 경우 잠금장치 사용)					
	3-1-4	1	• 비상계단, 미끄럼대) 언제나 사용 가능하고 적재물 없음					
			• 비상구) 잠그지 않거나, 잠금장치 안쪽에 위치, 적재물 없음					
			• 비상대피로) 위험한 물건 없음					
		2	• 모든 피난구 유도등 작동					
			• 모든 소화기의 안전핀 고정, 소방약제 충분, 압력범위 정상					
			• 가스누설 경보기의 전원이 켜져 있고 정상 작동					
원장실	3-1-2-⑤		• 원장실 등 성인이 주로 사용하는 장소는 영유아가 성인의 보호하에만 출입하도록 관리					
	3-3-2-④		• 어린이집 내 비상약품(또는 구급상자) 구비					
			• 실외활동(견학, 산책 등)시 지참할 비상약품 등을 별도 구비					
			• 모든 약품은 사용(유효)기한 표기가 되어 있고 사용(유효)기간 이내임					
	4-1-2	1	• 원장은 교직원에게 존중하는 말과 태도를 보임 – 교사에게 "ㅇㅇ선생님" 등 개별적 호칭 사용, 반말 사용 안 함					
교사실 (자료실)	2-1-5	1	• 비품과 활동자료를 보관하는 별도의 공간이 있음 – 창고, 자료실, 베란다 등 – 별도의 공간이 없는 경우, 영유아 활동공간이 아닌 곳(교사실, 원장실, 상담실 등)에 장소를 마련하여 보관 ※ 정원 20인 이하 어린이집은 별도 공간 없어도 인정					
		2	• 비품과 활동자료를 연령, 주제 또는 영역 등 체계적인 분류기준에 따라 명칭, 내용, 관련 영역 등 표시하여 보관					

구분	영역		항목별 점검기준	점검 결과				비고
				양호	보완 중	컨설팅 요청	미해당 지표	
교사실 (자료실)	3-1-1-①		• 교사실의 청결관리(바닥, 책상, 매트, 쿠션, 에어컨, 선풍기, 공기청정기 등)					
			• 자료실의 청결관리(바닥, 자료장, 구석진 곳 등)					
	3-1-2-⑤		• 교사실) 영유아가 성인의 보호하에만 출입하도록 관리					
			• 자료실) 영유아가 출입하지 못하도록 관리					
	4-2-1	1	• 세 가지 기준 중 1개를 충족하면 인정 • 교사실 별도 마련(정원 20인 이하는 교사용 책상 인정) • 교사가 휴식을 취하는 별도 공간 마련 • 교사가 휴식을 취할 수 있도록 탁자나 휴식용 의자, 쿠션 등 마련					
		2	• 교사의 개인사물함 마련(공동 사용 및 물품 보관 인정 안 됨)					
	4-2-2	1	• 교사용 참고자료를 연령이나 분야를 고려하여 구비(총 30권 이상) – 교사가 쉽게 사용할 수 있는 공간에 비치					
		2	• 교사가 개별 또는 공동으로 사용하는 업무용 책상과 의자 마련					
			• 컴퓨터, 프린터, 스캐너, 복사기, 카메라, 캠코더, 빔 프로젝터, OHP 등 보육업무에 필요한 지원설비 구비					
			• 보육실, 교사실, 자료실 등 사용하기 쉬운 장소에 비치					
		3	• (장애영유아) 장애영유아의 장애유형 및 발달 수준에 맞는 진단·평가 도구 및 자료가 3종 이상 구비 • 특수교사 및 장애영유아를 위한 보육교사가 배치되어 있는 경우에 한하여 평정					
화장실	1-7-2	3	• 계획된 시간대(급간식 전후, 바깥놀이 후, 배변 후 등)나 필요시 영유아가 스스로 씻고 닦는 경험 안내 – 손 씻기, 이 닦기, 배변 후 뒤처리 등 영유아를 씻기거나, 안아서 이동할 경우 언어로 자연스럽게 설명 – (유아) 씻기의 전 과정을 습관화할 수 있도록 지속적 안내, 관리 – (영아) 만 2세 영아가 씻는 과정을 곁에서 지켜보며 단계적으로 언어화					

구분	영역		항목별 점검기준	점검 결과				비고
				양호	보완 중	컨설팅 요청	미해당 지표	
화장실	1-7-2	4	• 영유아의 연령(월령), 준비정도, 개인차를 고려하여 배변경험이 개별적으로 이루어지도록 지도 – 배변 실수 시, 교사는 수용적인 태도를 보이고 영유아가 배변에 부정적 정서를 갖지 않도록 지도 – 청결습관 형성 및 올바른 화장실 사용방법을 몸에 익혀 자신감을 키울 수 있도록 지도					
	2-1-3	1	• 일상생활 설비(세면대, 변기 등) 마련, 영유아에게 적절한 크기임 – 정원 20인 이하 어린이집은 안전발판, 보조변기 등을 활용하여 성인용 변기 및 세면대 사용 가능					
		3	• (장애아전문) 화장실 대·소변기 높이가 다양하고, 휠체어 사용 가능 공간 확보					
	3-1-1-①		• 화장실이나 세면장 바닥이 건조(물기 없음)					
			• 변기, 세면대, 휴지통, 수건 등 전반적으로 청결					
			• 변기 사용 후 매번 신속하게 오물(대·소변)을 처리					
			• 젖은 수건을 마른 수건으로 교체하여 청결하게 사용					
	3-1-2-①		• 화장실, 세면장 등의 바닥에 미끄럼 방지를 위한 안전조치					
	3-1-2-②		• 화장실의 전기콘센트(이동식 콘센트 포함)는 영유아 손에 닿지 않는 곳에 설치 또는 안전덮개로 덮여져 있음					
	3-1-2-③		• 세면대 수도꼭지의 파손된 곳이 없고 표면이 거칠지 않고 매끄러움					
			• 샤워기 줄은 영유아가 걸려 넘어질 위험이 없도록 관리					
	3-1-2-④		• 세면대, 샤워기) 온수조절을 위한 안전조치, 잠금장치 설정					
	3-3-1	1	• 교사는 필요한 경우 반드시 손을 씻음 – 손 소독제 사용 시, 마지막에는 반드시 손을 씻음					
			• 영유아는 필요한 경우 반드시 손을 씻음					
		2	• 모든 영유아는 점심식사 후 이를 닦음 – 교사는 영유아가 이를 닦을 수 있도록 지원					
			• 영유아 개별 칫솔과 양치컵은 사용 후 헹구어 서로 겹치지 않도록 건조시켜 청결하게 관리(양치컵 공동 사용 안 됨)					

구분	영역		항목별 점검기준	점검 결과: 양호	점검 결과: 보완 중	점검 결과: 컨설팅 요청	점검 결과: 미해당 지표	비고
화장실	3-3-1	3	• 영유아 배변 뒤처리 후 사용한 휴지는 즉시 휴지통에 버림					
			• 배변 실수한 영유아 뒤처리는 가능한 한 물로 씻고 여벌옷으로 갈아 입히기					
			• 영아 기저귀갈이 시는 항상 기저귀 갈이대나 화장실 등 지정된 공간 활용					
			• 기저귀갈이 시, 미지근한 물로 영아의 엉덩이를 닦아 주고, 여의치 않을 때는 물티슈로 닦아 줌					
	4-2-3	1	• 어린이집 내 성인용 화장실 별도 마련					
		2	• 영유아용 화장실 내 한 칸을 성인용으로 구분하여 성인용 변기 설치 사용 (성인용 화장실을 별도로 마련하기 어려운 경우) ※ 어린이집 내 화장실이 1개인 소규모 어린이집(정원 20인 이하)인 경우, 평정 제외					
조리실	3-1-2-⑤		• 조리실) 영유아가 출입하지 못하도록 관리 • 구조상 부엌 등의 조리실과 영유아 활동공간이 분리되어 있지 않은 경우: 영유아 접근을 막을 수 있는 안전장치 설치					
	3-2-2-①		• 구입한 식자재의 외관, 색상, 냄새 등을 확인하여 변질되지 않은 상태					
	3-2-2-② [필수]		• 식자재 중 유통기한이 경과된 것이 전혀 없음 – 어린이집 내 모든 공간(인가공간)의 유통기한 표기 음식(수입식품 포함) • 영유아가 섭취할 수 없는 건강기능식품(식약처 인증), 커피는 제외 – 어린이집에서 직접 담근 음식(된장, 김치 등)은 유통기한 평정대상 아님(단, 식품이 변질되지 않도록 보관, 관리)					
	3-2-2-③ [필수]		• 모든 식자재는 보관방법에 맞게 실온·냉장·냉동 보관, 밀봉 보관					
			• 식자재 보관 장소(창고, 싱크대, 베란다 등)는 곰팡이나 습기가 없고 건냉					
			• 식자재 보관 장소 청결(창문이 있을 경우 방충망 설치)					
	3-2-2-④		• 조리실 바닥) 깨끗하고 건조하게 유지, 하수구 냄새가 올라오지 않고 청결					
			• 조리실 벽과 천장) 찌든 때나 이물질이 없고 청결					
			• 조리실 환기로 쾌적한 환경 유지					
			• 외부로 연결된 문, 창문이 있는 경우 방충망 설치(파손 없이 청결)					

구분	영역	항목별 점검기준	점검 결과				비고
			양호	보완 중	컨설팅 요청	미해당 지표	
조리실	3-2-2-⑤	• 조리실 내 시설·설비에 찌든 때나 이물질이 없고 청결하게 관리되는지 확인 – 개수대, 조리대, 식기수납장, 가스레인지, 후드, 환풍기, 냉장고, 냉동고 등 주방가전, 오븐, 전자레인지, 전기밥솥, 기타 소형 가전제품들					
		• 개수대의 하수구에서 냄새가 올라오지 않음					
		• 쓰레기통(음식물 등)과 그 주변이 청결					
		• 후드는 이음새가 제대로 연결되어 있고, 정상 작동					
		• 냉장고에서 심한 냄새가 나지 않음					
		• 소형 가전제품들은 사용 후 정리					
	3-2-3-①	• 조리를 하는 직원(조리사, 조리원, 조리업무를 하는 원장 등)은 전용 앞치마(또는 위생복), 전용 머릿수건(또는 위생모)을 착용					
		• 조리를 하는 직원(조리사, 조리원, 조리업무를 하는 원장 등)은 조리실 전용 신발(덧신)이나 위생화 착용 ※ 실내 공간과 조리공간의 바닥이 구분되지 않고, 바닥에서의 물 사용이 없는 경우 조리실 전용 신발이나 덧신 미착용 가능					
	3-2-3-②	• 조리 전 비누를 사용하여 손을 깨끗이 씻음					
		• 식재료 준비작업을 바닥에서 하지 않고 준비대나 조리대 이용					
		• 모든 식재료의 세척과 절단 등 전처리작업이 청결하게 이루어짐					
		• 조리 중이거나 조리된 식품을 맨손으로 만지거나 취급하지 않음					
		• 조리 중 맛보기는 맛보기 숟가락을 별도로 사용					
	3-2-3-③	• 식기류, 조리도구, 행주 등 조리실 비품은 사용 후 세척, 소독하여 위생적으로 관리(식기류 건조 보관)					
		• 도마와 칼은 육류용, 어패류용, 기타 채소류용으로 구분 사용					
		• 물컵은 사용 전과 후로 구분하여 관리(개별컵 수시 청결 확인)					
		• 영유아용 물컵은 먼지와 습기가 없는 건조한 곳에 청결하게 보관					
		• (영아) 수유용 젖병과 젖꼭지는 1회 사용 후 소독, 관리					
	3-2-3-④ [필수]	• 당일 조리된 음식은 당일 소모 원칙 – 1회 조리된 음식 배식 완료 후 남은 음식은 전량 폐기					

구분	영역		항목별 점검기준	점검 결과				비고
				양호	보완 중	컨설팅 요청	미해당 지표	
조리실	3-2-3-⑥ [필수]		• 마실 물은 끓여서 식힌 물이나 생수 사용(정수기 꼭지와 필터 관리)					
			• 모유와 우유는 냉장보관하며, 먹다 남은 모유나 우유는 즉시 폐기					
보육실	1-1-4	1	• 유아는 신체운동 · 건강영역 관련 활동에 참여함					
			• 영아는 기본생활 · 신체운동영역 관련 활동에 참여함					
		2	• 유아는 의사소통영역 관련 활동에 참여함 – 자신의 생각과 느낌 말하기, 교사와 또래와 이야기 나누기, 읽고 싶은 책을 선택하면 교사가 개별적으로 읽어 주기, 환경인쇄물 활용 등					
			• 영아는 의사소통영역 관련 활동에 참여함 – 옹알이, 한 단어, 짧은 문장 등으로 표현하기, 개별적 그림책 읽어 주기, 쉽게 끼적이기를 할 수 있는 환경 지원					
		3	• 유아는 사회관계영역 관련 활동에 참여함 – 자아존중감을 높이는 경험, 다른 사람과 도움 주고받기, 우리 동네에 관심 갖기 등 활동					
			• 영아는 사회관계영역 관련 활동에 참여함 – 자기 사진이나 거울 보기, 가족사진 보기, 또래에게 관심을 갖고 함께 지내는 경험 갖기 등					
		4	• 영유아는 예술경험영역 관련 활동에 참여함 – 자신의 생각과 느낌을 리듬, 노래, 움직임으로 표현하기, 다양한 미술자료를 이용하여 꾸미기, 다양한 음악 듣고 미술 감상하기 등					
		5	• 영유아는 자연탐구영역 관련 활동에 참여함 – 주변 환경 탐색하기, 주변 환경 사물을 이용한 수세기와 비교하기, 동식물이나 자연물을 관찰하고 탐색하기					
	1-2-1	1	• 등원에서 하원까지 계획된 일과에 따라 일관성 있게 운영 – 날씨, 행사 등 예측 가능한 외부 요인에 따른 융통성 발휘					
		2	• 영유아의 자유놀이, 보육활동(개별, 집단), 일상생활 경험(간식, 점심식사, 낮잠, 화장실 가기 등)을 모두 포함하여 일과를 균형 있게 운영 – 영아는 일상적 양육활동과 개별활동 위주로 계획					

구분	영역		항목별 점검기준	점검 결과				비고
				양호	보완 중	컨설팅 요청	미해당 지표	
보육실	1-2-1	2	• 개별활동과 대·소집단 활동, 정적활동과 동적활동, 영유아 주도활동과 교사 주도활동을 포함하여 균형 있게 일과 구성 – 유아는 대·소집단활동과 개별활동 균형 있게 구성					
			• 영아는 의도적인 대·소집단 활동을 진행하지 않음 – 영아의 요구에 의한 소집단 활동 전개는 가능 – 영아는 보육실 내에서도 동적활동을 충분히 경험					
		3	• 일과를 교과목 형태가 아닌 통합적으로 진행 – 여러 영역의 활동이 동시에 진행, 서로 연계 ※ 오후 특별활동은 평정 내용에 포함 안 됨					
	1-2-2	1	• 매일 실내 자유선택활동(자유놀이) 기준시간에 맞게 운영 – 6시간 이하 운영(맞춤반 영아): 매일 1시간 이상 – 6시간 초과 운영(종일반 영아, 유아): 매일 2시간 30분 이상 • 기준시간 내에서 매일 1시간 이상은 연속으로 운영함 • 해당 반 영유아 현원 50% 이상 등원한 시점부터 시작					
	1-2-4	1	• 영유아의 관심, 흥미에 따라 놀이나 활동을 확장, 축소, 대체하여 운영 – 영아가 관심을 보일 경우 관련 노래나 손유희하기, 관련 그림책을 추가 제시하는 보육활동으로 확장 가능					
		2	• 영유아의 건강상태, 날씨 등 필요에 따라 놀이나 활동을 융통성 있게 운영 – 바깥놀이는 실내 신체(대근육) 활동으로 대체 가능 – 질병 등으로 바깥놀이 참여가 불가능한 영유아는 실내에서 성인 보호하에 휴식을 취함					
	1-3-1	1	• 활동자료가 활동주제와 유기적으로 연관됨					
		2	• 영유아의 발달 수준, 연령, 사전 경험을 고려하여 활동자료 준비					
		3	• 영유아 수를 고려하여 활동자료 충분히 구비 – 각 영역에서 놀이하는 영유아 수의 1.5배 내외로 구비 – 영아가 좋아하는 놀잇감은 동일한 것으로 여러 개 준비					

구분	영역		항목별 점검기준	점검 결과				비고
				양호	보완 중	컨설팅 요청	미해당 지표	
보육실	1-3-1	4	• 교사는 영유아가 활동주제와 내용을 이해할 수 있도록 교수-학습방법을 효과적으로 사용 – 활동내용과 상황에 따라 교사 주도적 접근법과 영유아 주도적 접근법을 적절하게 선택					
	1-3-2	1	• 영유아가 활동에 대한 흥미나 호기심을 갖도록 동기 유발 – 영유아의 사전 경험을 놀이상황과 연결시키는 등 적극적으로 활용					
		2	• 교사는 주제와 관계없이 반 전체 영유아의 개별 또는 전체적으로 좋아하는 놀이 유형 및 주제 파악					
		3	• 동일한 주제의 활동이라도 그날의 영유아의 흥미나 요구, 관심에 따라 융통성 있는 방법을 사용하여 영유아의 흥미를 지속시킴					
		4	• 유아의 호기심, 내적 동기가 지속적으로 유발될 수 있도록 적시에 적절한 형태의 질문, 연령 및 발달 수준에 맞는 반응 및 부연 설명, 자료 제공					
			• 영아의 언어적·비언어적 표현에 대해 교사는 긍정적이고 수용적인 반응을 하고, 영아의 의도를 언어적으로 기술하거나 확장					
	1-3-3	1	• 자유선택활동 시간에 영유아가 흥미영역의 활동이나 놀이를 자유롭게 탐색하며 자신이 원하는 것을 자발적으로 선택하도록 지원(교사가 지시하거나 순서를 정하지 않음)					
		2	• 유아가 주변 환경, 사물, 사람에 대해 호기심을 갖고 문제를 주도적으로 해결할 수 있도록 지원 • 교사의 일방적인 설명과 통제, 지시로 유아의 호기심과 동기 유발을 방해하지 않음					
			• 영아 스스로 주도적으로 활동할 수 있도록 세심하게 관찰하고, 이에 적절히 반응하고 격려하여 언어적으로 확장					
	1-3-4	1	• 교사는 자유선택활동 시간에 영유아가 한눈에 보이는 곳에 앉아 놀이과정을 파악					
		2	• 한 가지 활동이 다른 흥미영역의 활동과 연계되도록 하거나 실내외 활동이 자연스럽게 연계하도록 지원 – 확장 아이디어를 제공하거나 연계를 시도하는 유아 지원 – 영아의 흥미나 집중이 증가하도록 탐색 방해요소가 없어야 함					

구분	영역	항목별 점검기준		점검 결과				비고
				양호	보완 중	컨설팅 요청	미해당 지표	
보육실	1-3-4	3	• 교사는 놀이에 개입이 필요한 경우 영유아에게 새로운 놀이 아이디어나 놀잇감을 제안하여 놀이 수준을 높임					
		4	• 놀이에 참여하지 못하고 배회, 방관하는 영유아가 흥미로운 놀이나 활동을 발견할 수 있도록 지원					
	1-3-5	1	• 교사는 영유아가 제한된 답이 아닌 다양하게 생각해 볼 수 있는 개방적 발문을 함					
		2	• 교사는 영유아의 사고를 확장시키는 발문을 함					
		3	• 교사는 영유아가 새로운 질문을 찾아낼 수 있도록 촉진하는 발문을 함					
	1-3-6	1	• 교사는 활동상황에서 편안하고 자연스러운 태도 유지 – 긍정적 끄덕임, 미소, 토닥거림, 약간 놀라며 신기해하는 얼굴 표정 등 자연스러운 태도를 보임					
		2	• 교사는 활동을 자신감 있게 진행 – 놀이진행이 예상된 내용이 아니더라도 당황하지 않고 자신감 있게 반응					
	1-4-1	1	• 교사는 영유아를 평등하고 일관성 있는 말과 행동으로 대함 – 사회 · 경제적 지위, 문화적 배경, 종교, 인종, 성별, 신체적 능력 등에 관계없이 대함					
		2	• 영유아의 외모, 성격, 옷차림, 행동 등을 비난하거나 부정적인 평가를 하지 않음(영유아를 차별하거나 무시하는 태도를 보이지 않음)					
	1-4-2	1	• 개별 영유아의 기질과 생활리듬을 알고, 어떤 상황이나 요인에 더 민감한지를 파악하여 개별적인 상호작용을 함 – 소리, 맛, 음식의 냄새, 신체접촉, 낮잠, 화장실 사용, 낯선 환경 등 – 개별 영유아 관찰을 통해 기질에 따라 상호작용함					
		2	• 영유아에게 따뜻한 말, 긍정적인 표정과 몸짓으로 안정감을 줌 – 영유아의 기분을 그대로 언어로 표현하고 따뜻하게 수용해 줌					
		3	• 영유아가 부정적 정서 표현 시, 우선 안정을 찾도록 도와주고, 원인을 파악 – 현재의 감정을 그대로 수용하고, 영유아의 특성에 맞게 위로해 줌					

구분	영역		항목별 점검기준	점검 결과				비고
				양호	보완 중	컨설팅 요청	미해당 지표	
보육실	1-4-2	4	• 개별 영유아의 놀이 선호를 관찰하여 개별 특성에 맞게 상호작용을 함(놀이 흥미, 현재의 관심사, 놀이 수준, 놀이 종류, 놀이 지속시간, 친구관계 등) – 개별 영유아 놀이 관찰 후, 활동을 권유하거나 자발적 참여 수용 – 개별 영유아가 흥미 있어 하는 자료나 놀잇감 제시					
	1-4-3	1	• 영유아가 개별적 요구를 표현하고 질문할 수 있는 기회 제공 – 영유아가 언제라도 교사에게 질문할 수 있는 허용적인 분위기 조성					
		2	• 교사는 영유아가 요구나 질문할 때 시선을 맞추고 고개를 끄덕이는 등 수용적 행동을 하며 끝까지 들음					
		3	• 영유아의 개별적 요구나 질문에 즉시 언어적·비언어적으로 반응 – 영유아의 요구나 질문을 무시하지 않고 적절하게 반응 – 언어적 표현과 함께 몸짓, 표정 등의 비언어적 행동을 적절하게 사용					
			• 일상적 양육시간에도 교사 역할에만 집중하지 않고 개별 유아의 요구에 민감하게 반응					
			• 만 2세의 질문과 만 0~1세 영아의 몸짓과 음성화된 요구를 언어화하며 적절하게 반응					
	1-4-4	1	• 교사는 영유아의 이해 수준에 맞는 어휘나 방법 사용 – 짧고 정확한 문장 사용, 교사 주도적인 지식과 정보 제공을 지양					
		2	• 교사는 영유아에게 자연스럽고 부드러운 억양과 어조 사용 – 부드러운 표정과 자연스러운 톤으로 내용 전달 – 영유아 수를 고려하여 톤을 조절					
	1-4-5	1	• 교사는 위협, 비난, 조롱 등 영유아를 부정적으로 평가하는 말과 행동을 하지 않음 – 비난하는 말 대신에 영유아가 해야 할 구체적인 행동을 알려 줌					
		2	• 영유아의 행동 제지나 통제 시 상황을 객관적으로 설명하며 영유아의 구체적인 행동을 분명하게 설명 – 영유아의 행동을 긍정적으로 이끄는 언어를 사용					
	1-4-6	1	• 영유아에게 칭찬 시 즉시 구체적 행동을 언급하며 칭찬 – 무엇을 칭찬하는 것인지를 구체적으로 분명하게 말함					

구분	영역		항목별 점검기준	점검 결과				비고
				양호	보완 중	컨설팅 요청	미해당 지표	
보육실	1-4-6	2	• 영유아가 어려운 일을 시도하거나 용기가 필요할 시 구체적인 행동을 언급하며 격려					
	1-5-1	1	• 영유아의 의사소통 능력이나 발달 수준 등을 고려하여 또래와 긍정적 상호작용을 할 기회 제공 – 또래에게 친밀한 관심 갖기, 긍정적 정서 표현하기, 또래와 즐겁고 사이좋게 지내기, 서로 배려하기, 도움 주고받기 등					
		2	• 영유아 간 긍정적 상호작용 관찰 시 칭찬과 격려 – (유아) 적절한 시기에 긍정적 상호작용을 격려 – (영아) 영아가 또래에게 관심을 가질 수 있도록 격려					
		3	• 교사는 영유아의 서로 다름(생각, 행동, 모습 등)을 인정하는 태도를 보이고 영유아에게 설명 – 영유아 행동 모두 존중받아야 한다는 점을 일과에서 말과 행동, 태도로 보임					
	1-5-2	1	• 영유아 언어발달 수준을 고려하여 자신의 의견이나 생각을 말로 표현하도록 도와 줌 – (영아) 비언어적 의사소통 격려, 교사가 언어적으로 표현함 – 영유아 간에 자신의 생각을 말로 표현할 기회를 자연스럽게 제공					
	1-5-3	1	• 영유아 연령과 발달 수준에 적합한 최소한의 약속과 규칙이 있음 – 안전에 대한 약속과 규칙을 영유아와 함께 정하고, 자율적으로 지키도록 지도한 자료가 있음					
		2	• 영유아가 약속과 규칙을 지키도록 일상에서 반복적으로 격려 – 교사가 약속과 규칙을 일방적으로 설명하거나 지시하지 않으며 연령 및 발달 수준에 적합하게 지도					
	1-5-4	1	• 영유아 간 다툼이나 문제상황이 발생하지 않도록 활동자료나 공간을 충분히 확보 ※ 영아가 좋아하는 놀잇감을 영아 수만큼 모양, 색, 크기가 똑같은 것으로 구비					

구분	영역	항목별 점검기준		점검 결과				비고
				양호	보완 중	컨설팅 요청	미해당 지표	
보육실	1-5-4	2	• 영유아 간 다툼이나 문제상황 발생 시, 적절하게 개입 – (유아) 스스로 문제를 해결할 수 있는 기회 제공, 필요한 경우 개입 – (영아) 교사가 문제상황에 즉시 개입하여 영아의 안전사고 방지, 영아의 감정 수용 후 영아의 행동에 대해 이해하기 쉽게 설명					
	1-7-1	1	• 특별활동은 24개월 이상 영유아 대상으로 제공(희망자) – 단, 18개월 이상 24개월 미만은 보호자의 요청과 운영영위원회 심의를 거쳐 예외적으로 실시(24개월 이상 영유아와 함께 보육 시)					
		2	• 특별활동 미참여 영유아를 위한 정상적인 일과 운영					
		3	• 특별활동은 오후에 운영함(12~18시 운영)					
	1-7-2	1	• 등원 시 영유아를 반갑게 맞이하고, 하원 시 안정된 분위기에서 귀가 지도 – 등원 시 영아를 부모로부터 강제로 분리하거나 울음을 무시하지 않음 – 하원 시 미리 옷을 갈아입혀서 기다리게 하지 않음					
		2	• 식사와 간식시간은 서두르지 않고 안정되고 즐거운 식사 분위기 조성 – 개별 식습관을 고려한 긍정적인 방법으로 지도 – (유아) 혼자 먹도록 방치하지 않고 스스로 먹을 수 있도록 지도 – (영아) 수유 시 영아를 팔에 안고 우유병을 잡아 주며 눈을 맞춤					
		3	• 영유아의 개별적 특성에 맞게 잠들 수 있는 환경과 분위기 조성(교사는 낮잠 지도와 관리를 소홀히 하지 않음) – 만 3세 이하는 일과 중 반드시 낮잠시간 실행 – 만 4, 5세는 필요에 따라 낮잠 또는 휴식시간 운영					
	2-1-1	1	• 보육실은 연령, 발달특성을 고려한 흥미영역으로 구성 – 만 0세) 신체, 언어, 감각 · 탐색 – 만 1세) 신체, 언어, 감각 · 탐색, 역할 및 쌓기놀이 – 만 2세) 신체, 언어, 감각 · 탐색, 미술, 음률, 역할 및 쌓기놀이 – 만 3~5세) 언어, 미술, 음률, 수 · 조작, 과학, 역할놀이, 쌓기놀이 ※ 보육실 공간이 충분치 않은 경우, 유사한 성격의 흥미영역 통합 가능(정원 20인 이하 어린이집은 기관 내 구성 가능)					

구분	영역		항목별 점검기준	점검 결과				비고
				양호	보완 중	컨설팅 요청	미해당 지표	
보육실	2-1-1	2	• 흥미영역은 영유아의 놀이가 방해받지 않을 정도의 크기 – 만 0~1세) 1~2명 이상 – 만 3~5세) 3~4명 이상 – 만 2세) 2~3명 이상					
			• 활동자료장, 책상, 의자 등이 놀이를 방해하지 않음(이동 통로 확보)					
	2-1-2	2	• 모든 보육실마다 영유아 휴식공간 마련(언어영역과 통합 가능) – 정원 20인 이하 어린이집은 어린이집 내 휴식공간 배치 가능(영유아가 자유롭게 이용 가능해야 함) ※ 영유아 접근이 어렵거나, 일시적으로 공간을 마련하는 것은 인정 안 됨					
		3	• 영유아 개별공간(사물함)을 영유아 수에 맞게 보육실 내 또는 인근에 마련(영유아 스스로 사용) – 영유아 개인 소지품 등 보관, 영유아 이름이나 사진 부착으로 구분					
	2-1-3	1	• 활동자료장, 책상, 의자 등이 영유아의 발달 수준에 적합한 크기 및 높이로 영유아 스스로 사용 가능					
		2	• (영아) 기저귀 갈이대, 수유공간 등 일상생활을 위한 공간 마련 • 해당 영아가 있는 경우에 한함					
		3	• (장애아전문) 피더시트, 기립보조 책상, 자세교정 의자, 앉아 있는 채로 이동이 용이한 의자 등 기구와 설비 마련					
	2-1-4	1	• 영유아 연령, 발달 수준, 흥미 등을 고려한 활동자료 구비					
		2	• 신체(대근육)활동 자료: 유아 4종 이상, 영아 3종 이상 • 신체활동 자료는 보육실, 옥외놀이터, 유희실 등에 비치 가능					
			• 언어활동 자료: 듣기, 말하기, 읽기, 쓰기 각각 1종 이상 포함 총5종 이상 구비 • 언어활동 자료로 학습지만 제공하는 것은 바람직하지 않음					
			• 미술, 음률활동 자료: 유아는 미술과 음악·동작 자료가 각 4종 이상 – 만 2세 영아는 미술과 음악·동작 자료 각 3종 이상 ※ 만 0~1세는 감각·탐색영역에 통합 비치 가능					
			• 감각·탐색활동 자료: 영아는 감각·활동 자료가 3종 이상 • 감각자료와 자연물 등 직접 관찰 가능 자료 포함					

구분	영역	번호	항목별 점검기준	점검 결과: 양호	점검 결과: 보완 중	점검 결과: 컨설팅 요청	점검 결과: 미해당 지표	비고
보육실	2-1-4	2	• 수·조작, 과학활동자료: 유아는 수·조작과 과학자료 각 4종 이상 – 실물자료 제공, 평면자료 위주로 제공하지 않음					
			• 역할 및 쌓기놀이자료: 유아는 쌓기놀이와 역할놀이 각 4종 이상 – 만 2세 영아는 역할놀이와 쌓기놀이 자료 각 3종 이상 – 만 1세 영아는 역할 및 쌓기놀이 자료 3종 이상 ※ 만 0세는 감각·탐색영역에 통합 비치 가능					
		3	• 계획안의 주제와 관련된 활동자료 구비(전체 놀잇감 대상) – 만 0~1세) 2개 이상 – 만 2세) 4개 이상 – 만 3~5세) 5개 이상					
	2-3-1	1	• 모든 반이 반 편성 기준을 준수(교사 대 영유아 법정비율) – 혼합반의 경우 낮은 연령의 교사 대 영유아 비율 준수					
		2	• 연령별 반 규모는 만 0세 경우 3배, 만 1세 이상 경우 2배 초과 안 함					
	2-5-2	1	• 맞춤반 이용시간 동안 종일반과 동일하게 일과 운영 – 맞춤반 보육시간 내 오전 자유놀이와 바깥놀이, 오전 및 오후간식, 점심식사와 낮잠 이루어짐					
		3	• 종일반 영유아는 수요조사에 따라 충분한 시간 동안 어린이집 이용 – 종일반 영유아 중 실제 하원시간이 18시 이후인 영유아가 70% 이상 ※ 수요조사에 기재된 하원시간이 18시 이후인 영유아에 한해 평정(해당자 없으면 평정기준 충족) ※ 부모의 자발적 의사에 따른 조기 귀가 시, 이를 감안하여 평정					
	3-1-1-①		• 공간) 바닥, 벽, 천장, 기둥, 출입문, 창문 구석진 곳 등 청결					
			• 가구 및 비품) 책상, 의자, 활동자료장, 사물함 및 뒤편 구석진 곳 등 청결					
			• 전자제품) 에어컨, 선풍기, 공기청정기 등 청결					
		영아	• 기저귀를 가는 공간(기저귀 갈이대, 이동식 변기 등) 별도 마련 • 기저귀 가는 공간은 이동식(일시적)도 가능, 다른 반과 공동 사용 가능					
			• 기저귀는 지정된 공간(기저귀 갈이대, 화장실)에서 갈아 줌					
			• 기저귀 가는 공간이 전반적으로 청결 – 기저귀 갈이대는 사용할 때마다 소독하여 청결한 상태 유지 – 별도 깔개 사용 후에도 깔개를 교체하여 청결한 상태 유지 – 이동식 변기 사용 후 1시간 내 처리 및 세척					

구분	영역	항목별 점검기준	점검 결과				비고
			양호	보완 중	컨설팅 요청	미해당 지표	
보육실	3-1-1-②	• 보육실 흥미영역의 놀잇감, 활동자료, 신체놀이기구(이동식 놀이기구 포함) 청결하게 유지					
		• 빨기 쉬운 영아용 놀잇감은 놀이 후 별도 바구니 분리, 매일 세척					
		• 놀잇감 보관함과 바구니 청결					
	3-1-1-③	• 모든 영유아가 개별 이불, 개별 요, 개별 베개 사용 – 동일한 모양과 색깔의 침구는 개별 구분 표시(쌍둥이 형제도 개별 침구 사용) – 별도의 깔개 없이 놀이 매트 침구로 사용 불가					
		• 모든 개별 침구와 여분의 침구 청결(여분의 침구는 사용한 후 즉시 세탁)					
		• 침구 보관 장소 청결					
	3-1-1-④	• 환기를 자주하여 실내공기를 쾌적하게 유지(수시 환기, 겨울철 환기) – 등원 전, 놀이 후, 식사 및 간식시간 후, 낮잠시간 후 등 – 외부 창문이 없는 경우 공기청정기 등 사용					
	3-1-1-⑤	• 보육실 내 적정 온도와 습도 유지(창문 개폐, 냉·난방기 사용) – 실내온도 18~28℃, 비교 습도 30~80%					
		• 자연채광, 인공조명, 블라인드 등으로 적절한 밝기 유지 – 과도한 썬팅지(한지) 부착 금지 : 창문의 2/3 이상 불투명 썬팅지 부착 금지 – 가구나 적재물 등으로 자연채광을 가리지 않음 – 커튼이나 블라인드로 하루 종일 햇빛을 가리지 않음					
		• 조명시설이 충분하고 제대로 작동함(적절 밝기 유지, 전등 교체)					
	3-1-2-①	• 보육실 출입문) 손 끼임 방지 부착, 모든 출입문 문턱의 안전 여부					
		• 창문) 추락방지 창문보호대 설치 – 창문 하단의 높이가 바닥으로부터 120cm 이하인 실내의 모든 창문 해당 – 창문 아래에 영유아가 딛고 올라갈 수 있는 가구가 있는 경우 창문보호대 설치 ※ 방충망은 창문보호대에 포함되지 않음					
		• 천장, 바닥, 벽면: 균열, 돌출 등이 없고 고르게 설치 – 바닥의 장판이 들뜨거나 울퉁불퉁하지 않고 고르게 설치					

구분	영역	항목별 점검기준	점검 결과				비고
			양호	보완 중	컨설팅 요청	미해당 지표	
보육실	3-1-2-②	• 모든 전기콘센트(이동식 콘센트 포함)는 영유아 손에 닿지 않는 곳에 설치 또는 안전덮개로 덮여져 있음					
		• 전선줄, 블라인드 줄 등은 영유아 손이 닿지 않는 위치이고, 영유아가 잡아당기거나 걸려 넘어지지 않도록 관리					
		• 컴퓨터 주변 등의 전선줄 관리, 선풍기 전선이 벽면에 늘어지지 않도록 관리					
	3-1-2-③	• 벽면 게시판, 선반의 안전 고정					
		• 선풍기 안전덮개 및 안전 설치, 에어컨 안전 설치					
		• 온열기, 돌출형 라디에이터, 화기시설 등에 영유아가 접근하지 않도록 되어 있거나 보호장치가 있음					
		• 책상, 의자, 활동자료장 등의 가구가 파손된 곳이 없고, 모서리가 날카롭지 않거나 모서리 보호대 설치					
		• 공기청정기, 제습기, 가습기 등 가전제품은 파손된 곳이 없고 안전하게 설치					
		• 흥미영역의 깔개는 바닥이 평평하고 찢어진 곳이 없음					
	3-1-3-①	• 보육실 내 모든 놀잇감은 거친 표면이나 날카로운 모서리가 없고 파손된 부분이 없음					
		• 깨지거나 베일 수 있는 물건이 없으며, 실물자료는 날카롭지 않음(조개껍데기 등)					
		• 놀잇감 보관함이나 바구니가 파손되지 않음					
	3-1-3-③	• 모든 위험한 물건은 영유아 손이 닿지 않는 곳에 보관 – 영유아 손이 닿는 경우 잠금장치 사용					
		• 영아(만 0~2세)가 삼킬 수 있는 놀잇감이나 활동자료가 없음 〈위험한 물건 예〉 – 직경 3.5cm 이하 작은 크기의 물건이나 놀잇감 – 영아가 쉽게 열 수 있는 통 안에 들어 있는 작은 자연물					
	3-2-1-①	• 사전에 수립된 식단과 실제 제공된 급간식 내용 일치 – 계획과 제공이 1개월 중 50% 이상 불일치하면 N 평정					

구분	영역	항목별 점검기준	점검 결과				비고
			양호	보완 중	컨설팅 요청	미해당 지표	
보육실	3-2-1-③	• 음식물의 조각이 크지 않고, 지나치게 뜨겁거나 차갑지 않으며 맵거나 짜지 않게 조리					
		• 영아 연령과 발달에 따라 이유식이 유동식, 반고형식, 고형식 등으로 제공 • 영아에게 제공되는 이유식(고형식)은 음식 조각의 크기가 작아 영아가 쉽게 먹을 수 있게 조리					
	3-2-1-④	• 영유아의 연령, 개별 특성에 맞추어 충분한 양의 급간식 제공					
		• 배식할 음식은 여분이 있어 추가 배식이 가능					
	3-2-3-③	• 물컵을 사용 전과 후로 구분하여 관리					
		• 영유아 개별컵 반복 사용 시에도 수시로 청결상태 확인					
		• 수유용 젖병과 젖꼭지는 1회 사용 후 소독관리					
	3-2-3-⑤	• 교사는 급간식 전후로 청결한 행주로 식탁(책상)을 닦음					
		• 배식 시 개별 배식도구(집게 등) 사용 – 맨손으로 음식 배식 금지 – 하나의 식기도구로 여러 가지 음식 배식 안 함 – 사용하던 젓가락이나 포크 등으로 배식 안 함 ※ 영유아 개인별 식기 사용(공동접시를 여러 명이 사용 안 함)					
	3-2-3-⑥ [필수]	• 보육실 또는 층별로 마실 물과 컵 비치					
		• 마실 물은 끓여서 식힌 물이나 생수 사용(정수기 사용 시, 위생관리)					
		• 모유나 우유는 냉장보관하고, 먹다 남은 것은 즉시 폐기					
		• 분유는 습기가 없는 곳에 보관					
	3-3-1	3 • 영유아 배변 뒤처리 후 사용한 휴지는 즉시 휴지통에 버림					
		3 • 배변 실수한 영유아 뒤처리 시에는 가능한 한 물로 씻고 여벌옷 입히기					
		3 • 영아 기저귀 갈이는 항상 기저귀 갈이대나 화장실 등 지정된 공간 활용					
		3 • 기저귀갈이 시, 미지근한 물로 영아의 엉덩이를 닦아 주고, 여의치 않을 때는 물티슈로 닦아 줌					

구분	영역	항목별 점검기준	점검 결과				비고
			양호	보완 중	컨설팅 요청	미해당 지표	
보육실	3-3-2-②	• 등원 시 영유아 건강상태 확인(보호자에게 확인)					
		• 일과 중 영유아가 평소와 다른 모습을 보이는지 수시로 살핌					
		• 휴식이 필요한 영유아가 있을 경우 휴식공간에서 휴식을 취할 수 있도록 함					
		• 아프거나 다친 영유아 발견 시 부모나 보호자에게 영유아의 증상과 어린이집에서의 처치 계획을 알리고, 지침에 따라 조치					
		• 하원 시 영유아 건강상태를 부모나 보호자에게 알림					
	3-3-2-③	• 부모가 의뢰한 투약사항에 따라 영유아에게 투약 실시					
		• 복용 약은 보관방법(상온, 냉장 등) 준수					
		• 투약한 내용 기록을 부모에게 보고					
	3-3-3-②	• 영유아 건강 · 영양교육을 일상적 양육 및 보육활동으로 제공 – 영아의 경우, 소집단 또는 개별활동으로 진행					
	3-4-1-①	• 등 · 하원 시 모든 영유아를 지정된 보호자에게 직접 인계					
		• 다른 성인에게 인계 시 사전에 보호자와 통화나 서명으로 미리 확인					
		• 혼자 등 · 하원하는 영유아가 없음					
	3-4-1-③	• 교사가 전체 영유아를 볼 수 있도록 보육실 환경이 구성됨					
		• 교사는 가능한 한 많은 영유아를 관찰할 수 있는 자리에 위치					
		• 주기적으로 전체 영유아를 살펴서 영유아가 어디에 있는지 수시로 확인(영유아 낮잠 시, 실외활동 시, 기저귀갈이 시 등)					
		• 교사는 장소나 일과 변경 시 담당하는 모든 영유아가 안전한지 확인					
	3-4-1-④	• 교사는 영유아만 남겨 두고 활동공간에서 자리를 비우지 않음					
		• 등 · 하원 지도로 자리를 비우는 경우 원장이나 다른 교사 등 책임 있는 성인과 교체한 후 자리를 비움					
	3-5-1-③	• 놀이기구 안전사용에 대한 교사 시범과 안내					
		• 영유아가 놀잇감을 던지는 등 위험행동으로 안전사고가 나지 않도록 긍정적인 방법으로 지도					
		• 영아가 놀이기구나 놀잇감을 위험하게 사용하지 않는지 항상 주시하고 긍정적인 방법으로 지도					

구분	영역		항목별 점검기준	점검 결과				비고
				양호	보완 중	컨설팅 요청	미해당 지표	
보육실	3-5-2-⑤ [필수]		• 어떠한 경우에도 교직원이 영유아를 체벌하지 않음					
실외 공간 (놀이터)	1-2-3	1	• 매일 바깥놀이(대근육활동 포함)를 기준시간에 맞게 배정하여 운영 – (만 0세) 주 3회 30분 이상 운영(만 1세) 매일 30분 이상 운영 (만 2세, 유아) 매일 1시간 이상 운영(오전, 오후 포함 1시간) – 산책활동도 포함 – 영아(만 0~1세)의 경우 일광욕이나 바깥공기를 쐬는 등의 활동 가능 – 바깥놀이가 불가능한 경우 대체활동(대근육) 진행 가능					
	1-3-3	1	• 바깥놀이 시간에 영유아가 활동이나 놀이를 자유롭게 탐색하며 자신이 원하는 것을 자발적으로 선택하도록 지원 – 교사가 지시하거나 순서를 정하지 않음					
	1-3-4	1	• 교사는 바깥놀이 시간에 장소 전체를 수시로 살펴 반 전체 영유아 놀이과정을 파악					
	2-2-1	1	• 옥외놀이터가 있음					
		2	• 옥외놀이터가 구비되어 있지 않은 경우, 대체놀이터 이용					
	2-2-2	1	• 옥외놀이터(또는 대체놀이터)에 놀이기구가 3종 이상 구비 • 조합놀이대는 기능에 따라 놀이기구 종(개수)으로 간정 • 모래놀이터, 물놀이 공간은 놀이기구 3종에서 제외					
		2	• 옥외놀이터(또는 대체놀이터)에 영유아용 놀이기구 마련					
	2-2-3	1	• 실외 공간에 두 가지 이상 다양한 활동 영역 제공 • 대체놀이터의 경우, 이동 가능한(이젤, 책 등) 자료를 이용한 활동 영역 구성 인정					
	3-1-1-①		• 실외놀이터 및 실외 공간(화단, 어린이집 출입구) 청결관리					
			• 고정식 놀이기구에 녹이 슬지 않고, 청결관리					
			• 어린이집 입구(현관문 밖, 마당 등)의 청결					
	3-1-1-②		• 실외 신체놀이기구에 찌든 때가 없고 녹이 슬지 않는 등 청결					
			• 실외 놀잇감을 넣어 두는 보관함, 바구니 청결					

구분	영역	항목별 점검기준	점검 결과				비고
			양호	보완 중	컨설팅 요청	미해당 지표	
실외 공간 (놀이터)	3-1-2-③	• 옥외놀이터) 고정식 놀이기구, 옥외놀이터의 바닥면 등은 안전하게 설치되어 파손된 곳이 없음(웅덩이, 요철 등이 없음)					
		• 실외 공간의 에어컨 실외기, LPG 가스통 등에는 영유아가 접근하지 않도록 되어 있거나 보호장치가 있음 – 사고 위험이 있는 적재물은 영유아 활동공간과 안전하게 분리					
	3-1-3-②	• 실외 공간의 모든 놀잇감 및 보관함, 이동식 놀이기구가 파손되지 않고, 일부 파손된 경우 거친 표면, 날카로운 모서리 등 위험 부분이 없음					
		• 깨지거나 베일 수 있는 재질로 된 물건이 없음					
		• 자전거 등 이동식 놀이기구는 파손된 부분이 없고 영유아가 안전하게 사용 가능					
	3-1-3-④	• 모든 위험한 물건은 영유아 손이 닿지 않는 곳에 보관(영유아 손이 닿는 경우 잠금장치 사용)					
	3-4-1-③	• 교직원은 영유아의 안전을 위해 전체 영유아를 수시로 확인하며 상황 주시					
	3-4-1-④	• 교사는 영유아만 남겨 두고 활동공간에서 자리를 비우지 않음					
		• 등·하원 지도로 자리를 비우는 경우 원장이나 다른 교사 등 책임 있는 성인과 교체한 후 자리를 비움					
	3-5-1-③	• 영유아의 놀잇감 던지기, 모래 뿌리기 등 위험행동으로 안전사고가 나지 않도록 긍정적인 방법으로 지도					
		• 영아가 놀이기구나 놀잇감을 위험하게 사용하지 않는지 항상 주시하고 긍정적인 방법으로 지도					
	3-5-1-④	• 실외활동 시 폭염, 추위, 미세먼지, 황사, 강우, 강설 등에 따라 필요한 조치를 취하거나 일정을 조정 또는 실내 신체활동으로 대체					
	3-5-2-⑤ [필수]	• 어떠한 경우에도 교직원이 영유아를 체벌하지 않음					
차량	3-4-2-①	• 등·하원용 차량 내부에 탑승자가 지켜야 할 안전수칙 부착					
		• 차량 내부에 영유아 수에 충분한 개별 안전띠 구비 – 영아(36개월 미만)는 영아용 보호장구 착용(안전인증 마크, 인증번호 부착)					
		• 차량 내부에 차량용 소화기(정상범위), 구급상자(유효기간 내) 구비					

구분	영역	항목별 점검기준	점검 결과				비고
			양호	보완 중	컨설팅 요청	미해당 지표	
차량	3-4-2-③	• 차량 운행 시 운전자 외 책임 있는 성인(원장, 교사 등) 동승					
	3-4-2-④	• 차량 탑승 성인과 모든 영유아는 개별 안전띠(또는 영다용 보호장구) 착용					
		• 탑승 교사 및 영유아 모두 개별 안전띠 착용 후 차량 출발					
		• 운전자는 음주, 휴대전화 사용 등의 행위를 하지 않고 안전하게 운행					
		• 차량 동승 교사(성인)는 영유아의 안전한 하차지원 및 안전한 곳 이동 후 출발					
		• 모든 영유아가 차에서 내렸는지 확인하고 마지막으로 교사가 하차					

▶ 기록 확인자료 점검

확인자료	영역		항목별 점검기준	점검 결과				비고
				양호	보완 중	컨설팅 요청	미해당 지표	
연간 계획안	1-1-1	1	• 계획안에 해당 연령의 어린이집 표준보육과정 목표 반영					
	1-1-2	1	• 각 반별로 연간계획안을 모두 작성					
	1-1-3	1	• 연간계획안이 영유아의 연령과 발달 수준에 적절하게 계획됨					
		3	• 연간계획안 활동이 영유아에게 적합한 생활주제(주제)를 중심으로 작성					
		4	• 계획안에 영유아의 흥미, 관심, 시기, 사회적 행사 및 이슈, 지역적 특성 또는 계절을 반영					
	3-5-1-①		• 영유아 대상 연간 안전교육 계획 수립					
월간 (또는 주간) 계획안	1-1-1	1	• 계획안에 해당 연령의 어린이집 표준보육과정 목표 반영					
		2	• 계획안 내용이 표준보육과정(누리과정)의 영역을 모두 반영					
	1-1-2	1	• 각 반별로 월간(또는 주간) 계획안을 모두 작성 – 혼합연령반의 경우, 그 반에 해당하는 영유아의 발달 수준 등을 고려 – 영아반의 경우 동일 연령일지라도 개인차를 보육계획안에 반영 – 전체적인 보육일과(시간적 구분) 및 물리적 공간 구분에 따라 실시 가능한 보육활동 구체적 계획					

확인자료	영역		항목별 점검기준		점검 결과: 양호	점검 결과: 보완 중	점검 결과: 컨설팅 요청	점검 결과: 미해당 지표	비고
월간(또는 주간) 계획안	1-1-3	1	• 계획안이 연령에 적절하고 보육과정 영역별 내용을 균형 있게 반영						
		2	• 주간(또는 일일) 계획안이 월간(또는 연간) 계획안에 기초하며, 활동에 연계성이 있음						
		3	• 계획안 활동이 영유아에게 적합한 주제를 중심으로 통합적으로 계획						
		4	• 계획안에 영유아의 흥미, 관심, 시기, 사회적 행사 및 이슈, 지역적 특성 또는 계절을 반영						
	1-1-4	3	• 사회관계영역의 활동 계획(주간 또는 일일)	당일 관찰이 안 되는 경우 기록 확인					
		4	• 예술경험영역의 활동 계획(주간 또는 일일)						
		5	• 자연탐구영역의 활동 계획(주간 또는 일일)						
	1-2-1	3	• 월간(또는 주간) 계획안 활동이 시간 단위로 분절된 교과목 형태의 활동으로 계획되어 있지 않음						
	1-7-1	1	• 특별활동은 24개월 이상 영유아를 대상으로 함(희망자)						
		2	• 특별활동에 참여하지 않은 영유아를 위한 정상적인 일과 운영 계획						
		3	• 특별활동은 오후에 운영함(낮 12시부터 오후 6시까지)						
일일 계획안 (또는 보육일지)	1-1-1	1	• 계획안에 해당 연령의 어린이집 표준보육과정 목표 반영						
		2	• 계획안 내용에 표준보육과정(누리과정) 영역 모두 반영						
	1-1-2	1	• 각 반별로 일일계획안을 모두 작성함 – 일일 계획안은 주간계획안에 기초하여 하루에 진행될 일상생활과 실내외 보육활동 및 놀이 등이 계획됨 ※ 일일계획안은 별도 작성이 가능하며, 그 외 주간보육계획안을 활용하거나 보육일지 내 기록 가능						
	1-1-3	1	• 일일계획안이 영유아의 연령과 발달 수준에 적절함						
		2	• 주간(또는 일일)계획안이 월간(또는 연간)계획안에 기초하며, 활동에 연계성이 있음						
	1-1-4	3	• 사회관계영역의 활동 계획	당일 관찰이 안 되는 경우 기록 확인					
		4	• 예술경험영역의 활동 계획						
		5	• 자연탐구영역의 활동 계획						

확인자료	영역	항목별 점검기준		점검 결과				비고
				양호	보완 중	컨설팅 요청	미해당 지표	
일일 계획안 (또는 보육일지)	1-2-1	1	• 일과가 계획되어 있고, 이에 따라 보육과정을 실행한 내용을 보육일지에 기록(부득이하게 일과를 운영할 수 없는 경우, 대체활동 계획·운영)					
		2	• 연령에 적합한 놀이, 활동, 일상생활 경험을 하루일과에 적절히 분배하여 계획하고 실행 내용이 보육일지 등에 기록					
		3	• 일과를 통합적(교과목으로 분절되지 않음)으로 운영한 내용이 보육일지 등에 기록					
	1-2-2	1	• 하루 중 오전, 오후를 합쳐 2시간 30분 이상 자유선택활동(자유놀이) 시간을 연속적으로 운영한 내용이 보육일지 등에 기록 – 매일 1시간 이상은 연속적으로 운영함					
	1-2-3	1	• 매일 바깥놀이(대근육활동 포함)를 기준시간에 맞게 실행한 내용이 보육일지 등에 기록 – 만 0세) 주 3회 30분 이상 – 만 2세, 유아) 매일 1시간 이상 – 만 1세) 매일 30분 이상 – 장애아전문) 주 1회 이상					
	1-2-4	1	• 영유아의 흥미와 놀이 진행 정도를 고려하거나, 관심 등을 반영하여 일과를 융통적으로 운영한 내용이 보육일지 등에 기록(확장, 축소, 대체)					
		2	• 영유아의 건강상태, 날씨 등 필요에 따라 놀이나 활동을 융통성 있게 운영한 내용을 보육일지 등에 기록					
	1-2-5	1	• (장애영유아) 장애영유아는 장애유형, 장애정도, 발달 수준에 따라 개별화 보육계획안 마련					
			• 장애유형, 장애정도, 발달 수준을 고려하여 실행한 내용이 각 반별 보육일지 등에 기록					
		2	• (장애영유아) 장애영유아를 위한 관련 서비스(치료지원 포함)가 통합적으로 제공되고 있는 내용이 치료일지 또는 보육일지 등에 기록					
	1-3-1	1	• 활동자료는 해당 주간의 주제와 연관되어 있음					
		4	• 활동주제와 내용을 영유아가 이해할 수 있는 교수-학습방법 사용(교사 주도적 접근법 & 영유아 주도적 접근법)					
	1-6-3	1	• 영유아 평가결과를 계획안 작성 시 활동내용 선정, 환경구성, 교수전략, 상호작용 방법 등에 반영함					

<table>
<tr><th rowspan="2">확인자료</th><th rowspan="2">영역</th><th rowspan="2" colspan="2">항목별 점검기준</th><th colspan="4">점검 결과</th><th rowspan="2">비고</th></tr>
<tr><th>양호</th><th>보완 중</th><th>컨설팅 요청</th><th>미해당 지표</th></tr>
<tr><td rowspan="10">일일 계획안 (또는 보육일지)</td><td rowspan="2">1-6-4</td><td>1</td><td>• 각 반별 보육일지에 하루일과(또는 주간) 운영에 관한 총평이 구체적으로 기록되어 있으며 중점적으로 진행된 일부 활동 평가 포함
– 일부 영유아에 대한 활동 위주로 평가하지 않음</td><td></td><td></td><td></td><td></td><td></td></tr>
<tr><td>2</td><td>• 각 반별 보육일지 평가 내용이 다음 보육활동 계획에 반영</td><td></td><td></td><td></td><td></td><td></td></tr>
<tr><td rowspan="3">1-7-1</td><td>1</td><td>• 특별활동은 24개월 이상 영유아를 대상으로 함(희망자)</td><td></td><td></td><td></td><td></td><td></td></tr>
<tr><td>2</td><td>• 특별활동 미참여 영유아를 위한 정상적인 일과 운영</td><td></td><td></td><td></td><td></td><td></td></tr>
<tr><td>3</td><td>• 특별활동은 오후에 운영함(낮 12시부터 오후 6시까지)</td><td></td><td></td><td></td><td></td><td></td></tr>
<tr><td>2-3-3</td><td>1</td><td>• 신입 영유아 적응 지원 확인(학기 초, 중간입소 모두 포함)
– 신입원아 적응 과정 관찰기록(토·일 제외 최소 5일 이상)</td><td></td><td></td><td></td><td></td><td></td></tr>
<tr><td rowspan="2">2-5-2</td><td>1</td><td>• 맞춤반은 종일반과 동일하게 일과 계획 및 운영
– 맞춤반 보육시간 내 오전 자유놀이와 실외놀이, 간식, 점심식사와 낮잠 포함</td><td></td><td></td><td></td><td></td><td></td></tr>
<tr><td>2</td><td>• 오후 5시 이후 남아있는 종일반 영유아를 위한 담당교사 배치와 별도 프로그램을 운영한 기록</td><td></td><td></td><td></td><td></td><td></td></tr>
<tr><td>3-3-3-②</td><td colspan="2">• 건강·영양 주제의 보육활동 실행 기록(보육일지 등)</td><td></td><td></td><td></td><td></td><td></td></tr>
<tr><td>3-5-1-①</td><td colspan="2">• 안전교육 실시 기록(보육일지 등)
– 「아동복지법」의 안전교육(내용, 실시주기) 기준 준수</td><td></td><td></td><td></td><td></td><td></td></tr>
<tr><td rowspan="4">부모동의 및 조사서</td><td>1-7-1</td><td>4</td><td>• 특별활동에 참여하는 모든 영유아의 부모동의서 구비
[필수기재] 프로그램명, 영유아 이름, 부모성명(서명)</td><td></td><td></td><td></td><td></td><td></td></tr>
<tr><td rowspan="3">3-2-1-⑤</td><td colspan="2">• 식품 알레르기 질환에 대한 지침 및 보호자 안내자료(오리엔테이션 자료, 운영방침, 가정통신문 등)
[필수기재사항]
① 식품 알레르기 질환 관련 내용(알레르기 유발 식품 등)
② 실질적인 대처방법(대체음식 제공 등)</td><td></td><td></td><td></td><td></td><td rowspan="3"></td></tr>
<tr><td colspan="2">• 영유아별 식품 알레르기 질환 조사기록</td><td></td><td></td><td></td><td></td></tr>
<tr><td colspan="2">• 식품 알레르기 질환이 있는 영유아 재원 시 이를 고려한 급간식 조리나 배식 관련 기록(보육일지, 알림장 등)</td><td></td><td></td><td></td><td></td></tr>
</table>

확인자료	영역	항목별 점검기준	점검 결과				비고
			양호	보완 중	컨설팅 요청	미해당 지표	
부모동의 및 조사서	3-3-3-①	• 모든 원아의 응급처치동의서 구비 [필수기재] 보호자의 비상연락망, 의료기관, 보호자 서명					
	3-4-1-①	• 영유아 인계과정 규정 수립(귀가동의서에 포함 가능) [필수기재] 영유아 등·하원의 구체적 절차 및 방법, 지정된 보호자에게 영유아 인계, 영유아 단독 귀가 금지					
	3-4-1-②	• 모든 원아 귀가동의서 구비 [필수기재] 영유아의 이름, 귀가 시 영유아를 인계받을 보호자의 이름, 관계 및 연락처, 보호자의 서명					
보육교직원 업무분장	3-5-2-③	• 비상 시 대처방안 수립 [필수기재] 비상사태를 대비한 교직원의 역할분담표, 비상대피도, 대피요령					
보육교직원 교육 및 평가 관리	3-3-3-②	• 모든 교직원이 연 1회 이상 건강 또는 영양 관련 주제 교육을 받은 기록(현장평가월 기준 1년 이내 실시) – 대상: 원장, 종일제 보육교사, 조리원 등 – 내용: 영유아 건강·영양교육지도 관련 내용 – 방법: 자체교육, 외부 집합교육, 온라인 교육 등					
	3-5-2-①	• 교직원의 연간 안전교육 계획 수립					
		• 모든 교직원이 안전교육, 영유아 학대 예방 교육을 각각 연1회 이상 실시 기록 – 안전교육: 종일제 보육교사 영유아 학대 예방: 임용된 모든 보육교직원 – 방법: 어린이집 자체교육, 외부 집합교육, 온라인 교육 등(현장평가월 1년 이내)					
	3-5-2-⑤	• 영유아 학대 예방지침 수립 – [필수기재] 영유아 학대의 정의와 유형, 신고 의무 등					
	4-4-1	1 • 신규 교직원을 위한 오리엔테이션 자료					
		• 신규 교직원을 위한 오리엔테이션 실시 기록 관리 (운영일지 등) – 대상: 신입교사, 대체교사, 기타 보육교직원(예: 영양사, 조리사, 간호사, 운전자 등), 보육실습생, 자원봉사자 등					
	4-4-2	1 • 교사의 경력을 고려한 연간 교사교육(연수) 계획 수립					
		2 • 원장과 교사가 정해진 기간 내 직무교육 이수 후 증빙서류 비치 – 수료증 사본 또는 이수확인증, 교육통합관리시스템, 경력증명서 등					

확인자료	영역		항목별 점검기준	점검 결과				비고
				양호	보완 중	컨설팅 요청	미해당 지표	
보육교직원 교육 및 평가 관리	4-4-2	2	• 모든 교직원 대상의 재교육이 1회 이상 실시 기록 – 대상: 원장, 종일제 보육교사 – 내용: 보육, 아동발달 등에 관한 다양한 재교육 ※ 직무교육은 다양한 재교육으로 중복 인정 안 됨 – 방법: 어린이집 자체교육, 외부교육, 온라인 교육 등 ※ 현장평가월 기준 3개월 이내 실시 기록 확인					
	4-4-3	1	• 상호작용 및 교수-학습방법에 대한 관찰과 지도 관련 기록이 교사별로 있음(연 1회 이상) – 대상: 반을 맡고 있는 종일제 보육교사 – 필수기재: 일시, 관찰자, 보육주제 및 실시된 보육활동, 관찰내용, 평가 및 지도내용 ※ 현장평가월 기준 1년 이내 실시 기록 확인					
	4-4-4	1	• 원장이 교사에 대한 근무평가를 연 1회 이상 실시한 기록 ※ 현장평가월 기준 1년 이내 실시 기록 확인					
영유아 관찰 및 부모면담	1-6-2	1	• 영유아 관찰기록, 결과물, 표준화된 검사를 바탕으로 종합적으로 영유아의 발달특성과 변화 정도를 분석					
		2	• 영유아 평가는 보육과정의 영역별 목표, 내용을 준거로 작성					
		3	• 영유아 발달 변화 정도를 연 2회 이상 기록함					
	1-6-3	2	• 영유아 평가결과를 부모와 공유한 기록(부모면담 기록 등)					
	2-4-3	1	• 모든 영유아 부모와 개별면담 연 2회(학기당 1회) 이상 실시한 기록 ※ 신규개원 6개월 이내의 어린이집의 경우, 연 1회 이상 실시					
		2	• 모든 영유아에 대한 부모 개별면담 내용이 기록, 관리					
		3	• 세 가지 이상의 부모 소통 방법 실행 – 지면(예: 가정통신문, 알림장, 소책자, 게시판 등) – 전화 및 온라인 매체(예: 문자메시지, SNS, 스마트알림장, 홈페이지, 카페, 블로그 등) – 수시면담(예: 영유아 특성 및 가정 배경을 고려한 비정기적인 의사소통) – 집단모임(예: 소모임, 부모 강연회, 행사 등) – (필수) 부모 만족도 조사 ※ 연 1회 이상 어린이집 서비스 전반 및 운영에 대한 만족도 조사(특정 행사나 프로그램 관련 설문조사 제외) ※ 현장평가월 기준 1년 이내 실시					

확인자료	영역		항목별 점검기준	점검 결과: 양호	보완 중	컨설팅 요청	미해당 지표	비고
영유아 관찰 및 부모면담	2-4-3	4	• 어린이집과 가정 간 의사소통이 양방향으로 이루어진 기록 – 대화수첩, 소감이나 평가, 일일보고서 등					
운영일지	2-5-2	3	• 종일반 영유아는 수요조사에 따라 충분한 시간 동안 어린이집 이용 – 종일반 영유아 중 실제 하원시간이 18시 이후인 영유아 70% 이상(수요조사 시 하원시간이 18시 이후인 영유아에 한해 평정) – 수요조사 결과 해당 영유아가 없을 경우 기준을 충족한 것으로 평정					
	2-3-3	2	• 신입원아 부모를 위한 오리엔테이션 실시 기록 – 대상: 학기 초 신입원아 부모, 중간입소 원아 부모 – 방법: 집단 또는 개별 오리엔테이션 실시					
	2-4-2	2	• 세 가지 이상의 부모교육 실행 기록 – 지면(가정통신문, 양육정보지, 양육안내 편지, 리글릿, 소책자 등) – 온라인 매체(홈페이지, 카페, 블로그 등) – 개별면담(영유아의 적응이나 문제행동 관련 면담 등) – 집단모임(소모임, 부모 강연회, 워크숍 등)					
	2-4-5	1	• 지역사회 자원을 이용한 활동 기록 – 유아) 월 1회 이상 실시 기록 – 영아) 2개월 1회 이상 실시 기록					
		2	• 지역사회 주민과 연계하는 활동 연 1회 이상 실시 기록					
	3-5-1-②		• 영유아 월 1회 이상 소방대피훈련 참여 기록(건물 외부 대피) ※ 지진 등 재난대피 훈련 포함 가능					
	4-1-3	1	• 교사회의를 월 1회 정기적으로 실시한 기록					
	4-3-3	1	• 교직원 복지 제도 실시 기록 – (예) 출산전후휴가, 포상휴가, 상여금, 명절 선물, 교직원 동호회 활동 지원 등 ※ 현장평가월 기준 1년 이내 실시 기록 확인					
안내서	2-3-1	1	• 모든 반이 반 편성 기준 준수(보육통합정보시스템)					
		2	• 연령별 반 규모는 만 0세는 3배, 만 1세 이상은 2배를 초과하지 않음					
	2-3-3	1	• 신입 영유아 적응 지원 확인(학기 초, 중간입소 모두 포함) – 신입원아 적응 절차(실시기간, 방법)에 대한 안내					

확인자료	영역		항목별 점검기준	점검 결과				비고
				양호	보완 중	컨설팅 요청	미해당 지표	
안내서	2-4-1	1	• 부모의 보육실 참관의 구체적인 절차와 방법을 안내한 자료(참관 안내문, 운영방침을 안내한 문서 등)					
	2-5-1	1	• 모든 영유아 부모의 희망 등·하원 시간 등 수요조사 실시 – 귀가동의서 등에 기재된 등·하원 시간은 수요조사서로 인정되지 않음					
			• 어린이집 운영계획 수립 여부(부모 수요조사 결과 반영) – 맞춤반(만 0~2세): 부모 수요조사 결과를 반영하여 어린이집 운영위원회 결정을 거쳐 맞춤반 이용시간 확정 – 만 0~2세 종일반 및 만 3~5세 유아: 어린이집 이용시간에 대한 부모 수요조사 결과를 운영계획에 반영					
		2	• 어린이집 운영계획을 부모에게 안내한 기록 – 시간대별 교사 배치 및 보육프로그램, 하원시간, 차량 운행시간 등이 포함					
	2-4-2	1	• 연간 부모교육 계획(보육계획안 연계) 수립					
	3-3-2-①		• 아프거나 다친 영유아를 위한 지침 마련 [필수기재] ① 질병에 걸려 아픈 영유아에 대한 처리 절차 ② 사고로 다친 영유아에 대한 처리 절차(상해유형에 따른 응급처치 내용 반드시 포함) ③ 교직원 업무분장					
	3-3-3-④		• 영유아 및 교직원에 대한 감염병 관리수칙 문서화 • [필수기재] ① 영유아에게 자주 발생하는 감염병의 증상 ② 등원하지 않아야 할 감염병의 종류와 기간 ③ 영유아나 교직원이 감염병에 걸렸을 경우의 대처방법					
			• 감염병 관련 정보와 대처방법을 부모에게 분기별로 1회 이상 안내한 자료					
가정 통신문	3-2-1-①		• 급간식 식단표(오전간식, 점심, 오후간식 포함) 수립 – 전문영양사가 작성한 식단 사용, 토요일 운영 시 토요일 식단 포함 – (영아) 영아용 급간식 식단표(월령별 이유식) 작성					
			• 실제 제공된 급간식 기록이 있고, 계획된 식단과 일치 – 급간식이 계획과 제공이 1개월 중 50% 이상 불일치하는 경우 N 평정					

확인자료	영역		항목별 점검기준	점검 결과				비고
				양호	보완 중	컨설팅 요청	미해당 지표	
가정 통신문	3-2-1-②		• 급간식 식단표 및 제공 기록 내용이 자연식품 위주로 됨 – 인스턴트식품, 냉동식품, 탄산음료, 과자류가 50% 이상 포함되지 않음					
통합안전 점검표	3-4-2-②		• 차량별로 안전점검표 마련 • 운전자가 매일 차량안전상태 점검한 기록 확인					
전산관리	2-3-2	1	• 재원하는 모든 원아의 생활기록부 작성 · 관리 ※ 보육통합정보시스템 내 생활기록부 전자 서식으로 대체 가능					
	2-3-4	1	• 예 · 결산서를 정보공시 또는 홈페이지, 운영위원회에의 보고 등의 방법으로 공개					
	3-1-1-④		• 연면적 430㎡ 이상 어린이집 실내공기질 측정 결과기록(연 1회 이상, 양호 해당) – 연면적 430㎡ 미만 어린이집은 관찰 결과로 평정					
	3-3-3-①		• 모든 원아의 건강검진 확인 서류 구비 ※ 당해 연도 또는 전년도 실시 ※ 국민건강보험법에 의한 영유아 건강검진 검사결과 통보서 갈음 가능 ※ 보육통합정보시스템 내 건강검진내역 확인 가능 ※ 영아의 경우, 신체계측 결과와 소아과 정기예방접종 등으로 갈음 가능					
	4-1-4	1	• 평가 직전 월까지 24개월 이상 근속한 교사가 전체 교사의 50% 이상 – 대상: 종일제 보육교사(교사 겸직 원장 제외) ※ 출산전후휴가를 비롯한 육아휴직인 경우에 근무고사로 인정함 ※ 개원 2년 미만 어린이집은 설립 시부터 현재까지 근무한 교사가 50% 이상인 경우 인정 ※ 교사가 3인 이하인 경우, 2년 이상 근속교사 1명만 있어도 인정					
기타	1-6-1	1	• 개별 영유아별로 놀이와 활동, 일상생활을 모두 포함하여 일과 전반에 걸쳐 나타난 행동 및 활동 참여 정도 등에 대한 기록					
		2	• 유아는 월 1회 이상, 영아는 월 2회 이상 관찰기록이 있음					
		3	• 영유아 변화과정을 파악할 수 있는 활동결과물 등 추가적인 정보 수집 – 활동결과물 사진, 음률활동 동영상, 미술결과물, 표준화된 검사 결과, 신체 측정치 등(원아 개별이 아닌 원 전체의 자료 수집상황 평정)					

확인자료	영역		항목별 점검기준	점검 결과				비고
				양호	보완 중	컨설팅 요청	미해당 지표	
기타	3-3-2-③		• 투약의뢰 및 투약보고 관련 기록 확인 – (투약의뢰) 약의 종류, 용량, 시간(횟수), 의뢰자 기재 – (투약보고) 투약 여부, 투약자(확인) 기재 ※ 알림장, 스마트폰 어플리케이션(스마트알림장), 대화수첩, 문자메시지 등					
	3-3-3-③		• 교직원의 당해 연도 또는 전년도에 실시한 건강검진 서류 – 대상: 미임용 보육교직원 중 매일 1개월 이상 지속적으로 근무하는 자, 보육실습생, 어린이집에 함께 거주하는 자, 특별활동 강사, 노인 일자리 파견자 등 ※ 임용된 보육교직원의 건강검진은 기본사항에서 확인					
	3-5-2-④		• 교직원 중 응급처치(심폐소생술) 관련 교육 이수증(또는 자격증) – 교육과정 내 실습 포함 확인 ※ 이수증은 당해 연도 또는 전년도 발급 한해 인정(유효기간 내)					
	3-5-3-①		• 영유아, 교직원 및 시설 보험에 모두 적합하게 가입(보험 관련 자료 등) – 어린이집안전공제회, 상해보험, 화재보험, 배상책임보험, 가스배상책임보험, 통학버스 책임보험, 통학버스 종합보험관련					
	4-3-1	1	• 모든 교직원과 근로계약 체결(근로계약서), 상호 날인 – 임용된 모든 보육교직원(기타 보육교직원 포함) – 대표자와 원장이 다른 경우, 원장도 근로계약 체결					
		2	• 근로계약서에는 개별 교직원의 임금, 근로시간, 휴일, 연차(유급휴가) 등 내용 명시					
		3	• 취업규칙(복무규정)이 문서화 – 보육교직원이 볼 수 있도록 게시되어 있거나 근로계약서에 포함					
	4-3-2	1	• 어린이집 자체 교직원 보수규정 문서화 – 임금, 경력, 시간외근무수당 등 포함					

※ 제시한 기록 확인자료는 '2017년 보육제도 주요사항 안내(보건복지부)'의 '문서서식 간소화'에 따른 서식을 바탕으로 정리한 것으로 어린이집 상황에 따라 기록·관리할 수 있습니다.

– 한국보육진흥원 홈페이지(https://www.kcpi.or.kr/) 〉 알림 〉 공지사항 〉 보육제도 주요사항 원장 집중 홍보 · 교육 자료 및 FAQ

▶ 직종별 면담상황 점검

구분	영역		면담 내용 예시	점검 결과				비고
				양호	보완 중	컨설팅 요청	미해당 지표	
원장	1-6-3	2	• 개별 영유아의 관찰기록 및 평가 자료를 부모와 공유하는가? – 어떤 방법으로 공유하는가? ※ 기록 확인이 어려운 경우에 한해 면담으로 확인					
	2-3-3	1	• 학기 초 또는 중간입소 원아에게 신입원아 적응 과정을 운영하는가?					
			• 신입원아 적응 과정은 어느 기간 동안 이루어지는가?					
			• 신입원아가 어린이집에 원만하게 적응할 수 있도록 어떤 점을 배려하는가?					
		2	• 학기 초 또는 중간입소한 신입원아 부모를 대상으로 오리엔테이션을 실시하고 있는가?					
			• 신입원아 부모 오리엔테이션은 어떤 방법으로 실시하고 있는가? – 원장이나 교사가 설명하는 시간 이외에 부모의 문의사항이나 건의에 대한 질의응답도 충분히 다루고 있는가? ※ 기록 확인이 어려운 경우에 한해 면담으로 확인					
	2-4-1	1	• 영유아의 부모가 희망할 경우 자녀의 보육실을 참관할 수 있는가?					
			• 보육실 참관을 원하는 부모를 위해 어떠한 절차와 방법을 마련하고 있는가?					
			• 보육실 참관을 위한 구체적인 절차와 방법에 대해 사전에 부모에게 공지하거나 안내하고 있는가?					
	2-4-4	1	• 현재 재원하고 있는 영유아나 가족의 문제에 대해 알고 있는 사례가 있는가?					
			• 영유아나 가족에 대한 문제를 어떤 방법으로 파악하고 있는가?					
			• 영유아나 가족문제가 있어서 지역사회의 전문기관, 동사무소, 구청 또는 전문가(예: 의사, 상담전문가, 특수교육전문가, 건강가정사, 사회복지사 등)에게 도움을 받고 있는 경우, 어떤 도움을 받고 있는지에 대해 파악하고 있는가?					
			• 영유아나 가족문제가 있을 때 활용할 수 있는 지역사회의 전문기관이나 전문가 정보를 알고 있는가?					
	3-2-1-⑤		• 어린이집의 식품 알레르기 질환에 대한 지침의 내용을 알고 있는가?					
			• 지침의 내용을 부모나 보호자에게 어떤 방법으로 안내하였는가?					
			• 재원 중인 영유아 중 식품 알레르기 질환이 있는 영유아가 있는가? 어떠한 종류인가?					
			• 해당 영유아를 어떻게 지원하고 있는가?					

구분	영역	면담 내용 예시	점검 결과				비고
			양호	보완 중	컨설팅 요청	미해당 지표	
원장	3-3-2-②	• 아픈 영유아가 발생하거나 다쳤을 경우, 보호자에게 어떻게 알리는가?					
		• 영유아가 다쳤을 경우 어떻게 조치하는가?					
	3-3-3-④	• 부모가 감염병에 걸린 영유아를 등원시킬 경우 어떻게 대처하는가?					
		• 영유아가 감염병에 걸렸다고 의심되는 경우 어떻게 대처하는가?					
		• 교사 자신이 감염병에 걸린 경우 어떻게 대처하는가?					
	3-3-3-⑤	• 어린이집은 교직원의 직무스트레스를 완화하고, 신체 및 정신건강을 유지할 수 있는 기회를 어떻게 제공하는가?					
		• 어린이집은 교직원의 보육업무로 인한 직무스트레스를 효과적으로 해결하기 위하여 유관기관에서 제공되는 서비스(온라인 전문 상담 서비스 등)를 적극적으로 안내하는가?					
	3-4-1-①	• 하원 차량 운행 시, 보호자가 지정된 장소에 나와 있지 않으면 어떻게 조치하는가?					
		• 보호자가 영유아를 혼자 하원시켜 달라고 요청하는 경우에 어떻게 하는가?					
		• 영유아가 혼자 등·하원하는 사례가 있는가?					
	3-4-2-③	• 차량 운행 시 동승하는 성인은 누구인가?					
		• 차량 운행 시 동승하기로 예정된 성인에게 불가피한 상황이 생길 경우 어떻게 하는가?					
	3-4-2-④	• 운전자가 음주 상태로 운전을 하거나, 운전 중에 휴대전화를 사용하는 것을 본 적이 있는가? 만약 발견되면 어린이집에서는 어떤 조치를 취하는가?					
		• 차량에 동승한 성인은 영유아가 차량에 타고 내릴 때 어떻게 도와주는가? ※ 관찰이 어려운 경우에 한해 면담으로 확인					
	3-5-1-②	• 소방대피훈련은 얼마나 자주 실시하는가? 어떤 방식으로 이루어지는가?					
		• 비상벨이 울릴 때 영유아의 반응은 어떠한가?					
	3-5-1-④	• 햇볕이 강하고 더운 시간대에 바깥놀이를 나갈 경우 어떠한 조치를 하는가?					
		• 황사가 있거나 미세먼지 농도가 높은 날에는 어떻게 조치하는가? ※ 관찰이 어려운 경우에 한해 면담으로 확인					

구분	영역	면담 내용 예시	점검 결과				비고
			양호	보완 중	컨설팅 요청	미해당 지표	
원장	3-5-2-①	• 언제, 어떤 내용의 안전교육을 받았는가?					
		• 영유아 학대 예방교육을 받은 후 영유아를 대하는 것에 어떤 변화가 있었는가?					
	3-5-2-②	• 지금 이 장소에서 가장 가까운 소화기는 어디에 비치되어 있는가?					
		• 소화기의 사용법은 어떠한가?					
		• 비상구는 어디에 있으며 어떻게 여는가?					
		• 비상시에 영유아용 미끄럼대는 어떻게 사용하는가? 평소 이를 위해 어떤 훈련을 하는가?					
	3-5-2-③	• 비상사태를 대비하여 분장된 업무 중 자신의 역할은 무엇인가? – 화재 발생 시 자신이 해야 할 역할은 무엇인가?					
	3-5-2-④ (교육참여자)	• 교육 받은 내용 중 가장 유용한 정보는 무엇인가?					
		• 응급처치 시 반드시 지켜야 할 원칙은 무엇인가?					
		• 영유아 질식 시 응급처치(심폐소생술)를 어떻게 실시하는가?					
	3-5-2-⑤	• 영유아 학대 예방지침의 주요 내용은 무엇인가?					
		• 영유아 학대 신고가 의무인 것을 알고 있는가?					
		• 영유아 학대 신고 전화번호는 무엇인가? ※ 아동학대 신고번호 : 국번 없이 112 (2017년도 보육사업안내)					
		• 영유아 학대가 의심되는 상황(예: 멍, 상처 등 신체적 상흔, 무단결석, 명확한 사유 없이 퇴소 신청 등)이 발생하면 어떻게 대처해야 하는가?					
		• 영유아를 학대로부터 보호하기 위한 자신의 역할 범위는 어디까지인가?					
		• 영유아를 학대로부터 보호했던 경험이 있는가?					
	4-1-1	• 원장은 어린이집의 질적 수준 향상을 위하여 어떤 노력을 해 왔는가?					
		• 지난 1년 동안 원장으로서의 전문성을 향상하기 위해 어떤 노력을 하였는가?					
		• 어떤 철학을 가지고 어린이집을 운영하고 있는가?					

구분	영역		면담 내용 예시	점검 결과: 양호	보완 중	컨설팅 요청	미해당 지표	비고
원장	4-1-2	2	• 교직원의 자기계발이나 직무능력 향상을 돕기 위한 지원을 한 적이 있는가? 어떤 지원을 하였는가?					
		3	• 교직원과 면담을 얼마나 정기적으로 하는가?					
			• 주로 어떤 내용의 면담이 이루어지는가?					
	4-1-3	1	• 교사회의에서 주로 어떠한 내용이 논의되는가?					
			• 최근 교사회의에서 논의된 내용은 무엇인가?					
		2	• 교사회의 등에서 의사결정을 해야 하는 안건이 있다면 어떤 방식으로 결정하는가? – 안건을 해결할 때 교사의 의견을 듣고 반영한 사례가 있는가?					
	4-3-1	1	• 근로계약 갱신은 언제 하는가?					
			• 근로계약에 대한 동의와 확인은 어떤 식으로 이루어지는가?					
	4-3-2	1	• 교사의 급여를 어떤 기준으로 책정하였는가?					
	4-3-3	1	• 교직원의 복지를 위해 실시하고 있는 제도가 있는가? 어떤 제도인가?					
			• 어린이집의 복지 혜택이 전체 교직원에게 제공되고 있는가?					
	4-4-2	1	• 연간 교사교육 계획 수립 시 어떤 점을 고려하는가?					
		2	• 가장 최근에 직무교육을 받은 시기는 언제인가?					
			• 어떤 직무교육을 이수하였는가?					
			• 가장 최근에 참석한 재교육은 언제이며, 어떤 내용이었는가?					
	4-4-3	1	• 상호작용 및 교수–학습방법 관찰에 대한 계획이 수립되어 있는가?					
			• 상호작용 및 교수–학습방법 관찰과 지도는 어떤 방법으로 이루어지는가?					
			• 상호작용 및 교수–학습방법 관찰 후에 관찰내용에 대한 토의 및 지도시간이 있는가?					
			• 상호작용 및 교수–학습방법 관찰 시 어떤 내용을 지도 받았는가?					
	4-4-4	1	• 교사에 대한 평가는 어떤 방법으로 이루어지고 있는가?					
			• 언제 평가가 이루어지는가?					
			• 평가결과는 어떻게 활용하는가? 평가결과를 활용한 구체적 사례가 있는가?					

구분	영역		면담 내용 예시	점검 결과				비고
				양호	보완 중	컨설팅 요청	미해당 지표	
교사	1-1-4	3~5	• 오늘 계획하였던 활동은 무엇인가? 왜 이루어지지 않았는가? ※ 관찰 당일 관련 활동이 이루어지지 않은 경우에 한해 면담으로 확인					
	1-2-4	1	• 영유아의 흥미와 관심을 반영하여 일과를 융통성 있게 운영한 경험이 있는가? – 놀이나 활동을 확장하거나 축소하여 운영한 구체적 사례가 있는가?					
		2	• 계획안과 다르게 일과를 운영한 이유가 무엇인가?					
			• 날씨 또는 영유아의 건강 문제로 인해 계획된 일과나 보육활동을 변경하여 운영한 적이 있는가? 어떻게 운영하였는가?					
	1-6-2	3	• 영유아를 평가하기 위해 관찰기록 이외 어떤 방법을 사용하고 있는가?					
			• 관찰기록 외 종합적인 영유아 평가는 언제, 어떻게 이루어지는가?					
	1-6-3	1	• 계획안 작성 시 영유아에 대한 전반적인 평가결과를 어떻게 활용하고 있는가?					
			• 영유아 평가결과를 반영한 구체적 사례는 무엇인가?					
		2	• 개별 영유아의 관찰기록 및 평가 자료를 부모와 공유하는가? – 어떤 방법으로 공유하는가? ※ 기록 확인이 어려운 경우에 한해 면담으로 확인					
	2-3-3	1	• 학기 초 또는 중간입소 원아에게 신입원아 적응 과정을 운영하는가?					
			• 신입원아 적응 과정은 어느 기간 동안 이루어지는가?					
			• 신입원아가 어린이집에 원만하게 적응할 수 있도록 어떤 점을 배려하는가?					
		2	• 학기 초 또는 중간입소한 신입원아 부모를 대상으로 오리엔테이션을 실시하고 있는가?					
			• 신입원아 부모 오리엔테이션은 어떤 방법으로 실시하고 있는가? – 원장이나 교사가 설명하는 시간 이외에 부모들의 문의사항이나 건의에 대한 질의응답도 충분히 다루고 있는가?					
	2-4-1	1	• 부모의 보육실 참관은 어떤 방법으로 이루어지고 있는가? ※ 기록 확인이 어려운 경우에 한해 면담으로 확인					

구분	영역	면담 내용 예시	점검 결과				비고
			양호	보완 중	컨설팅 요청	미해당 지표	
교사	2-4-4	[I] • 현재 재원하고 있는 영유아나 가족의 문제에 대해 알고 있는 사례가 있는가?					
		[I] • 영유아나 가족에 대한 문제를 어떤 방법으로 파악하고 있는가?					
		[I] • 영유아나 가족문제가 있어서 지역사회의 전문기관, 동사무소, 구청 또는 전문가(예: 의사, 상담전문가, 특수교육전문가, 건강가정사, 사회복지사 등)에게 도움을 받고 있는 경우, 어떤 도움을 받고 있는지에 대해 파악하고 있는가?					
		[I] • 영유아나 가족문제가 있을 때 활용할 수 있는 지역사회의 전문기관이나 전문가 정보를 알고 있는가?					
	3-1-1-②	• 영아들이 사용하는 놀잇감은 얼마나 자주, 어떻게 세척하는가?					
	3-2-1-⑤	• 어린이집의 식품 알레르기 질환에 대한 지침의 내용을 알고 있는가?					
		• 지침의 내용을 부모나 보호자에게 어떤 방법으로 안내하였는가?					
		• 재원 중인 영유아 중 식품 알레르기 질환이 있는 영유아가 있는가? 어떠한 종류인가?					
		• 해당 영유아를 어떻게 지원하고 있는가?					
	3-2-3-④	• 당일 급간식의 배식을 완료한 후 남은 음식은 어떻게 처리하는가?					
		• 전날 조리된 음식이 재배식된 경우가 있는가?					
	3-3-1-②	• 칫솔과 양치컵은 어떻게 관리하는가? ※ 관찰이 어려운 경우 한해 면담으로 확인					
	3-3-2-②	• 아픈 영유아가 발생하거나 다쳤을 경우, 보호자에게 어떻게 알리는가?					
		• 영유아가 다쳤을 경우 어떻게 조치하는가?					
	3-3-2-④	• 어린이집 내에 견학, 산책 등의 실외활동 시 지참할 비상약품을 별도로 구비하고 있는가?					
		• 실외활동 시 비상약품 등을 지참하는가?					

구분	영역	면담 내용 예시	점검 결과				비고
			양호	보완 중	컨설팅 요청	미해당 지표	
교사	3-3-3-②	• 일과 내에서 영유아에게 건강·영양 교육의 기회를 제공하는가?					
		• 일과 중 관련 교육을 자연스럽게 실시하기 위해 어떤 방법을 사용하는가?					
		• 영아(만 0~1세, 만 2세)에게 개별 또는 소집단으로 건강·영양 교육적 경험을 제공하는가?					
		• 최근 1년 이내에 건강·영양 관련 교육에 참여한 경험이 있는가?					
		• 건강·영양 교육은 구체적으로 어떤 내용이었나?					
		• 건강·영양 교육을 받고 영유아 보육과정 운영이나 일상생활 지도에 어떻게 적용해 보았는가?					
	3-3-3-④	• 부모가 감염병에 걸린 영유아를 등원시킬 경우 어떻게 대처하는가?					
		• 영유아가 감염병에 걸렸다고 의심되는 경우 어떻게 대처하는가?					
		• 교사 자신이 감염병에 걸린 경우 어떻게 대처하는가?					
	3-3-3-⑤	• 어린이집은 교직원의 직무스트레스를 완화하고, 신체 및 정신건강을 유지할 수 있는 기회를 어떻게 제공하는가?					
		• 어린이집은 교직원의 보육업무로 인한 직무스트레스를 효과적으로 해결하기 위하여 유관기관에서 제공되는 서비스(온라인 전문상담 서비스 등)를 적극적으로 안내하는가?					
	3-4-1-①	• 하원 차량 운행 시, 보호자가 지정된 장소에 나와 있지 않으면 어떻게 조치하는가?					
		• 보호자가 영유아를 혼자 하원시켜 달라고 요청하는 경우에 어떻게 하는가?					
		• 영유아가 혼자 등·하원하는 사례가 있는가?					
	3-4-2-③	• 차량 운행 시 동승하는 성인은 누구인가?					
		• 차량 운행 시 동승하기로 예정된 성인에게 불가피한 상황이 생길 경우 어떻게 하는가?					
	3-4-2-④	• 운전자가 음주 상태로 운전을 하거나, 운전 중에 휴대전화를 사용하는 것을 본 적이 있는가? 만약 발견되면 어린이집에서는 어떤 조치를 추하는가?					
		• 차량에 동승한 성인은 영유아가 차량에 타고 내릴 때 어떻게 도와주는가? ※ 관찰이 어려운 경우에 한해 면담으로 확인					

구분	영역	면담 내용 예시	점검 결과				비고
			양호	보완 중	컨설팅 요청	미해당 지표	
교사	3-5-1-①	• 유아를 위한 안전교육으로는 주로 어떤 내용을 다루는가? 어떤 방법으로 이루어지는가?					
		• (기록된) 안전교육을 통해 유아는 구체적으로 어떤 것을 익히게 되었는가?					
		• 영아를 대상으로 실시하는 안전교육의 내용과 주제는 무엇인가?					
		• 영아를 위한 안전교육은 어떤 방법으로 이루어지는가?					
	3-5-1-②	• 소방대피훈련은 얼마나 자주 실시하는가? 어떤 방식으로 이루어지는가?					
		• 비상벨이 울릴 때 영유아의 반응은 어떠한가?					
	3-5-1-④	• 햇볕이 강하고 더운 시간대에 바깥놀이를 나갈 경우 어떠한 조치를 하는가?					
		• 황사가 있거나 미세먼지 농도가 높은 날에는 어떻게 조치하는가? ※ 관찰이 어려운 경우에 한해 면담으로 확인					
	3-5-2-①	• 언제, 어떤 내용의 안전교육을 받았는가?					
		• 영유아 학대 예방교육을 받은 후 영유아를 대하는 것에 어떤 변화가 있었는가?					
	3-5-2-②	• 지금 이 장소에서 가장 가까운 소화기는 어디에 비치되어 있는가?					
		• 소화기는 어떻게 사용하는가?					
		• 비상구는 어디에 있으며 어떻게 여는가?					
		• 비상시에 영유아용 미끄럼대는 어떻게 사용하는가? 평소 이를 위해 어떤 훈련을 하는가?					
	3-5-2-③	• 비상사태를 대비하여 분장된 업무 중 자신의 역할은 무엇인가? – 화재 발생 시 자신이 해야 할 역할은 무엇인가?					
	3-5-2-④ (교육참여자)	• 교육 받은 내용 중 가장 유용한 정보는 무엇인가?					
		• 응급처치 시 반드시 지켜야 할 원칙은 무엇인가?					
		• 영유아 질식 시 응급처치(심폐소생술)를 어떻게 실시하는가?					

구분	영역		면담 내용 예시	점검 결과				비고
				양호	보완 중	컨설팅 요청	미해당 지표	
교사	3-5-2-⑤		• 영유아 학대 예방지침의 주요 내용은 무엇인가?					
			• 영유아 학대 신고가 의무인 것을 알고 있는가?					
			• 영유아 학대 신고 전화번호는 무엇인가? ※ 아동학대 신고번호: 국번 없이 112 (2017년도 보육사업안내)					
			• 영유아 학대가 의심되는 상황(예: 멍, 상처 등 신체적 상흔, 무단결석, 명확한 사유 없이 퇴소 신청 등)이 발생하면 어떻게 대처해야 하는가?					
			• 영유아를 학대로부터 보호하기 위한 자신의 역할 범위는 어디까지인가?					
			• 영유아를 학대로부터 보호했던 경험이 있는가?					
	4-1-1	1	• 원장은 어린이집의 질적 수준 향상을 위하여 어떤 노력을 해 왔는가?					
	4-1-2	1	• 교사로서 존중받고 있다고 느끼는가?					
			• 원장은 교직원을 존중하는 말과 태도로 대하는가?					
		2	• 원장으로부터 교사로서 역량계발을 위한 교육기회 등을 안내받은 사례가 있는가?					
		3	• 교직원과 면담을 얼마나 정기적으로 하는가?					
			• 주로 어떤 내용의 면담이 이루어지는가?					
			• 가장 최근에 원장과 개별면담을 한 시기는 언제인가?					
			• 원장과의 면담은 어떠한 측면에서 도움이 되었는가?					
	4-1-3	1	• 교사회의에서 주로 어떠한 내용이 논의되는가?					
			• 최근 교사회의에서 논의된 내용은 무엇인가?					
		2	• 원장은 안건이나 사안을 결정할 때 교사의 의견을 경청하는가? – 의견을 낸 것 중 결정사항으로 수렴된 것이 있는가? 어떤 내용인가?					

구분	영역		면담 내용 예시	점검 결과				비고
				양호	보완 중	컨설팅 요청	미해당 지표	
교사	4-3-1	1	• 근로계약 갱신은 언제 하는가?					
			• 근로계약에 대한 동의와 확인은 어떤 식으로 이루어지는가?					
		3	• 취업규칙(복무규정) 내용에 대해 설명을 들은 적이 있는가?					
			• 취업규칙(복무규정)을 어떻게 확인할 수 있는가?					
	4-3-2	1	• 교직원 보수에 관한 규정에 대해 아는가?					
			• 규정에 준하여 지급받고 있는가?					
	4-3-3	1	• 교직원의 복지를 위해 실시하고 있는 제도가 있는가? 어떤 제도인가?					
			• 어린이집의 복지 혜택이 전체 교직원에게 제공되고 있는가?					
	4-4-1	1	• 신입교사 등 신규 교직원을 위한 오리엔테이션을 실시하고 있는가?					
	4-4-2	3	• 가장 최근에 직무교육을 받은 시기는 언제인가?					
			• 어떤 직무교육을 이수하였는가?					
			• 가장 최근에 참석한 재교육은 언제이며, 어떤 내용이었는가?					
	4-4-3	1	• 상호작용 및 교수–학습방법 관찰에 대한 계획이 수립되어 있는가?					
			• 상호작용 및 교수–학습방법 관찰과 지도는 어떤 방법으로 이루어지는가?					
			• 상호작용 및 교수–학습방법 관찰 후에 관찰내용에 대한 토의 및 지도시간이 있는가?					
			• 상호작용 및 교수–학습방법 관찰 시 어떤 내용을 지도 받았는가?					
조리원	3-2-3-④		• 당일 급간식의 배식을 완료한 후 남은 음식은 어떻게 처리하는가?					
			• 전날 조리된 음식이 재배식된 경우가 있는가?					

참고자료

참고자료

※ 도서
김혜경 (2012). 부모도 이미지메이킹이 필요하다. 경기: 공동체.
김혜경 (2012). 원장 리더십. 경기: 공동체.
김혜경 (2013). 영유아교육기관 운영관리 개정2판. 서울: 창지사.
김혜경 (2013). 영유아프로그램 개발과 평가 제3판. 서울: 창지사.
김혜경 (2014). 보육교사론. 서울: 창지사.
김혜경 (2016). 보육의 회복: 원장의 시선. 경기: 공동체.
김혜경 (2016). 영유아기관 운영과 관리. 서울: 창지사.
노다 요시나리 (2017). 정은희 옮김. 나는 오늘도 칼퇴근. 서울: 시그마북스.
마크 맨슨 (2017). 한재호 옮김. 신경끄기의 기술. 경기: 갤리온.
보건복지부 (2017). 2017보육사업안내 부록.
보건복지부 · 한국보육진흥원 (2017). 2017 제3차 어린이집 평가인증 안내 통합지표.
서울시 여성가족재단 (2017). 서울시 여린이집 이용 학부모 에티켓.
워렌 베니스 버트 나누스 (2006). 김원석 옮김. 리더와 리더십. 서울: 황금부엉이.
이바라키 노리코 (2017). 윤수현 옮김. 내가 가장 예뻤을 때. 서울: 스타북스.
장석주 (1998). 다시 첫사랑의 시절로 돌아갈 수 있다면. 서울: 세계사.
조셉 마셜 (2008). 유향란 옮김. 그래도 계속가라. 경기: 조화로운 삶.
카트린 지타 (2015). 박성원 옮김. 내가 혼자 여행하는 이유. 서울: 걷는 나무.
EBS 라디오 멘토 부모 제작팀 (2010). EBS 라디오멘토 부모. 서울: 경향미디어.

※ 사이트
알짜닷컴
어린이집안전공제회
에어코리아
조선닷컴
키드키즈
한국식품산업협회
한국보육진흥원

※ 영화
러빙 빈센트 (2017).
마더 (2009).
청문 넘어 도망친 100세 노인 (2013).

※ 뮤지컬
에드거 앨런 포 (2017).

※ 노래
YB - 나는 나비(2006)

저자소개

전 이화여자대학교 유아교육과 및 건국대학교 교육대학원 겸임교수
서울특별시 육아종합지원센터장
영유아교육경영연구소장

대표저자 김혜경 원장

연구진: 서울특별시 강남구 세곡나비어린이집 교직원 12명
김혜경 김예은 안경희 이혜림
김경희 신은영 이소언 김선화
방주은 유정례 유혜린 김은경

원장 리더십과 평가인증 실무

초판 1쇄 인쇄 2018년 3월 6일
초판 1쇄 발행 2018년 3월 9일

지 은 이 | 김혜경과 나비교직원
펴 낸 이 | 김기섭
편 집 인 | 이혜란
펴 낸 곳 | 창지사 www.changjisa.com
08589 서울시 금천구 가산디지털 1로 83 파트너스타워 1차 9층
전화 (02)719-2211~3
팩스 (02)701-9386
등 록 | 1977년 4월 28일 · 제1-421호

ISBN 978-89-426-0995-6 (93370)

값 20,000원

「이 도서의 국립중앙도서관 출판예정도서목록(CIP)은 서지정보유통지원시스템 홈페이지(http://seoji.nl.go.kr)와 국가자료공동목록시스템(http://www.nl.go.kr/kolisnet)에서 이용하실 수 있습니다.(CIP 제어번호 : CIP2018007326)」